AVERTISSEMENT.

QUELQUE recherche qu'on ait faite dans les papiers de feu M. de Bachaumont, voici tout ce qu'on a trouvé concernant l'expofition des peintures, fculptures & gravures, au fallon du Louvre, depuis fon origine. Il eft fâcheux fans doute qu'on n'ait pu recueillir plus de matériaux propres à compléter une efpece de cours de ces divers arts en faveur des éleves & des amateurs. Cependant comme les lettres qu'on donne au public, commençant en 1767, & continuées jufqu'en 1777, embraffent l'epoque de dix années (1), c'en eft affez pour conftater leur état actuel en France, & pour apprécier le degré de réputation que mérite notre école.

Il eft inutile d'obferver que les dernieres lettres ne font point de l'homme de goût que nous regrettons, puifqu'il étoit mort avant les deux derniers fallons. Mais elles ont été compofées par un amateur qu'il avoit formé, & qui, fans avoir autant de confommation que lui, a puifé dans fes inftructions des vues fines, un tact fûr, un goût difficile, & fur-tout une critique févere, dont il eft aifé de s'appercevoir en lifant fes productions.

---

(1) Les lettres fur le fallon de 1777, fe trouvent déja placées dans le volume XI de cette collection.

LETTRES
SUR
LE SALLON,
DEPUIS MDCCLXVII JUSQU'EN MDCCLXXVII.

Cuncti adsint, metitæque expectent præmia palmæ.
Virg. Æn. 5. v. 70.

PREMIERE LETTRE.

Sur les Peintures, Sculptures & Gravures de messieurs de l'Académie Royale, exposées au Sallon du Louvre, le 25 août 1767.

Paris, le 6 septembre 1767.

L'EXPOSITION du sallon de peinture, Monsieur, offre cette année près de 200 morceaux. Le chef-d'œuvre de M. *Doyen* emporte la palme sans contredit. C'est le premier tableau qu'on remarque en entrant ; en sortant, c'est le dernier qu'on regarde encore: il fixe tous les yeux: l'artiste, l'amateur, l'ignorant se réunissent pour l'admirer. Le peintre, comme *Calypso* au milieu de ses nymphes, s'élève entre ses rivaux & les laisse bien au dessous de lui.

Ce tableau, de 22 pieds de haut sur 12 pieds de large, est pour la chapelle de sainte *Genevieve-des-Ardents* à saint *Roch*. Le sujet est un miracle de cette sainte. « L'an 1129, sous le regne de
» *Louis VI*, un feu du ciel tomba sur la ville de
» *Paris*, & dévorant les entrailles de presque
» tous les habitants, leur faisoit éprouver la mort
» la plus cruelle: par l'intercession de sainte *Gene-*
» *vieve*, ce fléau cessa tout-à-coup. »

Le peintre, en homme de génie, a choisi, non l'instant du miracle, ce qui ne prêtoit rien à l'imagination, mais celui où il va s'opérer. Le devant du tableau représente toutes les horreurs du mal qui dévore les *Parisiens*. Un de ces malheureux se déchire les entrailles d'une main, & de l'autre invoque le ciel. Tous ses muscles sont en contraction; chaque partie de son corps paroît souffrir. Il y a dans cette figure une fierté de pinceau, une vigueur de coloris dignes de l'antique. Il est soutenu par un homme qui le console, le soulage, & la douleur tranquille de cet ami fait un contraste admirable avec le désespoir de l'autre. A côté est une femme qui vient d'expirer; un petit enfant la regarde & témoigne son effroi de trouver sa mere morte. Des pieds de morts qui paroissent sortir d'un caveau, occupent un des coins du premier plan. Ils indiquent le désordre de ces temps de calamité. Un cadavre renversé, jeté par une fenêtre, y pend encore. Sa position inanimée le caractérise, & le ton de couleur désigne une chair déja en putréfaction. Des monceaux de morts & de mourants dans le lointain, prêtent à l'imagination, & laissent entrevoir tout ce qu'on peut rendre dans un espace circonscrit. Le milieu de cette belle composition est occupé par une princesse. On la reconnoît à la magnificence de ses vêtemens quoique déchirés, à ses femmes qui l'entourent. Sa beauté est flétrie par la douleur: elle présente à la sainte deux enfants, dont l'un n'a presque plus rien d'humain, par les horribles convulsions qu'il éprouve. A la gauche du tableau & dans le haut, brille une gloire. Sainte *Genevieve* en sort avec les attributs qui la caractérisent: des esprits célestes l'entourent, & ses yeux dirigés vers l'empirée, annoncent ses prieres à Dieu pour la conservation du peuple auquel elle s'intéresse. Nouveau trait de génie : ce n'est point par la sainte que monsieur Doyen fait opérer le miracle, elle n'est que médiatrice. Je passe différents autres détails pour n'être pas trop long.

Rien de médiocre dans cette peinture, Monsieur; la composition est pleine de génie & de chaleur, l'ordonnance sublime, tous les tons de couleur y sont employés à propos. Je n'en ai entendu faire qu'une critique. On prétend qu'il peche contre l'unité; que cette belle femme, au milieu du tableau, est plus propre à exciter des desirs, qu'à soutenir l'horreur que doit inspirer la représentation d'un tel fléau : mais la douleur dont est pénétrée cette princesse, s'accorde avec tous les sentimens qu'inspire le reste du spectacle. D'ailleurs, elle fait grouppe avec ses deux enfans

MÉMOIRES
SECRETS
POUR SERVIR A L'HISTOIRE
DE LA
RÉPUBLIQUE DES LETTRES
EN FRANCE,
DEPUIS MDCCLXII JUSQU'A NOS JOURS;
OU
JOURNAL
D'UN OBSERVATEUR,

CONTENANT les Analyses des Pieces de Théatre qui ont paru durant cet intervalle ; les Relations des Assemblées Littéraires ; les notices des Livres nouveaux, clandestins, prohibés ; les Pieces fugitives, rares ou manuscrites, en prose ou en vers; les Vaudevilles sur la Cour ; les Anecdotes & Bons Mots ; les Eloges des Savants, des Artistes, des Hommes de Lettres morts, &c. &c. &c.

TOME TREIZIEME.

. . . . *huc propiùs me,*
. . . . *vos ordine adite.*
     Hor. L. II, Sat. 3, ℣. 81 & 82.

A LONDRES,
CHEZ JOHN ADAMSON.

M. DCC. LXXXIV.

AVERTISSEMENT
DES ÉDITEURS.

Il seroit sans doute à souhaiter que feu M. DE BACHAUMONT eût commencé plutôt à écrire en détail ses réflexions sur l'exposition des tableaux, sculptures, &c. qui a lieu au Louvre, & dont on ne trouve que peu de chose dans ses *Mémoires Secrets*, &c. jusqu'en 1767, où il prit le parti de rendre compte du sallon de cette année, à un de ses amis absent; méthode qu'il a conservée depuis. On ne peut que présumer d'un grand poids en cette matiere les jugements de l'auteur de l'*Essai sur la Peinture, la Sculpture & l'Architecture*, qui le fit regarder dans le temps par les gens de lettres & les artistes comme un philosophe d'un goût éclairé, sûr & exquis. Il est plus fâcheux encore que sa mort ait laissé son travail interrompu, & nous ait obligé d'emprunter pour la continuation le secours d'un autre amateur.

Quoi qu'il en soit, dans cette période d'une révolution des arts dont il s'agit d'environ douze années, il y en a assez pour apprécier leur état actuel, & connoître tous les maîtres, qui aujourd'hui illustrent la France, & en font la gloire & la splendeur.

cruellement atteints du mal général. Cette figure rentre donc dans l'enſemble de ce poëme pittoreſque. Il n'eſt pas néceſſaire que le peuple entier ſoit peſtiféré, il ſuffit que tout prenne part à l'action; & c'eſt ce qui arrive. En un mot, cette vaſte machine eſt l'ouvrage d'une imagination auſſi chaude que bien ordonnée.

Monſieur *Vien* a travaillé à un autre tableau, qui ſert de pendant à celui-là, & eſt deſtiné auſſi à décorer une chapelle de *ſaint Roch*. Mais qu'il eſt différent pour le génie! Il repréſente *ſaint Denis* prêchant la foi en *France*. L'apôtre eſt élevé ſur les marches d'un temple. Ses diſciples ſont derriere lui. Des grouppes d'auditeurs répandus ſur différents plans rempliſſent le reſte de cette compoſition. Nul intérêt dans l'ouvrage, abſolument vuide d'action. L'auteur auroit pu jeter plus de chaleur dans la tête du ſaint. Elle eſt vénérable; ſa figure eſt noble, elle annonce de la douceur, il y regne quelque choſe de perſuaſif; mais elle manque de cet euthouſiaſme, vrai caractere du martyr prédicant. D'ailleurs aucune imagination; & voilà, Monſieur, la différence du génie. M. *Doyen* a eu le choix des deux ſujets; il ſentoit toute l'aridité de celui-ci; il l'avoit pourtant médité. Voici comme il en auroit tiré parti. Il auroit figuré les païens en déſordre, briſant leurs idoles à la voix de l'apôtre. Jugez du mouvement, de la vigueur dont cette idée animoit tout un peuple! Quelle variété ſuccédoit à la monotonie que monſieur *Vien* n'a pu éviter dans cette ſcene tranquille, où l'on n'apperçoit preſque que des bras en l'air! On voit avec regret échouer cet artiſte qui donnoit les plus belles eſpérances. Il manque de la premiere qualité du peintre d'hiftoire, comme du vrai poëte : il n'a point d'invention. Au refte, fi fon tableau ne frappe pas l'ignorant par ces ferremens de cœur, par ces paffions vives & rapides qu'excite l'ouvrage d'un auteur enthoufiafte, il a des parties que les connoiffeurs admirent. Sa figure principale eft bien détachée des autres grouppes. Malgré la multitude des perfonnages, nulle confufion ; l'œil perce à travers toutes ces têtes, jufques dans le lointain : la fcene eft éclairée convenablement. Nulle figure qui ne foit finie & variée, autant que le peut permettre la pofition de l'auditeur. Beaucoup d'intelligence dans le clair obfcur. En un mot, une grande & trop grande fageffe dans la diftribution de l'ordonnance.

Son tableau de faint *Grégoire* pape, eft infiniment mieux goûté, parce que l'ouvrage eft dans fon genre, & n'exige aucune imagination. La majefté de la tête, la belle pofition du corps, la magnificence des draperies, la richeffe du coloris, méritent au peintre des éloges de la part des fpectateurs froids, qui aiment plus à admirer qu'à être émus.

Un des plus vaftes tableaux du fallon, mais qui n'eft pas certainement un des meilleurs, eft celui de M. *Hallé*. Il doit être placé dans la grande falle de l'hôtel-de-ville de *Paris*. Il a 14 pieds de large fur 10 pieds de haut. C'eft *Minerve*, qui annonce la paix à la ville de *Paris*, & conduit elle-même cette déeffe. Elle tient une corne d'abondance, en fait fortir des fleurs qui fe répandent fur les génies des fciences & des arts

La ville de Paris est représentée par le sénat municipal ; & vous sentez, Monsieur, combien l'allégorie doit être froide. Quel contraste ! Minerve vis-à-vis de marchands de la rue de Saint-Denis ! Il regne d'ailleurs une ressemblance entre l'ensemble de ce tableau & celui de monsieur *Vien*, son voisin, qui n'est point à l'avantage du premier. Toutes ces robes rouges ne prêtent guere aux détails du pinceau. Le seul mérite de l'auteur est d'avoir fait une architecture noble & imposante, d'avoir mis de l'ordre & de la netteté dans sa composition, d'avoir bien dégradé ses couleurs, d'avoir attrapé la ressemblance des personnages. Quant à ses déesses, quelles déesses ! Une *Paix* qui a l'air d'une fille d'opéra, & ne répand que des flocons de fleurs ! Pourquoi pas des fruits ? Est-ce défaut de jugement ? Est-ce une satire ? Cet ouvrage, plus long que difficile, plutôt un assemblage de portraits, qu'un vrai tableau d'histoire, ne fera point sortir M. *Hallé* du rang des peintres médiocres où il a toujours été.

M. *du Rameau* offre trois grands morceaux, sans compter plusieurs autres petits, des dessins, des esquisses, &c. Le premier est *le triomphe de la Justice*. Il est de dix pieds huit pouces de haut sur quatorze pieds de large. Il doit être placé dans la chambre criminelle du parlement de Rouen.

La *Justice*, traînée sur son char par des licornes blanches, symbole de la pureté, couronne l'*Innocence* qui se jette entre ses bras. La *Prudence*, la *Concorde*, la *Force*, la *Charité*, & la *Vigilance* l'accompagnent. Elle foule aux pieds la *Cruauté* & l'*Envie*, désignées par le *loup* & le *serpent*, & brave les efforts de la *Fraude*, qui, laissant tomber l'étendard de la rebellion, veut s'opposer à son passage.

L'autre est *le martyre de saint Cyr & de sainte Juliette*, & le dernier est *saint François de Sales mourant, dans l'instant où il reçoit l'extrême-onction*. Ces deux, de 10 pieds 5 pouces de haut, sur 5 pieds de large, sont pour l'église de saint Cyr. Les trois tableaux méritent des éloges : il y a de la chaleur dans l'allégorie du premier, quoique trop compliquée ; beaucoup d'expression dans le second ; de la sagesse & du sentiment dans le troisieme. En général, un pinceau blafard, des chairs plombées, nul coloris. Cet auteur prend souvent la roideur pour la force, la dureté pour l'énergie ; mais il a de l'imagination, & cette qualité rare & brillante compense bien des défauts.

Je suis les grands morceaux, Monsieur, & passe sous silence *Jesus-Christ sur la montagne des oliviers*, par monsieur *Parocel* ; le même sujet par monsieur *Brenet*, ainsi que *Jesus-Christ & la Samaritaine* : *Jesus-Christ ordonnant à ses disciples de laisser approcher des enfants qu'on lui présente*, par M. *Lépicié* : *Jesus-Christ, à l'âge de douze ans, conversant avec les docteurs de la loi*, par monsieur *Renon*. Enfin une *Flagellation*, par monsieur *de Beaufort*. Tous ces peintres semblent s'être réunis pour dégrader la divinité par un pinceau rien moins que divin. On ne peut donner une figure plus plate, plus ignoble à l'Homme-Dieu. Bien loin de s'élever par la majesté de leur sujet, ces messieurs l'ont rétreci comme leur génie. C'est leur faire trop d'honneur que de les nommer!

Que dire d'un M. *Olivier*, qui va prendre pour sujet *le Massacre des Innocents*, déja traité par un grand maître? C'est un de nos poëtes dramatiques qui refait *Gustave* après *Piron*.

Que penser de M. *Restout* le fils, qui nous représente *Diogene demandant l'aumône* à des êtres insensibles, tels que des pierres, des statues? La froideur du choix n'indique-t-elle pas celle du peintre, trop bien démontrée dans ses *plaisirs d'Anacréon*? Ce poëte tient sa coupe d'une main & sa maîtresse de l'autre: la joie devroit pétiller dans ses yeux, la volupté s'échapper de toutes les rides du visage de ce vieillard aimable. Point du tout: il a l'air d'un patient qu'on mene au supplice, ou plutôt, il n'y a ni action, ni sentiment, ni expression dans toute cette figure.

M. *Jollain*, agréé aussi, donne de plus grandes espérances. Son *Bélisaire* offre une composition bien ordonnée. Le petit enfant qui demande l'aumône pour ce grand homme, dans le casque du guerrier, est un trait de génie. Il ajoute à l'intérêt: les attitudes des personnages du tableau sont variées, comme leur douleur. En un mot, on y trouve un peintre qui pense & qui invente. Son *Amour enchaîné par les Graces* fait sourire l'imagination; & si celles-ci ne sont pas sveltes, elles ont au moins une gaieté décente qui les caractérise. Du reste, les chairs sont animées; il y a de la vie dans ce tableau, des touches larges & moelleuses, qui font honneur au pinceau de l'auteur, des contours qui annoncent un dessin facile.

Je me réserve, Monsieur, à vous parler du reste des tableaux dans une seconde lettre. Ne croyez pas que je regarde comme inférieurs ceux que j'ai omis. J'ai suivi la grandeur des machines, & vous ai présenté les objets à mesure qu'ils m'ont frappé par leur volume. J'ai peu loué, peut-être l'ai-je trop fait encore. Pourquoi nos grands maîtres, les *Pierre*, les *Boucher*, les *Greuze*, ne se sont-ils pas offerts à mon admiration ? Pourquoi M. *Vanloo* d'Espagne ne nous a-t-il donné que des portraits ? Pourquoi M. *Fragonard*, sur lequel on avoit fondé de si grandes espérances au sallon dernier, dont les talents s'étoient annoncés avec un fracas bien flatteur pour son amour-propre, s'est-il arrêté tout-à-coup (*a*) ? Les délices de *Capoue* l'auroient-ils amolli ? Encore si son réveil, semblable à celui de M. *Doyen*, (*b*) nous étonnoit par un coup de tonnerre !

Malgré ma critique, Monsieur, nous devons nous estimer heureux d'avoir encore une école aussi bien fournie. La françoise est la seule qui se soutienne, & qui semble hériter des pinceaux de *Minerve* ! Vous en jugerez mieux quand je vous aurai parlé de MM. *la Grenée*, *Vernet*, *le Prince*, *Casanova*, *Loutherbourg*, &c.

J'ai l'honneur d'être, &c.

(*a*) Il ne nous a donné que de petits morceaux, dont on parlera.

(*b*) M. *Doyen*, devenu amoureux de Mlle. *Hus*, de la comédie Françoise, avoit été long-temps sans rien faire.

LETTRE II.

Sur les Peintures, Sculptures & Gravures de messieurs de l'Académie royale, exposées au Sallon du Louvre, le 25 Août 1767.

Paris, le 13 septembre 1767.

Depuis ma derniere lettre, Monsieur, monsieur Hallé a exposé un nouveau tableau de sa composition. Le sujet est *l'Apologue du faisceau*, qu'il attribue à *Scilurus*, roi des Scythes. Il est dans la maniere roide & dure de ce peintre. Sept ou huit des enfants de ce roi, qui font effort pour briser le faisceau, ne peuvent présenter un spectacle digne du pinceau d'un grand maître. Nulle passion à exprimer ; la variété des attitudes ne prête même pas, en ce qu'elles seroient contre nature. Nul effet de coloris, point de perspective, toutes les têtes sont dans une même ombre. Ainsi, mauvais choix, & pitoyable exécution.

Monsieur Michel Vanloo se distingue par une galerie de portraits, tous de sa composition & variés extrémement. Dans celui de monsieur le cardinal de *Choiseul* on admire la noblesse & la dignité : la vérité de la ressemblance dans celui de l'abbé de *Breteuil*. Celui de madame *Vernet* offre une grande pureté de chairs, un coloris délicieux. L'esprit pétille dans la figure de Mlle. de *Langeac*, & semble s'échapper de tous les traits de son visage. Peut-être lui a-t-il donné un air trop malin pour son âge. D'ailleurs, quoi de plus indécent que de représenter une jeune personne en sultane & le mouchoir à la main ? Il a peint M. *Diderot* avec cette tête nue & fumante, sur laquelle cet auteur est obligé de jeter de l'eau froide de temps à autre, pour modérer les accès d'un génie bouillant (a). La portraiture de monsieur *Cochin* est finie & léchée, comme tous les ouvrages qui sortent des mains de cet habile graveur. J'en passe beaucoup d'autres sous silence pour venir aux deux morceaux les plus précieux de cet article. Je veux parler de deux ovales, la *peinture* & la *sculpture*. La premiere est d'une taille plus svelte ; elle a le pinceau à la main & est occupée à travailler. L'autre figure, plus robuste, tient son ciseau ; elle a son bloc ébauché devant elle, & médite sur ce qu'elle va faire. Ces deux morceaux sont fort beaux.

Le premier ouvrage de M. *la Grenée*, par l'importance du sujet plutôt que par son mérite, est *Monseigneur le Dauphin mourant environné de sa famille. Monseigneur le duc de Bourgogne lui présente la couronne de l'immortalité.* Nulle ressemblance, nul costume dans ce tableau, qui n'est qu'une allégorie. M. le dauphin a l'air d'un pauvre homme mourant sur son chalit : il est débraillé, la tête nue. Le tableau a pour devise : *Mortem quoque superavit*. Elle ne se lit certainement pas sur le visage du prince mourant, & c'est ce qu'il eût fallu rendre. La douleur

―――――――――――――――

(a) C'est ce que rapportent ses amis.

de madame la dauphine fait grimacer sa figure sans aucune noblesse. Convenons qu'un pareil sujet n'est point dans le genre de cet auteur, fait pour rendre la volupté touchante, plus que les objets tristes & lugubres. Aussi a-t-il échoué dans un plus grand morceau d'histoire. Dans *la tête de Pompée présentée à César*, il n'a point réuni ce double sentiment de joie & de douleur qu'a si bien découvert *Corneille*, & que *Rubens* n'auroit pas manqué d'exprimer. *Jupiter & Junon sur le mont Ida, endormis par Morphée*, étoit sans doute encore un sujet trop sublime pour ce peintre. Le sommeil y est très-bien caractérisé, mais la grandeur & la majesté du Dieu du tonnerre ne se reconnoissent point dans ce maître des dieux. Pour puiser de pareils sujets dans *Homere*, il faudroit se sentir son génie.

M. *la Grenée* a mieux réussi dans *la chaste Susanne*, dans *le chaste Joseph*, mais sur-tout dans deux petits morceaux : la *poésie* & la *philosophie*. Quelle suavité de pinceau ! quelle carnation dans tous ! Les deux derniers seroient dignes de *l'Albane*. La paillardise des vieillards, la luxure effrénée de la femme de *Putiphar*, sont caractérisées dans les premiers des touches les plus fortes & les plus lubriques. Le *Joseph* & la *Susanne* ne sont pas si bien rendus. En général, les passions modestes ne sont pas non plus du genre de cet artiste ; il attrape à merveille les figures de femmes animées du désir. On remarque cela dans le reste de ses tableaux, trop longs à détailler.

Je finirai son chapitre par quatre dessus de

porte, représentant *les quatre états*; premier défaut de costume. On n'a jamais connu que trois états en France; il a plu à M. *la Grenée* d'en faire un quatrieme de la magistrature, quoiqu'elle ait toujours fait corps avec le tiers-état.

Le clergé est représenté par *la Religion & la Vérité*. Il y a là une femme nue, trop voluptueuse pour un pareil sujet.

L'allégorie de l'*Epée*, figurée par *Bellone, présentant à Mars les rênes de ses chevaux*, est belle & hardie, mais exigeoit un pinceau plus fier.

La *Justice*, emblême de la *magistrature, est désarmée par l'Innocence; la Prudence l'en félicite*. Il falloit que cette derniere dévoilât l'*Innocence*, & l'allégorie eût été plus juste & plus ingénieuse.

Le *tiers-état* enfin, caractérisé *par l'Agriculture & le Commerce qui amenent l'Abondance*, est d'une composition vraie, belle & simple.

Je passe à M. *Vernet*, & serai fort court sur son sujet. C'est toujours le même genre, mais d'une variété qui étonne tous les connoisseurs. Chacune de ses marines est une histoire entiere pour le mouvement qui regne dans ses tableaux. Il a tant été loué que je ne pourrois rien ajouter. Je ne ferai mention que de son *Clair de lune*. On admire avec quel art il a fait jouer cet astre dans l'onde & en a rendu tous les reflets. La vérité est le grand caractere de ce peintre.

Je m'étendrai davantage sur son rival, parce

qu'il n'eſt pas encore connu. C'eſt M. *Loutherbourg*, agréé. Il a donné quinze tableaux, qui tous ont leur mérite & font de la plus grande beauté. On lui reproche de n'avoir pas mis dans ſes deux *combats ſur terre & ſur mer*, toute la chaleur qu'exigent deux pareils ſujets ; d'avoir plutôt peint des morts que des mourants. Malgré cela, Monſieur, il y a des choſes magnifiques dans l'un & dans l'autre. Il y regne, s'il eſt permis de s'exprimer ainſi, ce beau déſordre, premier caractere des batailles. Il y a une entente admirable de coloris. Les armures, les caſques, les boucliers y brillent de leur éclat. On y remarque juſqu'au damaſquiné des épées. Ses deux chef-d'œuvres ſont ſa *petite tempête*, ainſi appellée parce qu'il y en a deux de ſa façon, & un tableau de *payſages avec des animaux*, tiré du cabinet de M. Boiſſet. On peut dire que dans le premier il ſerre de près ſon modele. D'abord en approchant, on ſent l'horreur qu'inſpire néceſſairement un pareil ſpectacle. A ce ſentiment ſuccede la pitié, à meſure qu'on détaille les parties de ce tableau. Quant au connoiſſeur froid, il n'eſt pas poſſible qu'il lui refuſe ſon admiration, ſoit pour la variété des grouppes, ſoit pour la correction du deſſin ou pour l'expreſſion des figures. En un mot, il eſt digne de *Vernet*, & c'eſt tout dire, comme l'autre morceau l'eſt de *Berghem*. Peut-être lui reprochera-t-on d'avoir trop appeſanti le pinceau ſur les animaux, d'avoir donné des touches trop fortes qui les rendent maſſifs ; mais, après tout, un bœuf eſt-il léger ? Vous voyez, Monſieur, que M. *Loutherbourg* entend également le payſage, les animaux, la figure ; qu'il réunit presque tous les genres. Il rend aussi la nature insensible, qu'il fait mettre en mouvement. Je n'en veux pour preuve que son tableau de *la Cascade*.

Je voudrois bien, Monsieur, détailler aussi les *Casanoves*, c'est-à-dire, les tableaux de monsieur *Casanova*. Il ne nous a donné cette année qu'une bataille & son pendant en petit. Ce sujet n'est pas propre à être traité en miniature, il s'en faut. Il entraîne trop de confusion, trop d'assemblage de figures. On remarque bien dans l'ensemble une touche hardie, mais ce ne sont que des bras & des têtes. On ne sait à quels corps ils appartiennent; c'est une vraie *capilotade*. J'aime mieux les trois petits tableaux, dont l'un représente *un maréchal*, & l'autre *un cabaret*. Dans l'autre c'est *un cavalier qui rajuste sa botte*. Ce sont des sujets familiers, dans lesquels se joue ce génie fier & mâle. Il met par-tout de l'action : il est toujours chaud de couleur.

M. *le Prince* ne dégénere point de sa fécondité. Il nous enrichit cette année de treize tableaux, dont trois volumineux. Ils sont destinés pour être exécutés en tapisserie à la manufacture de BEAUVAIS. L'auteur s'est cru obligé, tant pour les effets que pour la touche, de se prêter au genre & à la possibilité de l'exécution de ces sortes d'ouvrages, qui, faits uniquement pour amuser les yeux dans les appartements, semblent exiger par-tout de la clarté & & des richesses de détail. Je ne sais quel effet ces dessins feront dans un appartement, mais tout le monde s'accorde à les trouver très-mauvais. Point de coloris, une confusion d'objets;

des *Russes*, à qui le peintre veut donner l'esprit & la galanterie des bergers de *Boucher*. S'il n'avoit fait que de pareils ouvrages, il pourroit avoir le mérite du costume, celui d'avoir peint des mœurs étrangeres & nouvelles pour nous : mais il ne seroit réputé qu'un homme très-médiocre. Il a mieux réussi, & infiniment mieux dans ses petits tableaux. Son genre ne paroît pas fait pour les grands objets. Il ne peut rendre qu'une action qui ne soit point embarrassée par la multitude des personnages ; de cette espece sont *la fille qui charge une vieille de remettre une lettre. Un jeune homme qui récompense le zele de la vieille, en lui donnant une piece d'or* ; jolis pendants, ingénieusement traités, mais trop d'après le grand maître dont j'ai parlé. La *bonne aventure* & le *concert*, *l'oiseau retrouvé*, *le musicien champêtre*, *une jeune fille endormie, surprise par son pere & sa mere*, &c. tout cela est fort gentil & beaucoup moins défectueux pour le coloris.

Je quitte M. *le Prince*, pour passer à un des hommes les plus étonnants du sallon, M. *Robert*. C'est le rival de M. *Machy* pour les morceaux d'architecture, comme *Loutherbourg* l'est de *Vernet* en marines. Rien de plus beau, Monsieur, pour la perspective & les effets de lumiere, que *la cour du palais Romain, qu'on inonde dans les grandes chaleurs, pour donner de la fraîcheur aux galleries qui l'environnent*. Vous passez à travers ces colonnes, comme si tout étoit de relief. Ses autres ouvrages ne sont pas tous si bien entendus à cet égard, mais en général cet auteur est majestueux ; tous ses tableaux sont imposants par la magnificence des édifices qu'il a choisis & bien rendus. Il me semble en ce genre avoir une bien plus grande maniere que son modele, plus recherché, plus fini, plus françois.

J'ai promis de revenir sur *M. Fragonard*, en faveur de sa réputation naissante & des espérances qu'il donne. Il nous montre cette année un *tableau ovale, représentant des grouppes d'enfants dans le ciel* : une *tête de vieillard*. Ils sont tous deux dans la maniere de cet auteur, très-légere & très-aérienne. Elle convient fort au premier sujet. Quant à l'autre, la gravité de la figure n'admet pas ces touches claires qui sont trop disparates.

Je ne dirai qu'un mot de M. *chardin*, qui a traité le public aussi fort succinctement. Il n'a donné que deux tableaux représentant *divers instruments de musique*. Ils sont destinés pour les appartements de *Belle-vue*, & magnifiques dans leur genre. Mais quel genre !

M. *Venevault* a exposé un tableau en miniature, commandé par l'académie des sciences, arts & belles-lettres de *Dijon*, appartenant à S. A. S. Mgr. le prince de *Condé*. Au centre du tableau, & dans un plan un peu reculé, s'éleve une pyramide dont le piedestal est chargé de trophées d'armes. Sur une des faces de cette pyramide on lit cette inscription : *Bataille de Friedberg*. Minerve assise sur un bouclier porte le buste du prince de *Condé* en médaillon, ciselé en or. Près d'elle sont deux génies, dont l'un montre du doigt la devise de l'académie gravée sur une table d'airain, & l'autre présente plusieurs couronnes à la déesse pour les distribuer à son choix.

D'un côté, on découvre dans l'éloignement une campagne fertilisée ; de l'autre, sur une montagne escarpée, le temple de la gloire, vers lequel plusieurs savants s'approchent par des chemins difficiles.

Vous voyez, Monsieur, par cette allégorie confuse & alambiquée, que les peintres ne réussissent pas mieux à louer que les poëtes.

M. Baudouin attire l'attention du public par deux petits tableaux peints à gouasse. L'un est *le coucher de la mariée*; l'autre est *le sentiment de l'amour & de la nature, cédant pour un temps à la nécessité*. C'est une jeune personne qui accouche & est obligée d'envoyer le nouveau-né aux *enfants-trouvés*. On y lit ce vers : *fecit amor, pietas mittit : fortuna reducet*. On aime mieux ce dernier, parce qu'il est plus épigrammatique, & d'un intérêt plus général. D'un autre côté, il est si peu exprimé que l'auteur est obligé d'y suppléer par une devise, par une enseigne à la maison de sage-femme, &c. que l'action n'est pas encore complétement expliquée au premier coup d'œil. Quoi qu'il en soit, toutes les femmes veulent voir ce petit tableau. Les filles sur-tout ne se lassent point de le regarder. Plus d'une jeune personne, en le voyant, peut se dire : *Autant m'en pend à l'oreille*. M. Baudouin met beaucoup d'esprit dans ses sujets, & même du sentiment. C'est le *Greuze* de la miniature.

M. Roland de la Porte renouvelle ses illusions; il nous étonne par la magie de sa perspective. Il donne de l'élévation aux figures les plus plates. On admire son *crucifix de bronze, sur un fond de velours bleu, imitant le relief*. Ce genre n'est pas sûrement le premier de la peinture; mais il est beau de réussir dans son genre quelconque.

MM. *Peronneau*, *Roslin*, *Drouais* le fils, sont en possession de nous enrichir de portraits. On remarque dans ceux du second, madame la marquise de *Marigny* : madame la comtesse de *Brionne* n'est pas le plus médiocre ouvrage de ceux du dernier. En général, toutes les portraitures ont un défaut. Le héros est toujours peint faisant quelque chose & jamais n'en étant occupé. Il regarde le public. Est-ce dans la vraisemblance? Et le faiseur de portraits a-t-il plus droit qu'un autre d'y manquer?

J'abandonne, Monsieur, le vulgaire des autres peintres. Je ne pourrois qu'en parler désavantageusement. Il vaut autant les laisser se mirer dans leur amour-propre. Je finirai par la sculpture dans ma troisieme & derniere lettre. Il y a de très-beaux morceaux & je crois que cet art se soutient mieux que la peinture.

LETTRE III.

Sur les Peintures, Sculptures & Gravures de messieurs de l'Académie royale, exposées au sallon du Louvre, le 25 août 1767.

Paris, le 20 septembre 1767.

On pourroit faire, Monsieur, le même reproche à nos sculpteurs qu'à nos peintres. Ceux-ci exposent beaucoup trop de portraits, & les autres infiniment trop de bustes; d'autant mieux que le peu d'espace accordé à cet égard dans le sallon, ne permet pas de nous dédommager d'ailleurs. Au reste, ces bustes sont au moins intéressants: ils nous offrent presque tous des personnages ou précieux ou importants.

M. *Pajon* nous a donné le portrait de feu monseigneur le *dauphin*, en marbre; ceux de monseigneur le *dauphin* actuel, du comte de *Provence*, du comte d'*Artois*, &c. Le peuple court en foule voir les appuis du trône, & ce spectacle vraiment attendrissant ne peut que faire honneur à l'artiste.

M. *Caffieri* a exposé le portrait de M. *Hallé*, peintre du roi, & professeur en son académie, ainsi que celui de M. *Borie*, docteur en médecine. On ne saura point mauvais gré à M. *Caffieri* de transmettre à la postérité un artiste estimable & un esculape en vogue.

Qui n'est enchanté de retrouver au sallon le buste de ce génie immortel, qui a fait une si

grande

grande époque dans la révolution de l'esprit humain en France ? Je veux parler de M. de *Montesquieu*. Ce portrait, exécuté par M. *le Moine*, est un présent que M. le Prince de *Beauvau* fait à l'académie de *Bordeaux*. Le même artiste nous offre celui de Me. *Gerbier*, le Cicéron françois. Il a aussi travaillé le buste de M. de *Trudaine*. Il est en marbre ; c'est un monument de reconnoissance de la *faculté de droit* de Paris, qui doit être placé dans l'intérieur de ses nouvelles écoles. Un grand & sage ministre n'a poit voulu être nommé dans le livre. Sa modestie, en se présentant à nos regards, semble avoir jeté un voile sur sa figure : mais qui méconnoîtroit à la bienfaisance dont elle est empreinte, M. le comte de *Saint-Florentin* ? A côté est humblement, en terre, madame la comtesse de *Langeac*. Ce buste nous offre une grace, taillée des mains de ses sœurs. Tous ces morceaux font infiniment d'honneur à M. *le Moine*.

Je finis les portraits par deux médaillons en marbre de M. *Vassé*. L'un est celui de feu M. le comte de *Caylus*, appartenant à l'académie royale des inscriptions & belle-lettres. L'autre est celui de feue *Elisabeth*, impératrice de *Russie*, appartenant à M. le comte de *Schuvaloff*. Rien de plus beau que ces médaillons, que la vérité de la ressemblance & l'énergie des figures ! On admire la bordure du médaillon de l'impératrice, qui est en effet de la plus grande richesse & d'un travail exquis.

Entre les morceaux de sculpture d'une plus grande maniere, on distingue une figure en marbre, représentant une *baigneuse*, de M. A.

legrain. Elle a 5 pieds 10 pouces de hauteur. Elle est pour le roi, & doit être placée à *Choisy*. La grandeur de la machine a empêché qu'elle ne fût transportée au sallon, & l'on va la voir chez l'auteur. Cette *baigneuse* est, Monsieur, dans les proportions antiques. Elle est d'une élégance svelte. Il est fâcheux que dans le marbre il se soit trouvé des veines noires répandues çà & là, qui font un effet désagréable & traversent même la figure.

La *Minerve* de M. *Vassé*, appuyée sur son bouclier, prête à donner une couronne, n'offre rien d'admirable pour l'invention, ni pour la noblesse de l'attitude, ni pour la majesté de la tête. La déesse n'a qu'une figure très-ordinaire.

M. *Pajou* propose aux curieux la *Magnificence & la Sagesse*, deux esquisses en plâtre, dont les figures seront exécutées en grand pour le Palais-Royal. Il y a joint celle d'un tombeau, & l'on remarque du génie dans les trois morceaux.

L'*Innocence* en marbre, de M. *Caffieri*, est d'une belle simplicité; elle se lave les mains. L'*Amitié qui pleure sur un tombeau* & qui n'est qu'un modele, invite à la tristesse, & doit faire un grand effet dans l'exécution.

L'*Annonciation*, en bas-relief, de M. *Berruer*, est d'un très-bon goût. La tête de la Vierge est d'une pureté, d'une modestie qu'on admire. Aux deux côtés sont *la Foi* & *l'Humilité*. Ces figures droites sont ordinairement froides & ne signifient pas grand chose. Ce morceau doit être exécuté du double de sa grandeur pour être placé dans l'église cathédrale de *Chartres*.

Son *Hébé* n'a rien de bien caractéristique. La tête est belle, mais ne rend point tout ce qu'on devroit attendre de la déesse de la jeunesse.

La *Douleur*, de M. *Gois*, est sans contredit le plus beau morceau de sculpture du sallon. Pas un muscle dans cette figure qui ne travaille, pas un trait qui n'ajoute à l'expression. Ce buste est d'ailleurs d'un marbre d'une blancheur, d'un transparent exquis. Il est d'une beauté rare.

Son *Aristée désperé de la perte de ses abeilles*, n'est pas sans mérite. Il est couché sur ses ruches brisées, &c. La sculpture ne peut rendre que médiocrement de pareils sujets.

Je ne dois pas omettre *les deux Enfants* en plâtre pour une chapelle, de M. *Mouchy*. Son *repos d'un Berger* a de la simplicité, de la naïveté.

Il y a de très-belles choses dans les gravures, Monsieur ; mais comme elle ne sont tirées pour la plupart que d'après des tableaux connus, je ne vous en détaillerai qu'un petit nombre. Cet art se soutient & se perfectionne de plus en plus chez nous. Il y a des estampes qui ont tout le feu, toute l'expression des originaux.

M. *Cochin* a exposé plusieurs dessins allégoriques sur les regnes des rois de France. Ils sont destinés à être gravés pour l'ornement de la nouvelle édition de *l'Abrégé chronologique de l'histoire de France*, par M. le président *Haynault*.

L'estampe curieuse, Monsieur, est celle de M. l'*Empereur* représentant le portrait de M. *de Belloy*, sujet allégorique, d'après le tableau de M. *Jollain*, peintre du roi.

La ville de Calais présente au génie de la poésie le médaillon de M. *de Belloy*, pour être attaché à la pyramide de l'immortalité. Sur la pyramide on voit un bas-relief, où le roi *Edouard* est représenté condamnant à la mort *Eustache de Saint-Pierre* & ses généreux compagnons. Au bas est un enfant qui tient les clefs & les armes de la ville, & près de lui un chien, symbole de la fidélité de ces vaillants citoyens : on apperçoit dans le fond le port de *Calais*. Vous jugez, Monsieur, que cette allégorie est aussi compliquée & d'un aussi mauvais goût que le monstre bizarre sur lequel on s'est enthousiasmé quelque temps par mode.

Cette estampe, gravée sous les ordres de monsieur le duc de *Charost*, gouverneur de *Calais*, ne fait honneur ni au génie de l'inventeur, ni à monsieur *de Belloy*, qui ne l'a pas méritée, ni au grand seigneur qui a jugé à propos de faire accorder cette faveur précise à monsieur *de Belloy*, & qui devroit être ménagée pour une occasion plus importante.

On a de monsieur *Strange*, nouvel agréé, *Abraham répudiant Agar*; *Esther devant Assuerus*, d'après *le Guerchin*; *une Vierge & l'enfant Jesus*; *un Amour endormi*, d'après *le Guide*.

Il faut rendre justice au burin net, brillant & facile de ce maître, qui d'ailleurs a beaucoup de chaleur.

Monsieur *Demarteau*, nouvel artiste qui se met sur les rangs, a exposé plusieurs excellentes gravures dans la maniere du crayon, d'après les deſſins de MM. *Boucher*, *Cochin*, *Carle Vanloo*, *P. de Cortone* & le *Caravage*. Mais ſon allégorie ſur la vie de monſeigneur le *dauphin* eſt déteſtable.

Il ne faut point omettre trois beaux deſſins de M. *Beauvarlet*, deſtinés à être gravés. L'un eſt *Mercure & Aglaure*, d'après *la Hire*. L'autre une *Fête de campagne*, d'après *Teniers*. Le troiſieme, *la Marchande de petits amours*, d'après M. *Vien*.

Concluons, Monſieur, de tout ce que j'ai eu l'honneur de vous écrire ſur le ſallon, que la peinture offre très-peu de beaux morceaux, ſurtout en hiſtoire, & beaucoup de croûtes: la ſculpture, preſque rien d'un grand beau, d'un faire admirable; mais peu de mauvaiſes choſes & beaucoup de bonnes. Quant aux eſtampes & aux deſſins, tout en eſt preſque précieux & du premier mérite.

En fait de peintres d'hiſtoire, je ne vois que MM. *Doyen* & *Vien* ſur leſquels on puiſſe fonder des eſpérances ſolides & déja confirmées. Encore le dernier manque-t-il de l'enthouſiaſme propre à aller aux grandes choſes. M. *Hallé* eſt à ſon *non plus ultra*. Il a une maniere roide, dont il ne ſe défera pas; un pinceau ſec, qui ne peut rien exprimer de gracieux & de ſublime. M. *Durameau* a de la force dans le deſſin, de l'imagination, & peut aller loin s'il acquiert du coloris & plus de ſoupleſſe dans ſes attitudes. M. *Fragonard* n'a rien donné cette année qui ajoute à l'idée qu'on en avoit conçue en 1765, d'après ſon beau tableau de *Callirhoé*.

J'ai déja appellé M. *de la Grenée*, l'*Albane*

François; j'ai comparé M. *Loutherbourg* au *Berghem*; on retrouve le pinceau & le goût de *Vauvermans* dans M. *Cazanova*. Pour M. *Vernet*, il n'a de modele que lui-même. M. *le Prince* finge trop *Boucher*, M. *Baudouin* eft le la Fontaine de la peinture ; MM. *Machi* & *Robert* font fupérieurs pour les morceaux d'architecture & de perfpective. Nous excellons dans le portrait par le nombre & la qualité de nos maîtres; *la Tour* pour le paftel, que voudroit égaler *Perronneau*; *Michel Vanloo*, pour les tableaux hiftoriés. On aime la fraîcheur du coloris de *Roflin*, quoiqu'il n'attrape pas toujours les reffemblances. La beauté & la jeuneffe font rendues avec le plus grand éclat par monfieur *Drouais* le fils, au point que fes têtes ont quelquefois un air d'émail qui provient d'un ton de couleur trop brillant.

On a de M. *Bellengé* des tableaux de fleurs, de fruits, de vafes, rendus avec beaucoup de vérité.

Je fuis fâché, Monfieur, de n'en pouvoir nommer davantage.

Tous nos fculpteurs, au contraire, ont leur mérite fpécifique. M. le *Moine* place bien les têtes de fes portraits ; il donne de l'empleur & de beaux contours aux buftes : il regne une forte de magnificence dans fon cifeau, proportionnée aux perfonnages qu'il repréfente. Il peint auffi le génie & les graces déliées, comme je l'ai remarqué.

M. *Allegrain* a un travail fini, une recherche néceffaire dans les ouvrages qu'il entreprend. Il paroît s'être livré fur-tout à peindre les contours fouples des beaux corps de femmes.

Le ciseau plus grave de M. *Vassé* ne manque point aussi d'élégance quand le il faut.

M. *Pajou* a plus de feu ; il est plus historique, & ses grouppes ont tous les détails pittoresques.

Le svelte, le beau goût de l'antique, un ciseau touchant & moëlleux distinguent M. *Caffieri*.

M. *Berruer* a de l'invention & paroît vouloir se livrer au grand.

M. *Gois* est plein d'expression & rend à merveille tous les effets anatomiques des passions.

Enfin M. *Mouchy* a de la douceur dans son faire & de la simplicité dans son exécution.

MM. *Cochin*, *le Bas*, *Will*, &c. & nos autres graveurs sont trop connus pour rien ajouter sur leur compte.

Je suis, &c.

Année M. DCC. LXIX.

LETTRE PREMIERE.

Sur les Peintures, Sculptures & Gravures de messieurs de l'Académie françoise, exposées au sallon du Louvre, le 25 août 1769.

Paris, le 10 septembre 1769.

Le sallon de cette année, Monsieur, plus nombreux que le dernier, n'est pas à beaucoup près aussi riche, ou, pour mieux dire, il est très-médiocre, plusieurs de nos principaux peintres n'y ayant rien exposé. M. *Pierre* nous renvoie au plafond de *Saint-Cloud*, auquel il travaille depuis plusieurs années, & qu'on voit actuellement. M. *Doyen*, dont la réputation a prodigieusement crû par son tableau de *Sainte Genevieve des Ardens*, est occupé aujourd'hui à réparer les peintures du dôme des *Invalides*. M. *Fragonard*, ce jeune artiste, qui avoit donné, il y a quatre ans, les plus grandes espérances pour le genre de l'histoire, dont les talents s'étoient peu développés au sallon dernier, ne figure d'aucune façon à celui-ci. On prétend que l'appât du gain l'a détourné de la belle carriere où il étoit entré, & qu'au lieu de travailler pour la gloire & pour la postérité, il se contente de briller aujourd'hui dans les boudoirs & dans les garde-robes. A la place de ces hommes célebres dont on regrette les ouvrages, a reparu un homme dont les talents font depuis quelque temps la plus grande sensation, & qu'on avoit redemandé avec tant d'ardeur il y a deux ans, lorsque ses démêlés avec l'académie l'avoient fait exclure de l'exposition. Vous le nommez avant moi, Monsieur, & à ces regrets universels vous reconnoissez M. *Greuze*. Mais ne prématurons point ce que j'ai à dire sur son compte; ce peintre viendra à son rang. Pour plus de commodité je vais suivre l'ordre du tableau qui, comme vous savez, n'est pas toujours celui du mérite.

Je commence par M. *Boucher*, premier peintre du roi, ancien directeur & recteur. Il n'a exposé qu'un seul tableau : il est d'une assez grande étendue : il représente une *marche de Bohémiens*, ou *Caravanne*, dans le goût de *Benedette di Castiglione*, à ce qu'il prétend. Vous savez que notre artiste est renommé, pour la correction de son dessin, pour les graces de son pinceau; voué particuliérement aux bergeries son défaut est d'ajouter trop de finesse & d'esprit à ses physionomies : c'est le *Fontenelle* de la peinture. Jugez s'il étoit propre à nous rendre des Bohémiens. En vain a-t-il voulu donner de la force à sa touche, tous ses minois sont à la françoise & ne sont nullement dans le costume étranger. Ce défaut n'est rien en comparaison du manque d'ordonnance dans sa composition, & de la confusion générale qui de tous ses grouppes forme un monceau d'hommes, d'animaux, de femmes, de marchandises, où l'œil ne peut rien débrouiller. D'ailleurs nulle intelligence de clair obscur, point de repos : aussi toutes les couleurs se confondent & s'excluent réciproquement & ne présentent au spectateur qu'un nuage blanchâtre. En sorte que ce tableau, Monsieur, est un des plus médiocres du sallon.

M. *Michel Vanloo*, écuyer, chevalier de l'ordre du roi, premier peintre du roi d'Espagne, directeur de l'école royale des éleves protégés, & successeur en partie du fameux *Carle Vanloo*, lui est bien inférieur dans le reste. Il a donné cinq tableaux, outre plusieurs portraits. Le premier représente M. le marquis & madame la marquise *de Marigny*. Celle-ci est à sa toilette & semble se détourner pour écouter son mari & lui répondre. Il tient un bâton à la main, & l'on prétend que l'intention du peintre est de le représenter partant pour la campagne, prenant congé de sa moitié & lui confiant l'administration de sa maison. Tout cela n'est point exprimé sur les physionomies. On diroit que M. de *Marigny* querelle sa femme, & que celle-ci s'excuse ; voilà ce que l'on en peut interpréter. Du reste, le premier est très-ressemblant, & l'autre n'est rien moins que jolie ; aussi est-elle absolument manquée. *Une Allemande jouant de la harpe*, *une Espagnole pinçant la guitare*, sont deux tableaux qui ne contrastent pas assez. Le costume national devoit être encore plus varié par les caracteres de tête des actrices & des auditeurs, que par les habillements. Tous deux sont d'une froideur monotone, & les étoffes même, quoique d'une vérité absolue, manquent de la vérité locale, essentielle à la fidélité du peintre historien. Son *éducation de l'amour* n'a aucune expression. Il y en a davantage dans la *femme représentant l'étude*. On y trouve une touche large & vigoureuse ; mais ce tableau ne rend pas, à beaucoup près, tout ce qu'il devroit rendre.

Le gros du public rit en général en voyant les deux tableaux de M. *Jaurat*, dont l'un représente ce qu'il appelle son *pressoir de Bourgogne*, & l'autre *une veillée de paysannes du même canton*. Il y a des détails amusants, de la gaieté, de la vérité dans ces deux morceaux ; mais ils ne sont pas assez empâtés, & manquent absolument de relief. Sa *femme convalescente* a plutôt l'air d'une moribonde. Elle fait détourner les yeux au spectateur.

Les amateurs ne peuvent que louer M. *Hallé* de résister constamment à la frivolité du siecle & de suivre l'impulsion de son génie, qui le porte aux grandes choses, aux ouvrages d'une riche & vaste composition. Il nous offre aujourd'hui un tableau de 15 pieds de long sur 10 pieds de haut, destiné à être exécuté en tapisserie aux Gobelins. Le sujet est *Achille reconnu à la cour de Déidamie, par le choix qu'il avoit fait des armes qu'Ulysse avoit mêlées avec des bijoux de femmes, à dessein de le découvrir*. On y compte environ vingt-cinq figures. Tous les plans de cette magnifique ordonnance y sont bien développés. En général, ce peintre a beaucoup d'ordre dans son sujet, en fait embrasser l'ensemble & le maîtriser. Il entend à merveille la perspective & fait promener le spectateur à travers ses grouppes. L'architecture, les richesses de détail n'échappent pas à son pinceau ; mais il ne manie pas de même les passions. *Achille* a l'air d'un furieux, & non cette ardeur noble dont il devroit être animé. La figure d'*Ulysse* manque de cette finesse qui fait son caractere, sur-tout ici. La reine n'a pas ce tendre intérêt, cette émotion vive qu'elle devroit éprouver à la vue d'*Achille*. D'ailleurs les figures sont trop petites pour la machine. Malgré ces défauts, cette histoire attache & occupe, & sera encore plus amusante en tapisserie, lorsque l'aiguille aura donné plus de vérité aux couleurs & plus de jeu aux figures.

L'Inauguration de la statue équestre du roi est un tableau de monsieur *Vien*, qui fixe d'abord l'attention en entrant au sallon. Il a 14 pieds 6 pouces de large sur 10 pieds de haut. Il est destiné pour l'hôtel-de-ville de *Paris*, & de-là l'auteur s'est cru obligé de tout sacrifier aux objets du premier plan, qu'il a voulu rendre de grandeur naturelle pour en faire autant de portraits qui pussent frapper les yeux du public. Mais premiérement aucun de ces portraits n'est ressemblant, tous ces personnages sont mal à cheval, & l'on estime qu'il auroit dû renoncer à cette vérité, peut-être de costume, en faveur de la noblesse du sujet. En second lieu, toutes les têtes sont également éclairées. Il s'excuse sur ce qu'aucun de messieurs les échevins n'a voulu rester dans la demi-teinte. Ils auroient plutôt dû se plaindre de l'air benêt ou stupide qu'on a donné à leurs figures. En troisieme lieu, jamais on n'a représenté de spectacle sans spectateurs. Et tout le peuple de Paris se trouve figuré ici par deux Savoyards qui se battent pour de l'argent qu'on a jeté. Ce grouppe est pourtant le meilleur du tableau ; & un autre enfant qui se glisse à travers les jambes des chevaux, est d'une invention savante & hardie. On a critiqué aussi le premier cavalier de la marche, qui en détournant semble porter sur une colonne du bâtiment ; ce qui indique que M. *Vien* n'avoit pas assez digéré son plan & qu'il n'étoit pas maître de son espace. Du reste, on sait que l'auteur a un coloris sage & agréable, un pinceau doux & moëlleux, qualités qu'il a été maître de développer dans cette composition dénuée de toutes passions.

On est bien dédommagé de ce grand sujet froid & ennuyeux en jetant les yeux sur les sujets galants de M. *de la Grenée*, qui, placés au dessous, semblent faits pour ranimer le public. Ce peintre, toujours fécond, a enrichi le sallon cette année de quinze tableaux, dont dix roulent sur différents sujets de la fable, très-susceptibles d'être embellis par une imagination voluptueuse. Des surprises, des fuites, des désertions, des jouissances ; tout cela est du ressort de notre artiste, & il le rend ordinairement à merveille. On lui reproche cependant dans presque tous ces morceaux d'avoir introduit un petit amour, tantôt du côté de l'amant, tantôt du côté de l'amante, comme si cet être moral & allégorique pouvoit cadrer avec un sujet historique, quoique de la fable. C'est sur la figure de ces personnages qu'il faut peindre la passion, disent les connoisseurs, & non par une petite figure postiche qui gêne la composition, donne à tous ces tableaux un air monotone & refroidit le spectateur. En général, l'artiste en question excelle par les graces des attitudes, la suavité du pinceau, par des chairs animées, mais qu'il ne sait pas assez rafraîchir dans les personnages tranquilles ; ce qui donne un ton rougeâtre à presque tous ses ouvrages. C'est ce qu'on trouve sur-tout dans son grand tableau de *Cérès enseignant l'agriculture au roi Triptoleme, dont elle nourrissoit le fils de son propre lait* : tableau de 9 pieds & demi de haut, sur plus de 7 pieds de large, & destiné à décorer la salle à manger du nouveau pavillon de *Trianon*. Il est vrai que la scene de l'action étant la campagne, & le temps celui de la moisson, le moment, le midi du jour, toute la nature doit être embrasée alors. Mais ce tableau ressemble plus à une conflagration générale, qu'à cette teinte animée qui, en réchauffant les objets, ne leur ôte pas leur couleur naturelle. Le grand & vrai défaut de cette composition est dans le choix & l'expression de la fable. *Triptoleme* a une faucille à la main ; les gerbes sont faites ; il semble s'adresser à *Cérès* pour lui annoncer qu'il vient d'exécuter ses instructions, & lui en demande sur le reste. Tout cela se suppose ; du reste, on ne voit point ce que lui dit la déesse, & l'action est absolument passive ; défaut de génie dans le compositeur. Les morceaux de détail sont assez bien rendus ; les gerbes, les épis d'une grande vérité, &c.

M. *de la Grenée* a traité aussi trois sujets de dévotion, *la Vierge aux anges* ; *le bain de l'enfant Jesus la Vierge faisant jouer l'enfant Jesus & le petit saint Jean avec un mouton*. On a trouvé le second sujet indécent, digne des siecles barbares & de l'ignorance des peintres Flamands. L'enfant Jesus qui montre son derriere, a fait rire les impies & révolté les dévots. Le troisieme a paru vrai, mais peu convenable en ce siecle, où il ne faut point trop humaniser la Divinité. A ne regarder ces jolis morceaux que comme peintre, ils sont doux & riants. M. *de la Grenée* paroît pénétré de son *Albane*, & prendre pour modele ce nourrisson des graces.

Ce n'est point dégrader la majesté de l'histoire, que de mettre au rang de ses sujets le portrait en pied du roi de Prusse, par M. *Amédée Vanloo*. Ce héros est un germe si fécond pour elle, qu'il lui appartient tout entier. Il est représenté debout, la main appuyée sur son fauteuil. On le reconnoît aux couronnes de Prusse dont est parsemé le manteau royal jeté derriere lui, mais encore mieux à son vêtement simple & guerrier. Il a pourtant la tête nue. On voudroit que l'artiste, non content de rendre le martial de la figure, le feu des yeux, la noblesse & l'imposant du maintien, eût mis ce monarque dans quelque attitude qui caractérisât ses fonctions & fît connoître son ame toute entiere. C'est cette omission qui sans doute a donné lieu au quatrain suivant, qu'un admirateur de ce prince écrivit sur ses tablettes dans un accès d'humeur :

Est-ce-là FRÉDERIC, l'amour de son royaume,
 Et de ses ennemis l'effroi ?
J'y vois ses traits, son port, un beau prince, un
 fier homme !
Mais ce n'est qu'à l'histoire à nous peindre le roi.

Je trouve parmi les conseillers, M. *Chardin*, renommé dans son genre pour une imitation naïve & savante à la fois de la nature muette. Son tableau des ***attributs des arts & des récompenses qui*** *leur font accordées*, répétition avec quelques changements, du même sujet exécuté pour l'impératrice des Russies, peu frappant aux yeux du gros du public, est regardé par certains connoisseurs comme un morceau distingué par un coloris vigoureux & transparent, & par une intelligence supérieure du clair-obscur qui leur fait illusion. Quelques tableaux de fruits, de gibier, d'autres représentant des bas-reliefs ; une *femme qui revient du marché*, sont d'une vérité plus à la portée de tout le monde, & se font considérer davantage, quoique d'un mérite bien inférieur.

Nommer M. *Vernet*, c'est en avoir fait l'éloge. Ses ouvrages, répandus dans les deux mondes, ont étendu sa réputation aussi loin qu'il est possible à un mortel d'atteindre. Il n'a rien offert de bien nouveau cette année. On retrouve même des morceaux déja connus de lui, & toujours curieux, toujours admirables. Les connoisseurs savent très-mauvais gré à M. de la *Borde*, l'ex-banquier de la cour, de ne pas vouloir laisser exposer au public les tableaux que ce grand maître a composés pour la galerie du superbe château de *la Ferté*, appartenant à ce financier. Il auroit dû savoir que la vraie magnificence est de communiquer ses richesses, comme l'art de jouir de ses trésors est de les répandre à propos. Je reviens à M. *Vernet*, dont je ne puis quitter les marines & les paysages, sans vous citer un trait qui vaut toutes les louanges possibles. Dans le temps que ce grand maître prenoit les vues de nos ports, un manœuvre dit à un autre qu'il seroit bien aise de voir les ouvrages d'un peintre aussi renommé : *Que verras-tu*, lui dit son camarade, *tout ce que tu vois ici ?*

On ne peut parler de M. *Vernet* sans songer à

M. *Loutherbourg*, son digne émule. Déja plusieurs connoisseurs lui font partager la couronne du premier. Quelle abondance, quel feu, quelle énergie dans 16 tableaux que nous avons eus de lui ! Il n'en est aucun qui ne mérite des éloges. Tantôt c'est un artiste savant, qui rend les vapeurs de l'air, les divers effets du soleil & la dégradation des lointains avec toute la magie qu'on admire dans *Claude le Lorrain*. Tantôt c'est un *Salvator Rose*, qui donne à ses figures une touche libre & spirituelle, des attitudes agréables & pleines de goût. Ici c'est un poëte, dont l'imagination exaltée par un enthousiasme divin semble atteindre à la sublimité du *Poussin* & exprimer toute l'horreur des élémens conjurés. Là, c'est un *Berghem*, c'est un *Wouvermans* qui se plaît à détailler la nature dans son repos, & à délasser ses spectateurs fatigués, pour ainsi dire, d'avoir parcouru tant de scenes pleines d'action, de mouvement & de vie. Son tableau de *la grande tempête*, avec un coup de tonnerre: *des bergers avec un troupeau, poursuivis par des maraudeurs*: ses *deux amis, qui font un goûter au retour de la chasse*, & son *départ pour la chasse au vol*, sont ses compositions les plus généralement goûtées ; mais il y a d'excellentes choses dans toutes ; jusques dans ses *pélerins d'Emaüs* qu'on critique fort. Il devoit éviter de prendre un sujet porté à son plus grand effet par *Paul Veronese*. En vain, afin de le réduire à son genre, a-t-il traité en paysage un morceau historique réservé pour une verve sublime : *Jesus-Christ* se promenant avec deux autres voyageurs ne forme plus qu'un grouppe ordinaire, & l'action est trop commune pour attirer la principale attention du spectateur, qui se partage entre tous les accessoires du tableau & les personages : ou plutôt ceux-ci ne sont eux-mêmes qu'accessoires dans un spectacle de la campagne, où ils ne sont placés que pour l'enrichir & en varier la décoration. Cette critique, Monsieur, m'a paru très-sensée & il est surprenant que M. *Loutherbourg* s'y soit exposé.

Aux deux grands artistes dont je viens de parler, on peut joindre M. de *Cazanove*, qui s'élevant ordinairement jusqu'au genre le plus sublime de l'histoire, s'en est tenu cette année aux sujets de chasse & de paysage. Vous connoissez, Monsieur, le brillant & la chaleur de son coloris. Il n'a point dégénéré, & le peintre semble l'avoir monté sur le ton le plus haut & le plus harmonieux.

Après vous avoir annoncé les ouvrages de ces hommes étonnants, le moyen de vous rien dire des paysages de M. *Milet Francisque*, de M. *Antoine le Bel*, de M. *Juliard* ? Ce sont des pieces de comparaisons qui ne peuvent que perdre infiniment & relever le mérite des premieres. Je me réserve à vous rendre compte dans ma lettre suivante du reste de nos artistes, & sur-tout de MM. *Robert & Greuze*, qui excellent sans contredit & fournissent matieres à des nouveaux éloges.

J'ai l'honneur d'être, &c.

LETTRE II.

Sur les Peintures, Sculptures & Gravures de messieurs de l'Académie royale, exposées au sallon du Louvre, le 25 août 1769.

Paris, le 20 septembre 1769.

LA multitude de portraits, Monsieur, qui se présentent de toutes parts à mes yeux, m'oblige malgré moi d'en parler à présent, & de traiter cette matiere aride & monotone que j'avois réservée pour la fin. En vain le public se plaint depuis long-temps de cette foule obscure de bourgeois qu'on lui fait passer sans cesse en revue. La facilité du genre, l'utilité qu'il procure & la vanité de tous ces petits personnages encouragent nos artistes naissants, gâtent même ceux que des talents plus distingués pourroient couvrir d'une gloire durable, & font du bel art de la peinture une espece de métier qui rapproche souvent le peintre de génie & le peintre médiocre. Graces au malheureux goût du siecle, le sallon ne sera plus insensiblement qu'une galerie de portraits. Ils occupent près d'un grand tiers de celui-ci. Encore si l'on ne nous offroit que des hommes importants par leur état ou par leur célébrité, ou de jolies femmes du moins, ou de ces têtes remarquables par de grands caractères, & qu'on appelle *têtes à médailles*, en termes de l'art. Mais que nous importe de connoître madame *Guesnon de Ponneuil*, madame *Journu* la mere, M. *Dacy*, M. *le Normand du Coudray*, Mlle. *Gougy*, M. *Couturier* ancien notaire, madame *Couturier*, M. l'abbé *Jourdans*, &c. ? Les noms ne flattent pas plus les oreilles que les figures ne plaisent aux yeux. Permettez-moi, Monsieur, ce moment d'humeur par l'indignation générale de voir vingt têtes plates & ignobles occuper de places réservées à ces têtes précieuses, l'amour, les délices ou l'admiration de la France. Au reste, le sujet du peintre ne diminue pas le mérite de son travail. On ne vante pas moins, par exemple, dans les têtes de M. *de la Tour*, le roi du pastel, la beauté, le précieux fini de son *faire*, le grenu moëlleux de ses chairs, qui en découvrant les pores presqu'imperceptibles de la peau, ne lui ôte rien de son uni, de son velouté. Ce genre de perfection le distingue infiniment du pastel crû, dur, rembruni de M. *Perronneau*, dont les portraits à l'huile ont aussi un caractere de rudesse qui doit l'exclure à jamais de peindre les graces, mais le rend très-propre à tracer les rides de la vieillesse, la peau tannée d'une paysanne, ou la morgue d'un Turcaret. M. *Valade* a plus d'aménité dans sa touche, & sans allier aussi entièrement que le premier maître que nous venons de nommer, l'agrément & la vigueur, il a une grande vérité. Le public a nommé sur le champ M. le duc de *Noailles* sur son portrait, le meilleur des trois tableaux de ce peintre.

M. *Roslin* se remarque de plus en plus par la richesse & l'ondoyant de ses étoffes. Le portrait de M. l'archevêque de *Rheims*, grand aumônier de France, est saillant. La ressemblance austere de la figure & les détails des vêtements attirent tour-à-tour les connoisseurs. Le feu qui sort des yeux du prélat rend à merveille ce zele brûlant de la maison du seigneur dont sans doute il est dévoré, & qui répand sur le reste du visage la maigreur & la macération. On retrouve dans le tableau représentant M. *Bertin*, ministre, la mansuétude de son caractere & la tranquillité de son ame. *Une dame appuyée sur son clavessin*, ayant son mari près d'elle & son beau frere, M. le chevalier *Gennings*, forme un grouppe historié d'une grande magnificence. Le velours ponceau de l'habit du chevalier, inviteroit à le toucher, s'il étoit à la portée de la main.

Le pinceau de M. *Drouais* s'est exercé cette année sur les graces mêmes en la personne de S. A. S. madame la princesse *Josephine* de *Carignan*. Il paroît avoir mieux réussi dans celui-là que dans celui de madame la comtesse *Dubarri*, qu'il a rendu sous les habillements d'homme & de femme. Ceux qui ont l'honneur de la connoître, trouvent que bien loin de la flatter, comme c'est l'usage, il ne l'a pas rendue dans toute la vérité de ses charmes. Des deux côtés il lui donne également un regard minaudier, appellé par les petits-maîtres *regard en coulisse*, qui n'est point du tout celui de cette dame, très-net, très-franc, très-ouvert. Du reste, le public est partagé sur les deux figures, auxquelles on a fait le grand reproche de ne pas se ressembler. Madame *Dubarri*, en femme, est peinte en blanc, avec une guirlande de fleurs. En homme, elle est en espece d'habit de *Gilles*, la chemise décolletée. Les femmes aiment mieux, en général, ce potrait-ci : l'autre plaît davantage aux hommes ; ce qui a donné lieu aux vers suivants:

Sur ton double portrait, le spectateur perplexe,
Charmante *Dubarri*, veut t'admirer par-tout ;
 A ses yeux changes-tu de sexe,
 Il ne fait que changer de goût :
 S'il te voit en femme, dans l'ame,
 D'être homme il sent tout le plaisir :
 Tu deviens homme, & d'être femme
 Soudain il auroit le desir.

M. *Duplessis* donne beaucoup de chaleur & d'expression à ses portraits. M. l'abbé *Arnauld*, de l'académie des inscriptions & belles-lettres, est parlant. Il a rendu Me. *Gerbier* dans toute la noblesse de sa physionomie. M. le *Ras-de-Michel* est remarquable par le fané d'une tête de près de cent ans, dont toute la vie n'est plus que dans les yeux encore pétillants de feu. Une pareille figure quelconque est intéressante pour l'humanité en général, & les détails en sont curieux pour les connoisseurs. Mais pourquoi avoir peint en peignoir comme un petit-maître, un vieillard caduc qui ne doit plus s'occuper de toilette ? C'est manquer aux bienséances pittoresques.

M. *Hallé*, qui paroît se vouer à la miniature, produit à nos regards les enfants de France. Ces trois têtes, outre le léché de l'art, ont toute la vérité des grands tableaux. Mais on est fâché de voir réduire en petit ces princes illustres qu'on ne sauroit montrer à trop de spectateurs à la fois, & dont le peuple avide se dispute sans cesse le coup d'œil.

Je ne puis mieux finir cet article, Monsieur, qu'en vous rendant compte des deux portraits en tapisserie du *roi* & de la *reine*. Ces morceaux, le premier d'après M. *Vanloo*, le second d'après feu M. *Nattier*, ont été travaillés à la manufacture royale des Gobelins, sous la conduite de monsieur *Cozette*, l'un des entrepreneurs de cette manufacture. Celui de la reine a été exécuté par monsieur son fils. Ils sont destinés à être placés dans la salle du conseil de l'école royale militaire, & ont trois pieds de haut sur deux pieds six pouces de large. Ces deux chefs d'œuvres nous appartiennent, & c'est ce qu'aucune nation ne peut nous disputer. Le portrait de la *reine* sur-tout est d'une ressemblance que le pastel, l'huile & tous les autres procédés de l'art ne sauroient atteindre : ajoutez-y une vérité plus parfaite des étoffes. On reproche à l'auteur du portrait du *roi* d'avoir trop rembruni son fonds. Mais en tout, ces ouvrages sont admirables, & étonneront la postérité la plus reculée.

Après cette excursion, je reviens, Monsieur, au reste des tableaux. Je tombe sur *deux servantes Saxonnes*, écloses sous le pinceau de M. *Hutin*, académicien, directeur de l'académie de peinture de S. A. S. Mgr. l'électeur de

Saxe. Toute la nature est du ressort de cet art, ainsi que celui de la poésie ; mais le goût du compositeur le porte ordinairement à saisir le noble & le beau qui se trouvent dans tous les genres. Assurément *deux servantes Saxonnes* ne peuvent exciter aucune sensation, pas même la curiosité, & le costume national n'y est pas assez frappant pour mériter l'attention du spectateur. Ce choix & son exécution ne donnent qu'une idée mesquine de l'académie à laquelle préside M. *Huttin*.

M. *le Prince* continue à nous faire passer en revue toute la nation *Russe*. Entre cinq tableaux qu'il a exposés, on distingue un *Cabak, ou espece de guinguette des environs de Moscow*, où, dit l'auteur, la situation de cette grande ville présente souvent la variété de nations & d'ajustemens que l'on peut remarquer dans ce tableau. Quoiqu'il soit du fait, que bien des gens révoquent en doute, si l'artiste a exécuté en imagination cette réalité qu'on lui conteste, les détails immenses de cette collection font honneur à sa patience, & la gaieté qui y est répandue fixe agréablement les yeux des passants.

Cet artiste est plus original encore par un procédé particulier, dont il s'est servi pour graver vingt-neuf estampes à l'imitation du lavis, & que, malgré les succès de plusieurs de ses confreres, l'académie a jugé supérieur aux autres par la facilité, la promptitude de l'exécution & la justesse de l'imitation du lavis, soit au bistre, soit à l'encre de la Chine.

Entre les différents petits tableaux à gouasse de M. *Baudouin*, le public se porte en foule

vers

vers le *Modele honnête*, qui, malgré plusieurs défauts de bon sens, excite l'intérêt du spectateur. C'est, Monsieur, une jeune fille toute nue, d'une part, entre les bras d'une femme, tandis qu'un peintre devant son chevalet semble en esquisser les traits sur la toile. Au haut est écrit: *Quid non cogit egestas?* On demande, 1°. comment concilier la résistance du modele avec l'ouvrage déja commencé sur la toile, qui annonce plusieurs heures de séance ? 2°. Quel rôle fait la vieille, qui embrasse & serre la jeune personne ? Est-ce une matrone qui la force au rôle qui semble lui répugner ? est-ce sa mere qui la surprend, au contraire, dans cette attitude, & voudroit la dérober à ce métier infame ? L'humeur qu'on découvre dans les replis de cette figure ignoble, annonce-t-elle sa douleur de trouver sa fille en pareille posture ? ou l'auteur a-t-il voulu rendre une femme méchante, fâchée que sa pupille ne se prête pas à ses vues ? Enfin qui concerne la devise, est-ce la mere, est-ce la fille ? Les regarde-t-elle toutes deux ? Nouvel embarras. C'est le défaut général de cet artiste, qui, pour vouloir mettre trop d'esprit dans ses compositions, est souvent obscur. D'ailleurs, que signifie un tableau, ainsi qu'on l'a déja observé il y a deux ans, auquel il faut un mot, comme à une énigme?

Des amateurs, Monsieur, aiment le désordre d'un cabinet de M. *de la Porte*, les tableaux de fruits & de fleurs de M. *Bellengé*; mais je ne fais pas grand cas du génie concentré dans la nature inanimée. M. *Guerin* donne plus de vie à ce qu'il fait; je trouve une composition gaie & du coloris dans son *concert*, & d'autres petits sujets de fantaisie: mais qu'entend-il par son *jeune homme qui converse avec une jeune demoiselle sur les sciences?* Quel sujet! Que peut-il rendre? Il faut le renvoyer au nombre des énigmes pittoresques dont fourmille le sallon.

Je ne vois rien du fameux *Machy*, mais monsieur *Robert* nous en console. Cet artiste étonnant orne aujourd'hui le sallon d'un nombre considérable de tableaux. Ici ce sont de magnifiques édifices enrichis de tous les détails possibles. Là, des ruines effrayantes attestent trop bien les injures & les dégradations du temps destructeur. Coulent ensuite des eaux transparentes, dont l'œil perce le crystal. Plus loin s'ouvre une grotte profonde, où le spectateur semble craindre de pénétrer. Par-tout, une grande vérité, une entente admirable de la perspective, des reliefs, des lointains à perte de vue. Le pinceau de l'auteur paroît se jouer à travers toutes ces masses; l'amateur s'y promene, s'y égare & se retrouve tour-à-tour.

Je reviens à l'histoire, Monsieur, & verse en passant des fleurs sur le tombeau de M. *Amand*, enlevé cette année au commencement de sa carriere. On a exposé son morceau de réception à l'académie. Le sujet est *Magon, frere d'Annibal, après la bataille de Cannes demandant de nouveaux secours au sénat de Carthage*. L'ordonnance en est bien entendue & dans le génie des grands maîtres. La figure principale a du caractere, de la noblesse, de l'éloquence. Le sénat paroît frappé de son discours & rêver aux moyens d'y répondre. Un personnage accessoire répand un grand vase rempli des anneaux de chevaliers Romains tués dans le combat, & *Magon* foule aux pieds l'aigle Romaine: pensée sublime, mais répétition de celle de *Sebastien*

Stodtz, rendue en sculpture par l'*Annibal* des Tuileries, & que notre auteur a eu le bon goût de s'approprier.

La naissance de Vénus, par M. BRIARD, est d'une composition seche, & n'a pas ce coloris vif, brillant, aérien, nécessaire à un pareil sujet. On a loué dans sa *mort d'Adonis*, la pensée de faire poursuivre le sanglier, auteur de ce meurtre, par les amours armés de lances. Pensée forcée, puérile, plus ingénieuse que vraie. M. BRENET est tombé dans un pareil défaut, en représentant le temps sous la figure d'un génie ou d'un enfant, pas plus gros qu'un Amour. Il a voulu donner du neuf & s'est jeté dans le ridicule.

L'Adonis, changé en Anémone par Vénus, fait honneur à la sensibilité de M. *l'Epicié*. La figure de la déesse est intéressante & invite le spectateur à la plaindre. Il y a beaucoup de souplesse, de délicatesse dans la maniere dont elle soutient la tête défaillante de son amant & cherche à la faire reposer mollement sur son bras. On n'admire pas également *le centaure Chiron*, du même auteur, *instruisant Achille dans la musique*. Le premier n'a pas une peau assez basanée, ou plutôt un cuir assez tanné. D'ailleurs, il est dans une attitude forcée, & l'on ne peut plus mal dessiné. C'est une figure estropiée.

M. *Taraval*, dans son *Triomphe de Bacchus*, paroît avoir voulu rendre exactement le dieu du vin; c'est-à-dire un personnage ventru, sans dignité & sans ces graces séduisantes qu'il déployoit à *Naxos*. En ce cas, il ne falloit pas lui donner une compagne; personnage superflu dans ce spectacle, & dont les appas grossiers dégradent la composition, ou plutôt il falloit renvoyer ce tableau à la taverne & en faire un plus noble, plus relevé, pour servir de décoration à la *galerie d'Apollon au Louvre*, lieu auquel il est destiné. Sa *Baigneuse* est sans contredit le meilleur de ses tableaux. Elle est peinte avec facilité, &, comme disent les gens du métier, *d'une seule palette*.

J'avois promis, Monsieur, de parler de monsieur *Greuze* cette fois ; mais l'abondance des matieres m'oblige de le renvoyer pour ma troisieme lettre. Cet artiste mérite un article à part. Je finis rapidement ceux des autres peintres.

M. *Huet*, qui s'est voué particuliérement aux animaux, charme la multitude par *un dogue se jetant sur des oies*, par un *renard dans un poulailler*, &c. Cela prouve, Monsieur, qu'il y a de la vérité dans ces tableaux, que critiquent pourtant les gens de l'art ; car que ne critique-t-on pas ? On trouve le dogue trop outré, que les poules ressemblent à des chauves-souris.

M. *Jollain* est toujours agréable par un coloris séduisant, par un beau choix de figures. Son grand tableau du *Refuge* mérite quelque détail. Il représente *Elisabeth de Ranfin*, fondatrice de l'institut de *Notre-Dame* du refuge des vierges & filles pénitentes de l'ordre de St. *Augustin*, avec ses trois filles, implorant l'intercession de la *Vierge* pour le pardon des filles pénitentes. La *Vierge* offre leur repentir au *Pere Eternel*, qui arrête *l'Ange exterminateur* prêt à les punir. Une des filles de la fondatrice présente l'habit de l'ordre aux filles repenties. Ce tableau, de 12 pieds de haut sur 6 pieds 6 pouces de large, a du dessin, de l'exécution & de l'intelligence. Les figures, principales en sont très-belles. Des plaisants ont prétendu que c'est à la *Magdelaine*, & non à la Vierge, que devoit s'adresser la dame de *Ranfin*. Le pere *Eternel* a l'air encore courroucé, & l'*Ange exterminateur* n'a pas ce terrible qui doit le caractériser : deux autres critiques, dont il est difficile de garantir l'auteur, plus propre pour les sujets galants.

Je ne trouve dans tout le reste, Monsieur, qu'un très-beau *Christ* de M. de *Beaufort*, destiné pour la salle de la compagnie des Indes à *Pondicheri*. Il représente *Jesus-Christ expirant sur la croix, & les saintes femmes occupées à secourir la sainte Vierge qui s'évanouit*. Par ces détails, l'auteur a su donner un air de nouveauté à ce sujet déja manié & remanié par les grands maîtres, & par les faiseurs de croûtes de toute espece.

J'ai l'honneur d'être, &c.

LETTRE III.

Sur les Peintures, Sculptures & Gravures de messieurs de l'Académie royale, exposées au sallon du Louvre, le 25 août 1769.

Paris, le 28 septembre 1769.

Vous avez entendu parler, Monsieur, du différend de M. *Greuze* avec l'académie de peinture : vous avez su comment, agréé depuis plusieurs années, il avoit toujours différé de présenter son tableau de réception, & étoit tombé enfin dans les délais fatals, après lesquels il étoit dans le cas d'être exclus pour jamais. L'académie, soit par égard pour les talents de cet agréé, soit par respect pour le public, dont il s'étoit concilié de plus en plus l'admiration & l'amour, soit par honte pour elle-même de répudier de son sein un membre de ce mérite & d'une aussi grande célébrité, avoit suspendu depuis plusieurs années la peine comminatoire ; elle avoit fait prier, solliciter presser cet artiste de satisfaire aux réglements. On prétend que celui-ci avoit reçu cette invitation avec beaucoup de hauteur & de mépris; que se prévalant du suffrage & du goût décidé du public en sa faveur, il n'avoit tenu aucun compte des exhortations, des prieres, des supplications de ses confreres, & provoqué lui-même par une pareille conduite l'indignation de sa compagnie qui l'avoit empêché de rien exposer en 1767.

Monsieur *Greuze*, frappé de cette interdiction a conçu combien elle pourroit lui être funeste; que privé par cette défense du véritable moyen, non-seulement d'étendre sa réputation avec rapidité, mais même de la conserver, en ramenant sans cesse les yeux du public sur ses ouvrages, il couroit risque de rentrer bientôt dans l'obscurité dont il étoit sorti avec tant d'éclat. Il s'est hâté de satisfaire à ce qu'on exigeoit de lui, & a présenté son tableau de réception à l'académie, en demandant une place de peintre d'histoire. C'est ce tableau exposé au sallon, dont je vais d'abord vous parler, Monsieur. Vous saurez avant, que l'académie usant envers cet artiste d'une sévérité trop justement méritée, n'a point jugé que l'auteur, sur un chef-d'œuvre aussi médiocre, fût digne d'être reçu *peintre d'histoire*, & que, par grace spéciale, il a été seulement reçu *peintre de genre*.

Le sujet du tableau en question est exposé ainsi par l'auteur lui-même dans le livre des explications, &c. *L'empereur Sévere reproche à Caracalla son fils, d'avoir voulu l'assassiner dans les défilés d'Ecosse, & lui dit: Si tu desires ma mort, ordonne à Papinien de me la donner avec cette épée.* Il n'y a que quatre acteurs dans cette scene : l'empereur, qui se souleve sur son lit, & étend le bras vers un personnage éloigné, auquel il adresse la parole & qu'on soupçonne aisément être ce fils perfide. De l'autre main il désigne une épée qui est à côté de lui. Derriere son chevet sont deux personnages debout, moins aisés à déchiffrer : l'un, la tête penchée, se cache le visage avec les mains, tandis que l'autre semble témoigner sa surprise de de ce qu'il entend.

On attaque d'abord le sujet de ce tableau. En vain fait-on valoir en faveur de l'auteur un passage de l'abbé *St. Réal*, où cet écrivain prétend, *qu'il seroit mieux de peindre des histoires dont le point essentiel consistât dans un état de repos*, &c. N'en déplaise à ce critique plein de goût, il faut de la vie & du mouvement par-tout, & quand un artiste peut joindre l'action théâtrale à l'expression des passions, son ouvrage n'en est que plus parfait. La premiere qualité dans tous les arts est d'être clair. Dans le fameux tableau, si vanté, du *Timante*, si, à la variété sublime dont il peignoit les différents degrés de douleur des spectateurs, il n'eût joint le spectacle du sacrifice d'*Iphigénie*, son ouvrage auroit perdu la moitié de son mérite, ou plutôt ne fût devenu qu'une énigme plus pittoresque, telles que nos peintres nous en présentent beaucoup aujourd'hui. Le premier défaut de M. *Greuze* est donc d'avoir choisi un mot & non une action à peindre. Faute de savoir ce mot, on n'entend rien à sa composition, on ne peut en déchiffrer les personnages, & les passions même qui se peignent sur leurs différents visages, ne font qu'induire dans une plus grande erreur. Comment, par exemple, reconnoître *Papinien*, qui, les mains sur son visage, semble se cacher la figure & désigne tout aussi bien le désespoir que la honte? Pour rendre le mot de l'empereur autant qu'il étoit possible, il falloit au lieu de lui faire étendre le bras vers *Caracalla*, qu'il l'eût dirigé vers *Papinien*. Sa maniere de regarder son fils, & l'action de son visage auroient suffi pour rendre tout aussi bien le discours qu'il lui adresse.

2°. *Caracalla*, dont la tête est dessinée d'après l'antique, quoique le second personnage, n'a pas le visage monté, pour ainsi dire, au plus haut degré de passion, & *Papinien* se couvrant la figure, simple acteur subalterne, en exprime bien davantage. Le troisieme, qu'on assure être *Geta*, frere de *Caracalla*, n'a l'étonnement que d'un spectateur indifférent à l'action, & n'est caractérisé en rien comme fils de *Sévere*. Le grand nombre de spectateurs & même de connoisseurs, ont pris les deux personnages au chevet du lit de l'empereur pour deux simples généraux, dont ils n'ont eu garde de faire la distinction qui devoit être si remarquable entr'eux, puisque l'un deux est le complice de *Caracalla*, & que l'autre est un frere vertueux, qui apprend pour la premiere fois le complot atroce de son frere contre leur pere & leur souverain.

3°. On reproche au peintre des défauts énormes dans son dessin; d'avoir forcé le bras droit qu'étend *Sévere*; d'avoir disloqué la jambe & la cuisse droite, au point de ne plus savoir si elles appartiennent au reste du corps.

Outre ces vices essentiels, on veut que monsieur *Greuze* ait omis le costume jusques dans les habillements; qu'en choisissant pour lieu de la scene une chambre à coucher, au lieu d'une tente, il se soit privé de toutes les richesses de détail que pouvoit lui fournir le local; ce qui auroit donné plus de vraisemblance & de dignité à sa composition. Telles sont, Monsieur, les principales observations des amateurs, contre lesquelles il n'est pas possible de justifier l'auteur; dont le tableau étranglé, pauvre, mesquin, a été plaisamment appellé par monsieur Boucher, *un bas-relief.*

Les autres ouvrages de cet artiste le vengent bien de la sévérité qu'on a exercée envers celui dont je viens de vous entretenir. Le tableau qui représente *une jeune fille faisant sa priere au pied de l'autel de l'Amour*, a réuni le grand nombre des suffrages, non qu'il n'ait des défauts essentiels: le corps de la jeune fille est mal dessiné; l'Amour a l'air d'un magot de la Chine; la couronne qu'il tient n'a aucune proportion avec les figures : mais l'expression de la tête de la petite femelle est si belle, sa figure est si ingénue, il y a tant d'onction dans son recueillement, qu'on oublie tout le reste, & que le peintre paroît lui avoir tout sacrifié à dessein. On ne fait pas même attention aux autres détails, tels que les bosquets sombres, lieu de la scene, des fleurs, des tourterelles très-agréablement rendues. On ne voit que la fervente dévote du dieu; & le spectateur seroit tenté d'exaucer sur le champ sa priere.

Une jeune fille qui envoie un baiser par la fenêtre, appuyée sur des fleurs qu'elle brise, est une composition ingénue, mais trop pleine d'esprit, & où l'auteur a prodigué mal-à-propos une expression qu'il faut réserver pour des moments plus heureux. *Un petit enfant à moitié nu sur sa chaise jouant avec un chien*, est d'une vérité intéressante. En général, monsieur Greuze donne une ame à tout ce qu'il touche. Ce mouvement fait son talent principal & le caractere essentiel de ses ouvrages. Il rend sur-tout les enfants avec ces traits de vivacité, cette furabondance de vie, qu'aucun peintre n'a encore rendus. Ses tableaux même fe reffentent de l'action de fon pinceau, & les perfonnages femblent au moment de s'échapper de la toile.

Dans fix deffins qu'il a expofés cette année, il nous rappelle le genre qu'il a créé en quelque forte. Je veux parler de ces détails de la vie privée, qu'on pourroit nommer le comique larmoyant de la peinture, & qui forment une fuite de drames très-intéreffants. Toutes ces fcenes font extrêmement variées. Dans l'une, c'eft une multitude *d'enfants qui amufent le pere de famille* par des jeux pleins de gaieté, & contraftent fi bien avec fa vieilleffe, dont ils font la confolation. Dans l'autre, c'eft le *pere de famille qui donne la bénédiction à fes enfants*. La troifieme nous repréfente *la mort du pere bien-aimé, entouré de fes enfants, dont la douleur s'exhale en regrets impuiffants*. Mais *la mort du pere dénaturé, abandonné de fes enfants*, fixe fur-tout l'attention du fpectateur, lui déchire l'ame & lui fait dreffer les cheveux à la tête. Le corps de ce malheureux mourant eft à moitié hors du lit; ce qui caractérife les convulfions affreufes dans lefquelles il a dû expirer. On enleve fa bourfe, fon drap même qui le couvre. Sa maifon eft au pillage: le cierge placé au pied de fon lit fe brife, & la flamme le dévore en un inftant. En un mot, tout annonce le défefpoir du mort, le défordre de fon abandon & l'horreur de fon état. L'impreffion forte, profonde & révoltante d'un pareil fpectacle, a fait reculer plufieurs fpectateurs. Quelques critiques ont prétendu qu'il ne falloit pas offrir de pareilles scenes : c'est *l'Atrée & Thieste de Crébillon*. Mais vous savez, Monsieur, qu'il y a un sublime de terreur d'autant plus beau, qu'il est peu d'ames en état de le soutenir. Faut-il que la foiblesse du spectateur soit la mesure du mérite du compositeur ? Et ne le doit-on pas admirer d'autant plus qu'il s'éleve davantage au dessus de la sphere ordinaire ? Au surplus, M. *Greuze* nous remet tout de suite à l'aise par un dessin naïf & amusant. C'est *le départ de Barcelonnette*. La mere d'un petit Savoyard lui montre le chemin de Paris. Ce jeune homme a une *marmotte* dans une boîte à côté de lui & est prêt à partir. Son petit frere, âgé de trois ou quatre ans, ne veut pas le quitter ; il se met en chemin, & un bâton à la main semble vouloir prendre les devants ; mais sa sœur le retient, parce qu'elle sait bien qu'il n'est pas encore temps qu'il parte. Dans un coin de la scene on apperçoit la grand'maman, qui s'afflige du départ de son petit-fils. Un autre de ses petits-enfants cherche à la distraire. Tout le monde admire, Monsieur, l'onction, la douceur, la variété de ce dessin, plus terminé que les premiers.

La plume me tombe des mains en ce moment, Monsieur, & il n'est pas possible de vous parler d'aucun autre peintre après celui-là, qui donne trop à penser, & remplit l'ame au point de ne pouvoir s'arrêter sur aucun autre objet du même genre.

Je passe aux sculptures, Monsieur, sur lesquelles je ne jetterai qu'un coup d'œil rapide. Ce genre ne nous offre cette année rien qui mérite une attention bien particuliere.

Les premiers morceaux, & ceux qui frappent le plus, sont le buste en marbre de monsieur le chancelier Maupeou le pere, & celui de madame la comtesse d'*Egmont*. Monsieur *le Moyne* a sans doute choisi deux des plus beaux modeles en fait de têtes d'homme & de femme. Vous connoissez, Monsieur, la noblesse du premier & les graces du second. Celui-là prêtoit davantage au ciseau & est mieux rendu. On trouve que celui ci n'exprime pas toute la finesse, toute l'élégance de la beauté en question.

A l'égard de deux bas-reliefs de monsieur *Allegrain*, figures de femme, qui représentent *le Sommeil* & *le Matin*, les connoisseurs ont cru retrouver dans l'une l'expression d'un rêve délicieux; dans l'autre la mollesse, la nonchalance, l'abandon du réveil d'une beauté épuisée des plaisirs de la nuit.

Une figure symbolique de la feue reine, par monsieur *Pajou*, *son esquisse d'un tombeau pour le feu roi Stanislas*, offrent une composition sage mais aucun trait de génie. Son *Amour dominateur des élements*, est une allégorie froide, qu'on ne peut sentir. Quant à ses quatre figures pour le bâtiment du *Palais-Royal*, représentant *Mars* ou *les Talents militaires*, *la Prudence*, *la Libéralité*, *les beaux-Arts* ou *Apollon*, il est difficile d'en découvrir le mérite, du point de vue où on les a placés; mais deux êtres moraux, figurant avec deux dieux de la fable, font un mélange maladroit & de mauvais goût.

Le pacte de famille est le sujet d'une allégorie

qui s'exécute pour le cabinet de monsieur le duc de *Choiseul*, ministre de la guerre & des affaires étrangeres, par monsieur *Caffieri*. Ce grouppe complimenté n'excite ni intérêt ni curiosité. *L'Espérance qui nourrit l'Amour*, est une autre allégorie froide, bizarrement imaginée & d'une exécution ridicule.

La *fontaine des Graces* de M. *d'Huès* est une esquisse qui ne rend pas son sujet, mais qui se fait regarder avec plaisir.

On admire la douceur, la tranquillité du ciseau de monsieur *Mouchy* dans son *Berger qui se repose*.

On trouve de la vigueur dans le *Milon de Crotone qui essaie ses forces*, de monsieur *Dumont*; mais on lui reproche de traiter ce sujet si beau dans l'antique, & qui n'est pas susceptible d'une autre expression.

Monsieur *le Comte* déploie un ciseau savant dans son *esclave accablé de douleur*. Il y a de la délicatesse dans celui de monsieur *Monot*. Sa *jardiniere Grecque, portant sur sa tête un panier de fruits*, est svelte & d'un bon goût. Il s'est trompé dans l'expression de sa *tête de Bacchante dans une douce ivresse*, qu'il appelle douce & ne doit pas être celle d'une Bacchante.

L'art de la gravure, Monsieur, est poussé à un grand point de perfection. Il s'en faut bien que le sallon soit aussi riche en peintures. Il faudroit vous détailler presque tous les ouvrages du premier genre exposés cette année, pour rendre justice à tous les artistes dont il est question. Mais il suffira de la leur rendre en général. D'ailleurs, les estampes se multiplient, se transportent, se communiquent avec une facilité merveilleuse, & les tableaux ne se retrouvent pas de même.

Je ne puis pourtant m'empêcher de m'arrêter un instant sur les dessins allégoriques de monsieur *Cochin*, destinés à être gravés pour l'ornement de *l'abrégé chronologique de l'histoire de France, par monsieur le président Haynault*. Vous admirerez, Monsieur, la richesse de l'invention de cet artiste. Chaque estampe est un résumé des faits principaux qui ont été traités, & forme un petit poëme complet, dans lequel les allégories répondent à la sagacité & à la précision de l'historien.

Monsieur *le Bas* nous offre une des seize estampes qui sont gravées à Paris pour l'empereur de la *Chine*. Elle représente un *combat de Chinois contre les Tartares*. Elle est gravée d'après le dessin fait en *Chine* par le *P. Castillon*, jésuite, & fait autant d'honneur à l'invention de ce religieux qu'à l'exécution finie de monsieur *le Bas*.

Il faut que je vous entretienne encore, Monsieur, du *Concert de famille* de monsieur *Wille*, dont le burin devient de plus en plus admirable & vrai, & rend sur-tout les étoffes d'une maniere unique.

Mais l'estampe, Monsieur, par laquelle je finirai, & qui attire l'attention générale, est de monsieur *Demarteau*, agréé. Elle est gravée dans la maniere qui imite le crayon, & représente *Lycurgue* blessé dans une sédition. C'est d'une chaleur, d'une beauté, d'une harmonie, d'une précision, d'un *faire* qui enlevent. Encore un coup, Monsieur, cette partie nous console un peu du dépérissement de notre école de peinture : dépérissement, au reste, qu'on doit moins attribuer au défaut de talents dans les artistes, qu'au goût actuel, tourné absolument vers le colifichet & la bagatelle, & qui porte l'empreinte du génie superficiel de la nation passionnée pour tous les arts & les dégradant tous.

J'ai l'honneur d'être, &c.

Année M. DCC. LXXI.

LETTRE PREMIERE.

Sur les Peintures, Sculptures, Gravures de messieurs de l'Académie royale, exposées au sallon de Louvre, le 25 août 1771.

Paris, le 7 septembre 1771.

Si la réputation de l'école françoise croissoit, Monsieur, en proportion de la multitude des ouvrages qui sortent de son sein, chaque sallon ajouteroit un nouveau degré à sa célébrité. Le dernier, plus nombreux que le précédent, est encore surpassé par celui-ci. On y compte trois cent vingt morceaux, ce qui est sans exemple. Mais, hélas! cette abondance cache une stérilité trop réelle. Avec l'air de la richesse nous sommes fort indigents. En effet, de l'exposition actuelle, qu'on ôte les portraits, les tableaux du petit genre qui ne peuvent donner aucune gloire à la nation ni à l'artiste; ceux de plus grande maniere qui ne méritent pas la peine d'être regardés, ou qui ne sont que médiocres, ou dans lesquels quelques excellentes qualités sont effacées par des défauts énormes: cette superbe collection dont on est ébloui au premier coup d'œil, se réduit bientôt à rien, c'est-à-dire, à presque rien. Cependant Monsieur, pour contenter votre curiosité, je vais parcourir le sallon, & ne pouvant m'étendre que sur très-peu de chef-d'œuvres ou d'ouvrages d'un mérite supérieur, j'entrerai dans le détail des productions médiocres, dont les auteurs méritent de l'indulgence par leurs talents, soit connus, soit annoncés. Je ne m'asservirai pas à l'ordre des genres, parce que les premiers sont les plus pauvrement traités ; ni au rang des artistes, parce qu'il faudroit débuter par bien du mauvais. Je suivrai une route plus sûre en général, & qui vous donnera du moins une idée du goût du jour ; je vous parlerai indistinctement des tableaux, à mesure qu'ils m'auront paru affecter le public.

Celui que je remarque frapper d'abord les spectateurs, c'est un tableau de monsieur *Roslin*. Il représente *Gustave*, roi de Suede, dans son cabinet d'étude, s'entretenant sur des plans avec les princes *Charles* & *Adolphe-Fréderic*, ses freres. Un peintre de portraits, historiés si l'on veut, & très-fameux dans son genre, ne devoit pas s'attendre naturellement à éclipser cette année tous ses confreres & à détourner les regards d'une vingtaine de tableaux d'histoire qui l'entourent, pour les ramener sur lui. Ce phénomene est dû en partie à la médiocrité de ses voisins, en partie à la célébrité du jeune héros qu'il a choisi, & dont le séjour à Paris nous a donné une grande idée, & plus encore à la magie de son coloris. Le velours éclatant de l'habit du prince *Charles*, celui plus doux dont est couvert le prince *Adolphe-Fréderic*, ont moins étonné que le vêtement broché en or de sa majesté Suédoise. On avoit déja des imitations heureuses des premieres étoffes; mais la vérité de l'autre est sans exemple. Il est difficile de concevoir par quel art on peut à ce point tromper les yeux... A mes exclamations, vous en joignez une autre, Monsieur, & vous me demandez à quel état déplorable notre école est réduite, si c'est-là le chef-d'œuvre le plus digne de notre attention ? Récriez-vous plus fort encore, s'il est possible, en apprenant que ce tableau si merveilleux pour la richesse & la couleur des draperies, dont les figures sont d'ailleurs bien posées, bien dessinées, n'a pas le sens commun, quant à l'expression. Le roi, assis dans un fauteuil, étend la main vers un plan tenu par le second prince, & sur lequel l'autre frere mesure quelque espace avec un compas. Croiriez-vous qu'aucun de ces personnages n'est à ce qu'il fait ? Des trois, censés dans l'intérieur du cabinet du roi, & s'entretenir entr'eux, aucun non-seulement n'a les yeux sur le plan, objet de la dissertation & de l'expérience actuelle, mais ne les a vers un des interlocuteurs réciproques; tous regardent uniquement le public. On sent parfaitement que l'artiste ayant pour but principal de faire les portraits des trois princes, qui pourtant ne ressemblent guere, a évité toutes les attitudes qui pourroient masquer en tout ou en partie leurs figures. Mais alors il ne falloit pas choisir une action, dont l'auteur ne pût se tirer sans pécher aussi essentiellement contre la premiere des regles, celle des convenances & des vraisemblances.

On assure que ce tableau a été acheté dix

mille écus ; ce qui fait beaucoup d'honneur à la magnificence du roi de Suede, sans relever davantage le mérite de l'artiste.

On ne quitte guere, Monsieur, ce triple portrait sans fixer une immense machine qui le surmonte. C'est un tableau de vingt-cinq pieds de large, sur treize pieds six pouces de haut. Il est de la composition de monsieur *Restout* (a). Il y décrit *la présentation de Notre-Seigneur au temple, au moment où Siméon prononce le Nunc dimittis*. La premiere critique qu'en fait d'abord le plus ignorant, c'est que le personnage principal, le grand-prêtre, n'a pas la tête sur les épaules, ou autrement, en termes de l'art, *que sa figure n'est pas ensemble*. Au coloris près de feuilles mortes, qui n'offre de toutes parts qu'un assemblage de sœurs grises & de capucins, les autres parties du tableau ne sont point mal. Il y a de l'harmonie, de l'unité, de la variété dans les grouppes, & l'on ne peut, sans une sorte de génie, embrasser un plan aussi vaste & le conduire aussi heureusement.

Pendant que je me morfonds & me perds dans ce temple auguste de monsieur *Restout*, je me trouve réveillé par l'admiration qu'excite autour de moi monsieur *Vernet*. Réjouissez-vous, Monsieur ; le goût sain n'est pas encore perdu. On ne se lasse point d'exalter cet artiste &

(a) Ce M. *Restout* est un jeune homme, fils de l'ancien peintre de ce nom.

de regarder ses chef-d'œuvres. Cinq morceaux de sa composition, quoique pareils en grande partie à d'autres de lui, déja exposés, continuent à réunir les suffrages, & font toujours une sensation nouvelle. Dans sa *tempête, avec le naufrage d'un bâtiment*, on se trouve le cœur serré ; on sent tout ce qu'éprouvent ces malheureux qu'il peint ; on voit le ciel s'entr'ouvrir, la foudre en tomber, & la mer engloutir un vaisseau. Le calme renaît à la vue d'un *paysage & marine, au coucher du soleil* : on oublie toutes les calamités de l'autre scene, & l'on participe aux occupations tranquilles des nouveaux habitants, ou l'on jouit de leurs plaisirs. Ces deux morceaux appartiennent à l'électeur Palatin. On regretteroit de voir l'étranger s'en enrichir, si la fécondité de l'auteur ne pouvoit nous dédommager. Un *paysage au soleil couchant* de notre artiste, n'offre peut-être pas assez de variété après le même sujet dont on vient de parler. Mais si les ciels se ressemblent, il y a des richesses de détail dans l'un, que ne présente pas l'autre. Une *marine avec des baigneuses*, & *une marine au clair de la lune* en reproduisant leurs beautés connues, ne peuvent qu'exciter les mêmes éloges. On doit regretter sans doute, que le genre circonscrit qu'a embrassé ce grand homme, ne lui permette pas de s'étendre autant qu'il auroit pu faire dans une autre carriere, & l'on doit s'étonner de son abondance dans une nature aussi monotone, si elle pouvoit jamais l'être.

Malgré l'admiration dont on est saisi pour monsieur *Vernet*, j'observe, Monsieur, qu'on le quitte sans regret pour son voisin, monsieur *de la crenée.* Ce peintre voluptueux ragaillardit le vieillard, dont les defirs ne font pas encore éteints, & porté le trouble jufques dans le cœur de l'*Agnès* la plus innocente. Quelles belles nudités ! Quelle variété d'attitudes ! Quelles poftures féduifantes ! Mais *ab Jove principium*.... Commençons par un tableau de dévotion de cet auteur; preuve qu'il ne brûle pas toujours des feux de la concupifcence & qu'il fe laiffe pénétrer quelquefois du faint enthoufiafme de la grace. Le fujet en queftion eft *faint Germain donnant à fainte Geneviève une médaille où eft empreinte l'image de la croix, pour en orner fon col.* Le faint eft en ornements pontificaux, il eft affis dans fon fauteuil, & de la main droite il préfente à la bergere fon préfent, tandis qu'il l'embraffe de l'autre & femble l'attirer doucement à lui : attitude qui pourroit indiquer quelque paillardife dans le prélat, & dont le peintre févere auroit dû s'abftenir. Du refte, il a fur le front toute la majefté d'un évêque ; il ne tire point fa grandeur, comme nos prélats modernes, de la vaine pompe qu'ils étalent jufqu'aux pieds des autels & de cette multitude de valets infolents qui les entourent. Un fimple chapelain porte fa croffe de *bois*. Un beau contrafte dans les étoffes, une grande fageffe dans l'exécution, cette tranquillité, ce calme, ce repos, qui caractérife les ouvrages des grands maîtres, & qui n'eft autre chofe que l'accord de toutes les parties, fe fait fentir dans cette compofition.

Une *fainte famille*, du même artifte, mais qui fe trouve confondue au milieu de fes ouvrages profanes, fait se récrier le dévot atrabilaire; il se plaint de ne pouvoir la considérer sans craindre sans cesse les tentations qu'éprouve sa chair fragile par toutes les nudités scandaleuses qui l'avoisinent. Vous n'êtes point si scrupuleux, Monsieur; je puis, sans vous alarmer, vous tracer ces principaux ouvrages. L'*insomnie* est caractérisée par une jeune personne, qui se leve en chemise, qui cherche ce qui l'empêche de dormir, & découvre un petit amour sous son lit, lutin qui se plaît à la tourmenter. Cette idée ingénieuse est joliment exécutée. On trouve que les accessoires de l'appartement ne répondent pas assez au galant du reste de la composition; qu'il ne regne pas dans le lit un désordre aussi grand qu'il le faudroit; que les draps ont plutôt le brillant du satin, que le grenu, le rond de la toile; que la chambre paroît trop éclairée, & que dans une nuit profonde le secours d'une lampe, avec plus de vérité, auroit mieux fait ressortir la demi-teinte des chairs. Le pendant de ce morceau est *une nymphe qui se mire dans l'eau*; sujet froid, & qui ne répond pas au premier. Une *baigneuse, qui regarde deux colombes se caresser*, a plus d'expression. Elle a un pied encore dans l'eau: sa jambe, trop plongée, paroît pécher contre les regles de la dioptrique. Le reste de l'ouvrage est traité en homme de l'art, & avec beaucoup d'intelligence. Je passe *Loth enivré par ses filles*, qu'on ne trouve pas assez lascives; *Mars & Vénus*, allegorie sur la paix, seche & sans caractere, quoique l'idée des colombes faisant leur nid dans le casque de *Mars*, soit douce & riante; je m'arrête à *Léda*, dont j'aime beaucoup le *cigne* becquetant le voile envieux qui cache les appas secrets de la nymphe, comme pour l'arracher. Mais le sujet mieux rendu à mon goût, c'est *Eglé jeune nymphe*. Vous vous rappellez, Monsieur, les deux vers d'une églogue de *Virgile*: *Malo me Galathea petit, lasciva puella & fugit ad salices & se cupit ante videri*. C'est la même image exprimée avec tout l'esprit possible, & de la maniere la plus piquante. On ne finiroit pas, Monsieur, de détailler tous les ouvrages de monsieur *de la Grenée*, au nombre de dix-sept. Après lui avoir payé le tribut d'éloges qu'il mérite, je ne puis m'empêcher de lui reprocher d'avoir voulu traiter deux sujets aussi ingrats que ceux de *Termosiris, prêtre d'Apollon, qui rencontre Télémaque, auquel il enseigne l'art d'être heureux dans l'esclavage*; & de *cette mere Lacédémonienne, qui armant son fils d'un bouclier, lui dit ces mots: Aut infra, aut supra: ou dessus, ou dessous*. Ou dessus, parce que les guerriers morts en combattant se rapportoient sur leurs boucliers. Dans le premier tableau, *Termosiris* ressemble à un feuillant colossal, & présente une flûte à Télémaque, qui a l'air d'un écolier, plus que d'un jeune héros. Dans le second, une femme offre un bouclier à un guerrier. Comment le spectateur peut-il saisir les grands principes de sagesse de l'un & le sublime de l'autre? On ne doit se hasarder à des peintures aussi difficiles que lorsqu'on se sent le génie de les rendre.

C'est, échauffé de cet enthousiasme ravissant, que M. *Casanova* a entrepris de peindre deux
fameux

fameuses batailles du grand *Condé* : savoir, *le premier des trois combats de Fribourg*, donné le 3 août 1644, entre sept & huit heures du soir, entre l'armée de France, commandée par S. A. S. monseigneur le duc d'*Enghien*; & l'armée des Bavarois, sous les ordres du général comte de *Mercy*; & la *bataille de Lens*, par S. A. S. monseigneur le prince de *Condé*, contre l'armée Espagnole, commandée par l'archiduc *Léopold*, le matin du 20 août 1648.

Dans le premier, sur le devant du tableau, à gauche, on voit les débris d'un combat qui a été livré pour vaincre l'obstacle d'un abatis d'arbres qu'avoit fait faire en cet endroit le général ennemi.

Un peu plus haut, & vers le milieu du tableau, on apperçoit le duc d'*Enghien*, qui, voyant ses troupes, après avoir forcé les abattis, rester immobiles sous le feu des redoutes qu'elles ont encore à surmonter, est descendu de cheval, & après avoir jeté son bâton de commandement dans les retranchements des ennemis, environné de plusieurs généraux se met à la tête du régiment de *Conti*, qui est soutenu par celui de *Mazarin*, commandé par monsieur le comte de *Tourxon*; il enfonce les Bavarois, dont il ne se sauve qu'une très-petite partie à la faveur du bois qui est au milieu de la montagne. Au-delà de cette montagne, on découvre dans la plaine, l'armée du général *Mercy* en bataille.

Dans le second, au milieu du tableau, on voit le prince *de Condé*, devant lequel l'épais bataillon de l'infanterie ennemie tombe à genoux & rend

Tome XIII.   D

les armes, abandonné de la cavalerie rompue & mise en fuite par M. *de Châtillon*, qu'on apperçoit un peu plus haut sur la gauche. Cette infanterie implore la clémence du jeune héros, qui donne ordre à M. *des Roches*, lieutenant de ses gardes, de lui sauver la vie. Plus haut, dans le centre du tableau, on voit le fameux général Beck pris prisonnier.

A la hauteur de *Lens*, on voit le camp des ennemis, & l'archiduc qui se sauve avec les débris de son armée. La droite du second plan représente la cavalerie françoise victorieuse à la poursuite des ennemis.

Je ne puis mieux, Monsieur, vous donner une idée de ces deux grandes actions, qu'en vous disant que tous les détails ci-dessus sont amenés successivement avec la plus exacte vérité & dans l'ordre le plus parfait; qu'il en résulte un ensemble propre à étonner les plus fortes têtes; que l'exécution est d'une chaleur dont j'ai vu s'enflammer de jeunes militaires. Leur front se couvroit d'une noble rougeur à la vue des héros auxquels ils sembloient prêts à se joindre. Le héros principal se fait remarquer dans les deux tableaux sous deux attitudes différentes, & après avoir déployé d'un côté cette ardeur bouillante, qualité distinctive de son caractere, il montre de l'autre cette humanité qui sied si bien après la victoire, & qui s'allie à merveille à la plus intrépide valeur. Le premier tableau a plus d'opposition, fait plus d'effet. On reproche pourtant au peintre de n'avoir pas marqué assez le feu des redoutes par des traits de flammes qui, ainsi que des éclairs, devroient percer l'obscurité de la nuit, & des tourbillons de fumée. C'est la seule critique que j'en ai entendu faire. Le désordre du premier plan forme un spectacle effrayant, qui prépare au bel ensemble du second, & l'œil se perd de nouveau dans la confusion du troisieme, où l'armée ennemie est en déroute, pour se reposer enfin sur l'armée du général *Mercy*, qu'on découvre dans l'éloignement.

Le second n'a pas ces mêmes beautés : mais il y regne un autre genre de choses & le total se ressent du calme tranquille du héros, dont la clémence fait l'objet principal. Les fureurs de la guerre ne doivent s'y montrer que comme accessoires pour donner plus de relief à celui-ci. On a peine à découvrir le général *Beck*. Peut-être que ces tableaux, un peu trop élevés, voudroient être détaillés de plus près ; mais celui-ci est admirable par l'entente de la perspective, qui laisse pénétrer à travers un lointain immense.

Au reste, Monsieur, vous ne serez pas surpris des talents rares de monsieur *Casanova* pour décrire les batailles & les faits des guerriers, quand vous saurez que le sang de la maison de *Brunswick* coule dans ses veines, qu'il passe pour bâtard du dernier roi d'*Angleterre*, qui lui donna naissance à *Rome*, & que des circonstances contraires ne lui ayant pas permis de prendre parmi les héros un rang auquel il étoit destiné, il s'est voué à les peindre. Nous avons deux autres paysages du même maître, où l'on découvre toujours un peintre chaud de couleur, & dont l'ame est sans cesse en mouvement.

Entre les deux batailles de M. *Casanova*, & un peu au dessous, est un tableau du dernier des *Vanloo*, du *Vanloo de Prusse*. Il représente *Vénus & l'Amour couronnés par les Graces*. Par quelle fatalité cette famille, dont le pinceau semble prinégalement guidé par ces divinités, ne peut-il les rendre ? Vous vous rappellez, Monsieur, le tableau du fameux *Vanloo* sur ce sujet. On trouva les Graces lourdes : celles-ci ne sont pas plus sveltes. Il faut convenir que la matiere étoit extrêmement difficile à traiter. Comment faire à la fois cinq belles figures, devant se ressembler, & pourtant contraster ensemble ? Quelle attitude donner à Vénus & à son fils ? Comment jeter un certain intérêt dans l'action ? Comment varier les trois nymphes ? Ce sont de ces projets qui se présentent à tout le monde, dont l'idée rit d'abord à l'imagination, dont l'exécution paroît aisée, & où l'on échoue presque toujours.

Le même auteur a exposé un autre tableau, qui offre *l'expérience physique d'un oiseau privé d'air, sous le récipient de l'ancienne machine pneumatique*. Le coloris en est bon, les détails en sont bien traités. Il s'y remarque pourtant le même défaut de sens commun reproché à M. *Roslin*. C'est que le docteur se morfond seul à sa machine ; que des trois autres spectateurs aucun n'y a d'attention. La femme sur le devant de la scene paroît ne s'occuper de rien, pas même de son chien qui est à ses pieds ; ce qui auroit pu faire épigramme, & contre la pédanterie ennuyeuse du savant, & contre la frivolité des curieux. Au lieu que l'inattention de ces personnages s'impute plutôt au défaut de génie du peintre, qu'au caractere futile de ceux-là.

J'espere, Monsieur, vous rendre compte la premiere fois du portrait en pied de madame la comtesse *Dubarri*. Le public le desire avec grande impatience. En attendant, il considere le cadre déja placé. C'est un chef-d'œuvre de sculpture & de dorure, dont on admire à la fois la richeffe & l'élégance. Le haut eft ombragé d'un feuillage très-délicatement fait, au milieu duquel fe trouvent deux amours, dont l'un bande fon arc, & l'autre, qui reffort en avant, tient une couronne fufpendue, & femble attendre la déeffe qui doit s'y placer. Au bas, & comme à fes pieds, font deux colombes qui fe becquettent de la façon la plus voluptueufe. Tous ces entours promettent quelque chofe de très-galant ; les graces du portrait s'affortiront à merveille avec eux, ou plutôt les éclipferont fans doute.

J'ai l'honneur d'être, &c.

LETTRE II.

Sur les Peintures, Sculptures & Gravures de Messieurs de l'Académie royale, exposées au Sallon du Louvre, le 25 août 1771.

Paris, le 14 septembre 1771.

On se consoloit, Monsieur, de voir la mere des amours manquée par monsieur *Vanloo*, dans l'espoir que son confrere nous la reproduiroit sous une forme plus séduisante. Vous concevez aisément que je veux parler du portrait en pied de madame la comtesse *Dubarri* par monsieur *Drouais*. Ses talents brillants pour ce genre de travail, la double esquisse de cette beauté qu'il nous avoit donnée avec succès il y a deux ans, les secours que son imagination pouvoit emprunter de l'allégorie, tout nous promettoit un chef-d'œuvre ravissant. Il a paru enfin, Monsieur, &, comme les merveilles trop annoncées, trop prônées d'avance, il n'a pas répondu à notre attente; la copie s'est trouvée fort inférieure à l'original. Tout Paris ne s'empresse pas moins d'accourir le considérer. Il faut vous en donner une idée, & je vais le détailler.

Madame la comtesse *Dubarri* est peinte en muse. Elle est gazée en partie d'une draperie légere & transparente, qui se trousse au dessus du mamelon gauche, laisse les jambes découvertes jusqu'aux genoux, & marque le nu dans tout le reste du corps. De sa main droite elle tient une harpe & une couronne de fleurs; de la gauche, elle en porte plusieurs autres. Le devant de la scène est parsemé de livres, de pinceaux & de divers attributs des arts. Le fonds représente une belle architecture, & le tableau, en général, est riche d'ornements ; mais on y remarque une foule de défauts. Le premier, & le plus essentiel sans doute, c'est que le portrait n'est pas ressemblant. C'est un visage en quarré long, mal coëffé, & qui n'a rien des graces & du jeu de la physionomie de madame *Dubarri*. En outre, l'auteur, à raison de la muse qu'elle représente, a voulu donner à sa figure les grandes proportions de l'antique ; en sorte que celle-ci debout auroit six pieds & demi de haut. Cette taille colossale, qui peut imprimer plus de noblesse & d'imposant à un être fantastique, ne va point à une femme, dont toute l'habitude du corps doit être agréable, & dont un principal caractere est un air de volupté répandu sur l'ensemble de sa personne. Au contraire, c'est ici un personnage roide & sans souplesse, une virtuose pédantesque, qui, malgré l'appareil galant de son vêtement & la séduction de son attitude dans sa façon d'être assise, repousse plus qu'elle n'attire, & défait d'une part le charme qu'elle produit de l'autre. En un mot, la grande mal-adresse du peintre, c'est d'avoir choisi une allégorie peu assortie à la beauté qu'il vouloit rendre. Il n'a pas moins échoué dans cette partie, & pour figurer la protectrice des arts, à la musique près, il les fait fouler aux pieds par cette muse. Emblême louche, & dont le sens naturel est l'inverse de l'idée du poëte.

Depuis que j'écris ceci, Monsieur, madame la comtesse *Dubarri* est venue au sallon, & soit mécontentement de sa part, soit qu'elle fût instruite de celui du public contre le peintre, soit égard pour les clameurs des dévots, qui voudroient ne voir une femme que voilée, depuis les pieds jusqu'à la tête, elle a fait ôter son portrait, & il ne paroîtra plus.

M. *Drouais* a beaucoup mieux réussi, Monsieur, dans le portrait en ovale de madame la comtesse de *Provence*. Cette princesse est peinte tenant une rose à la main. On la trouve très-ressemblante : elle a un air d'affabilité qui plaît à tout le monde. Le peuple, qui n'a pas eu le bonheur de la voir encore, se fait dès l'entrée indiquer l'endroit où il la trouvera, & ne se lasse point de la considérer. Il demande avec le même empressement où est le portrait de madame la *dauphine*, s'imaginant que c'est le premier objet qu'on auroit dû offrir à ses regards. Il apprend avec douleur qu'il ne jouira pas encore cette année de ce bonheur, & il est obligé de se contenter d'une petite figure en émail qu'en a exposé monsieur *Pasquier*. Vous sentez, Monsieur, que ce travail délicat, quelqu'agréable, quelque fini qu'il soit, n'est point ce qui peut satisfaire les regards d'une multitude grossiere. Il a beau se tuer pour l'admirer & se l'empreindre dans la mémoire, il n'en conserve aucune trace, & sa curiosité ne peut être remplie.

On remarque à cette occasion avec douleur que jamais sallon n'a été si fécond en portraits, & si peu garni de ceux de la famille royale. A l'exception de ces deux - ci, & de celui du roi, en miniature, par le même artiste, on ne trouve rien qui satisfasse l'amour du François pour ces objets de son idolâtrie, à moins qu'on ne veuille mettre dans ce rang un tableau que je trouve récemment substitué au portrait de madame *Dubarri* il est de monsieur *Monnet*, agréé : il représente feu monseigneur le *dauphin* & feue madame la *dauphine*, occupés de l'éducation des princes leurs enfants, & partageant les soins de monsieur le duc de la *Vauguyon* & de monsieur l'ancien évêque de *Limoges*, leurs gouverneur & précepteur, présents à cette instruction.

Le milieu du tableau est occupé par feu monseigneur le *dauphin*, assis. A sa droite est debout M. le *dauphin* actuel, qui, un livre à la main, semble réciter sa leçon. Sur les genoux de l'auguste pere est le plus jeune, qu'on suppose M. le comte d'*Artois*; & debout, à sa gauche, M. le comte de *Provence* fait le pendant de son frere. A l'extrêmité du tableau, & près de celui-ci, est dans un fauteuil feue madame la *dauphine* devant un métier. Elle a l'air de suspendre son ouvrage pour écouter son fils. A l'opposite sont assis M. le duc de la *Vauguyon* & l'ancien évêque de *Limoges*.

Quoique l'ordonnance de ce tableau soit sage & dans les vraisemblances, comme il n'en résulte nul effet piquant, il est froid, monotone & sans intérêt. Les figures d'ailleurs sont pour ainsi dire ensevelies les unes dans les autres, faute de gradation dans la distribution des plaisirs. Les deux instituteurs forment par cette confusion deux têtes qui semblent sortir du même tronc. On y trouve aussi peu de ressemblance. Quant aux physionomies, nul coloris, des teints blafards & tous d'une même teinte, malgré la différence des tempéraments & des âges. En un mot, de l'aveu de tous les spectateurs, c'est une mauvaise portraiture, & l'importance des personsages qu'on y fait figurer, peut seule fixer quelque temps les regards.

Le coloris brillant des *Loutherbourg*, qui entoure ce tableau, l'obscurcit encore.

C'est un malade qui se trouve à côté de visages florissants de santé. Quelle verve, Monsieur! quelle expression! quel enthousiasme dans cet artiste, dont le pinceau anime tout ce qu'il touche! Quelle abondance, quelle variété dans ses sujets! Je compte vingt-quatre morceaux de ce peintre, tous ayant leur mérite, & se faisant regarder avec intérêt. Il est plein de feu dans sa *bataille des Cuirassiers*, plein de vigueur dans sa *lutte de Jacob*. Son *action de grace de Noë & de sa famille, au sortir de l'arche*, porte l'onction dans le cœur & éleve l'ame par son sublime. Ses *orages*, ses *tempêtes* répandent autour d'eux l'effroi & l'épouvante. Son *amant curieux*, le *mouton chéri*, sont agréables. Sa *petite laitiere*, sa *mangeuse de cerises*, pétillent d'esprit. On se repose avec plaisir sous la fraîcheur de ses ombrages; on se mire dans le transparent de ses eaux: on voit ses mers agitées; on croit qu'elles vont vous ensevelir sous leurs vagues mugissantes......
Tant de talents cependant ne sont point sans défauts. On lui reproche, Monsieur, de n'avoir pas creusé ses tableaux & ménagé la perspective; d'avoir donné une teinte presque semblable à ses différents ciels, de ne pas assez les rembrunir dans ses tempêtes; de ne pas jeter dans les airs le même choc qu'il peint si bien dans les flots & dans le désordre de toute la nature; mais surtout d'enluminer toutes ses figures, de rougir toutes les chairs & d'échauffer tous ces personna-

ges comme sortant d'un embrasement. Ce défaut est aussi celui de beaucoup de peintres, & de M. *le Prince*, entr'autres qui d'ailleurs est digne d'être critiqué, parce qu'il est aisé de lui payer en louanges l'équivalent de la censure. Je ne parlerai pas de son *géometre*, tableau peu agréable, mais savant & vrai. Je glisse même légérement sur *l'intérieur de son cabaret*, scene extrêmement amusante par la luxure caractérisée d'un buveur, qui a toute la gaieté des peintres Flamands. Je m'arrête à celui que le public considere le plus, & qui, soit par sa composition, soit par son expression, fait beaucoup d'honneur à l'invention du poëte. C'est le *médecin aux urines*.

Ce docteur a été appellé pour une jeune personne malade & alitée. Il est à considérer son urine à travers une phiole, & pour mieux en voir le transparent il la présente au jour, en sorte qu'il tourne le dos au lit. Devant lui est un éleve, qui semble avoir disposé tout l'appareil du charlatan, & les yeux fixés sur son maître, va recevoir avec avidité la doctrine admirable qu'il doit débiter. La mere, assise à côté de sa fille, ne regarde pas ce médecin avec moins d'attention. Son genre d'intérêt est caractérisé & l'on distingue aisément sur sa physionomie les divers mouvements de crainte & d'espoir dont elle est agitée. Pendant ce temps un galant s'est glissé dans la ruelle du lit ; il est dans la demi-teinte, &, penché sur une des mains de son amante, la baise amoureusement. La suivante, complice ce de ce larcin, ferme la ruelle, regarde le docteur avec un sourire ironique, & d'un geste malin indique qu'il va être bien attrapé.

On ne se lasse point, Monsieur, de détailler ce tableau piquant, & dont l'action est un petit drame très-ingénieux. Tous les personnages y tendent au dénouement ; chacun est animé du genre de passion ou d'intérêt qui lui convient : il est bien distribué, plein d'invention & de vie. C'est dommage que l'auteur, accoutumé à peindre la nature Russe, n'ait pas donné plus d'agrément à la figure de la malade & plus de finesse à celle de la soubrette.

Le dernier tableau vers lequel se porte le public avec plus de foule après celui-ci, c'est la *représentation d'une audience donnée à M. le chevalier de Saint-Priest, ambassadeur à la Porte, par le grand seigneur.* La singularité en fait le principal caractere, & la scene neuve qu'il présente excite un instant la curiosité.

Le grand-seigneur est assis sur un trône en forme de lit à quatre colonnes ; & ce trône est de vermeil, enrichi de pierreries. Les boules d'or pendues en haut, représentent des œufs d'autruche : ornement que les Turcs mettent ordinairement pour parade dans leurs mosquées. Les glands qui pendent à ces boules d'or sur le devant du trône, sont de perles. Les autres sont de petites lames d'or. La couverture du trône est bordée en perles.

Le sultan a son sabre à sa droite, & une écritoire à sa gauche. Les deux turbans qu'on apperçoit sur une petite fenètre, sont toujours portés lorsque le grand-seigneur marche. Les aigrettes en sont différentes ; l'une est de plumes jaunes, & l'autre de plumes jaunes & noires : celui que porte le sultan est orné de plumes noires & blanches. Ces trois turbans signifient l'empire des trois mers.

Le grand-visir est à la droite du prince, la pelisse & les mains croisées. L'ambassadeur est dans l'action de parler, & tient de la main gauche les lettres du roi. A sa droite est le drogeman de la Porte. L'ambassadeur est tenu, ainsi que ceux de sa suite, par deux capigis-bachis, couverts de cafetans avec le grand bonnet de cérémonie : il n'y a que le grand-visir qui en ait un différent. Le cafetan du ministre est doublé de martre; ceux des gens de sa suite sont fort communs; monsieur le chevalier de *Pontécoulan* est à côté de l'ambassadeur, qui a derriere lui son drogeman avec le bonnet de martre, coëffure commune à tous les drogemans. La chambre n'est éclairée que par une seule fenêtre : à droite, on voit une cheminée en forme d'entonnoir renversé; elle est de vermeil & enrichie de pierreries.

A cette description historique, l'auteur, monsieur *Favray*, ajoute que le grand-seigneur est ressemblant. C'est bien le cas de dire qu'*on peut mieux le croire que de l'aller voir*. Mais ce qu'on peut vérifier aisément, c'est que monsieur le chevalier de *Saint-Priest* ne ressemble point; défaut peu intéressant au surplus, & qui n'ôte pas à ce tableau le mérite d'un costume rare.

Quant au reste des tableaux, Monsieur, chacun se distribue suivant son goût, excepté toutefois les ouvrages de mademoiselle *Vallayer*. Cette jeune académicienne, âgée de vingt-trois ans, qui réunit les graces aux talents, a exposé pour la premiere fois, cette année, onze morceaux, qui la plupart ont le mérite de peindre une nature muette, mais sensible, aux spectateurs les plus grossiers. Les fruits, les fleurs, les légumes, les herbages, les morceaux d'histoire naturelle sont de son ressort. Sa représentation des *instruments de musique militaire* est d'un faire plus grand, & ne seroit point indigne des études d'un peintre d'histoire. Tous ont pris corps sous son pinceau ; mais sur-tout le tambour est d'un relief propre à faire l'illusion la plus entiere. Un *lapin*, imité de grandeur naturelle, annonce que cette savante fille traite aussi les animaux ; & *une jeune Arabe, en pied*, pleine de graces & de douceur, prouve que ses talents peuvent s'élever jusqu'à faire respirer la toile, & à donner de l'ame aux figures.

La cohue générale qu'attire cette admirable personne, se repartit ensuite, Monsieur, comme j'ai l'honneur de vous dire, en différents grouppes, suivant les âges, les inclinations, la façon de voir & les connoissances naturelles ou acquises. Les amateurs de l'architecture admirent monsieur *Robert*, dont la fécondité ne s'est point démentie à cette exposition, mais dont l'amour-propre s'est étendu au point de croire pouvoir balancer M. *Vernet* ; parce que dans quelques-uns de ses tableaux il y a des cascades, des fontaines, des rivieres, &c. il les appelle des *marines*, & le public rit de cette folle prétention. On rend justice à son *incendie dans les principaux édifices de Rome*, dont l'embrasement, d'un grand effet, semble éclairer toute la salle. On se repose agréablement la vue fatiguée en ramenant les yeux sur la forêt de *Caprarole*. Son vert doux & dégradé forme un contraste agréable & séduisant. En général, trop de monotonie dans cet auteur, fait qu'on ne s'y arrête qu'en partie. Son prédécesseur, M. *de Machy*, qui n'avoit rien offert aux amateurs l'année derniere, a aussi donné quelques morceaux, & a semblé vouloir éviter cet inconvénient en ne se prodiguant pas trop. Mais aussi il s'est tellement atténué, qu'il se trouve presqu'éclipsé sous la fécondité imposante de son rival. Toujours correct, toujours délicat, il n'a pas ces masses majestueuses dont l'autre s'est enrichi dans ses voyages d'*Italie*. Celui-ci, avec moins de régularité, frappe davantage la multitude. On trouve que le premier a lourdement péché contre le clair-obscur & l'entendement de la perspective dans sa *vue de la chapelle de la Sainte Vierge à Saint Roch*, dont les figures collées les unes aux autres repoussent les yeux, qu'on porte bien vîte sur son voisin. Il est question, Monsieur, d'une plume, d'une écritoire & d'un mouchoir, de monsieur *Roland de la Porte*; mais la vérité est belle & séduit par-tout. Par la raison contraire, on ne peut goûter les paysages de monsieur *Milet Francisque*, toujours jaunes & arides : les allégories de monsieur *Boizot*, plates & sans coloris; la miniature estropiée de M. *Venevault*; le *Silene* de M. *Hallé* & son *adoration des bergers*, tableaux de la même teinte, qu'on prendroit pour deux pastiches, où le pere des buveurs & la mere de Dieu sont d'une même palette & se ressemblent merveilleusement; le *Saint Michel* de M. *Belle*, armé du foudre de *Jupiter*, & sa *Psyché* vêtue de guenilles achetées sur la place du *Louvre*; le *Narcisse* de M. *l'Epicié*, qui n'est ni homme ni fleur; Son *quos ego de Neptune*, qui n'est qu'un bourru; le *Saint Sebastien* de M. *Brenet*, flasque & sans sensibilité; l'*assomption* de M. *Parocel*, qui n'ira jamais aux nues, & tant d'autres ouvrages dont le détail ne finiroit pas.

Les connoisseurs trouvent de l'ordonnance dans *l'entrée de Jesus-Christ à Jérusalem*, par M. *Jollain*, de la richesse même dans le coloris, en blâmant toutefois l'air benêt dont il affuble la face de l'homme-dieu : défaut presque général à tous nos peintres François, sauf *Jouvenet*. Ils s'élevent contre l'indécence du tableau du même auteur, où *Jupiter*, sous la forme de Diane, séduit *Calisto*, la baise sur la bouche, lui darde sa langue, & présente aux ineptes le spectacle de deux vraies tribades. Le *St. Paul prêchant dans l'aréopage*, de M. *la Grenée* le jeune, quoique non terminé, leur semble d'un bon style ; ils ne dédaignent pas sa *présentation : la descente de croix* de M. *Martin* n'est pas sans mérite, selon eux.

Mais ces tableaux divers, Monsieur, n'ont pas un éclat assez supérieur pour fixer la multitude par cette vérité d'expression propre à captiver l'ignorance même & à l'éclairer. Aussi remarquai-je que les portraits sont ce qui attire l'attention la plus générale. On trouve toujours quelqu'un de connoissance, & graces au peu de choix avec lequel on admet toutes sortes de personnages, nul n'y est en pays étranger. Un praticien y remarque soudain la figure avantageuse de M. *Dufresnoy*, notaire. M. *Despote*, avocat au conseil, y en impose encore à son clerc par sa morgue. M. *Grand-Clas*, médecin obscur, y est reconnu de quelque malade échappé à son art assassin, & dont il sembloit mesurer la vie avec le sable qu'il tient en main. M. *Felix*, marchand de la rue Saint-Denis, d'un air satisfait, invite ses confreres à venir s'y placer à côté de lui. Enfin monsieur *Suir*, tailleur, & sa digne moitié, malgré leur face ignoble, attestent que personne n'est exclus.

Après avoir ri de la fatuité, on plaint la bêtise de ces particuliers. Il faut, Monsieur, vous rendre compte des différentes manieres de nos peintres de portraits, & des personnages plus intéressants qu'ils nous ont produit. Le pinceau vif & spirituel de M. *Vanloo* s'est exercé sur deux têtes d'enfants de l'un & l'autre sexe, se servant de pendants, & bien dignes de l'être, mais d'un coloris trop uniforme. On voudroit que M. *l'Epicié* réservât sa touche seche & éraillée pour les rides de la vieillesse ou les figures hideuses. Il a pourtant réussi à mettre de la finesse dans quelques jeunes personnes, de la grace même, quoique sans coloris & sans empatement.

M. *Drouais*, aussi fécond que varié dans ses caricatures, nous a donné des bambochades de toute espece. D'un côté, c'est un petit garçon qui montre son cul; de l'autre, c'est son pendant qui porte un *polichinel* sur son dos : là une petite fille met du rouge & des mouches à son chat; ici sa campagne joue avec son chien. On se plaint toujours de la couleur plus brillante que vraie de cet auteur.

On ne se plaint pas moins du ton rembruni de M. *Voiriot*, qui auroit dû égayer sa palette pour nous rendre mademoiselle *Allard* dans toute sa vivacité, d'autant qu'il la représente dans son triomphe, c'est-à-dire, dansante, mais sans graces, sans légéreté sans cette facilité, caractere distinctif de notre coryphée femelle du théatre lyrique.

M. *Restout* a de la dureté dans son pinceau, mais il est vrai ; & en ne s'attachant qu'à des sujets mâles, comme le portrait de M. *Houdon*, sculpteur, il pourra tourner en beauté ce défaut.

Si l'on ne trouve pas une grande ressemblance dans le portrait de M. *Pigale* en habit de chevalier de l'ordre de Saint-Michel, par madame *Roslin*, on voit qu'elle a été à l'école de son mari pour le coloris & qu'elle trempe quelquefois son pinceau dans ses couleurs.

Le brillant de M. *Drouais* est tempéré chez M. *Deshayes* par une maniere plus sage & conséquemment plus vraie. L'évêque, la jolie femme, le robin, sont rendus avec les couleurs qui leur sont propres, & les carnations sont variées au degré qu'il convient.

On loue M. *Duplessis* de s'être affranchi du ridicule usage de faire toujours regarder le public par ses personnages. Son *portrait de M. le marquis de l'Hôpital* est une preuve qu'on peut conserver la plus parfaite ressemblance sans s'asservir à cette regle.

Le dernier en rang des peintres à portrait, mais qui s'annonce par les plus grands talents & qui laissera bientôt derriere lui ses confreres, c'est monsieur *Aubry*. Une vigueur mâle, de la hardiesse, du caractere dans toutes ses têtes, le distinguent déja singuliérement. Son *portrait de M. Jeaurat* est d'une vérité de figure & de costume frappante ; mais celui d'un peintre, dans la maniere libre de M. *Greuze*, a arraché le suffrage de ce dernier au point de lui donner de l'humeur, & de ne pas contribuer pour peu à l'empêcher de rien mettre de ses ouvrages au sallon.

Miséricorde ! Monsieur : je m'apperçois avoir

manqué de vous parler d'un tableau d'histoire qui, tout imparfait qu'il est, mérite plus que beaucoup d'autres d'être remarqué. C'est *Brutus*, *Lucretius*, pere de *Lucrece*, & *Collatinus*, son mari *jurant sur le poignard dont elle s'est tuée, de venger sa mort & de chasser les Tarquins de Rome.*

Quatre coleres différentes exprimées dans cette composition en font le caractere distinctif. La rougeur du visage du premier personnage annonce la fureur de *Collatinus*, opposée à la pâleur de *Brutus*, plus politique, plus réfléchie, tandis que la douleur se mêlant à l'indignation, dont est pénétré le pere, lui donne une teinte plus propre à son rôle. Enfin un personnage éloigné ne participe à l'événement qu'avec le degré d'intérêt qui lui convient. Du reste, nul coloris, de la roideur dans les attitudes & de la monotonie, qui n'empêchent pas que le génie ne perce.

En voilà plus qu'il n'en faut, Monsieur, pour vous faire apprécier nos richesses pittoresques. Vous en concevrez aisément pourquoi, loin de s'étendre, elles décroissent en proportion de l'augmentation des tableaux. La cupidité qui gagne nos artistes, le luxe qui s'introduit chez eux, leur fait abandonner les genres difficiles & de longue haleine, pour adopter le goût futile du siecle, & s'asservir à toutes les fantaisies bizarres des prétendus amateurs. De-là, plus de ces compositions superbes & bien entendues, que le génie ordonne, digere & distribue lentement & dans le silence. De-là cette négligence de la partie qui a toujours distingué l'école Françoise. Plus de pureté, plus de correction dans le dessin, au point qu'il n'est peut-être pas un tableau au sallon qui ne pût mériter ce reproche à quelqu'égard. De-là ces allégories froides, triviales, ces idées disparates & ridicules. Encore si nos peintres gagnoient de quelque côté ce qu'ils perdent d'un autre ! Mais leur coloris, leur partie foible, n'a ni plus de vigueur ni plus de vérité. Tel voit bleu, tel autre gris, celui-ci jaune, celui-là rouge : nulle part on ne trouve cet empatement, ces teintes fondues, ces couleurs rôties qui seules donnent le sceau aux bons ouvrages, en les garantissant des injures du temps.

Nous verrons dans la lettre suivante, Monsieur, si la sculpture & la gravure continuent à se soutenir mieux que la peinture.

J'ai l'honneur d'être, &c.

LETTRE III.

Sur les Peintures, Sculptures & Gravures de Messieurs de l'Académie Royale, exposées au Sallon du Louvre, le 25 août 1771.

Paris, le 13 septembre 1767.

AU moment où je comptois, Monsieur, vous entretenir de nos sculptures, un nouveau buste a paru & s'est offert à nos regards. Il a fait d'autant plus de plaisir, qu'on désespéroit de le voir, & que l'artiste craignant sans doute de ne pouvoir le montrer au public cette année, ne l'avoit point fait annoncer dans le livre. C'est le portrait en marbre de madame la *dauphine*, dont il est question. Cet ouvrage précieux du sieur *le Moyne*, ancien directeur & recteur, a d'abord été présenté le dimanche 15 au roi, à toute la famille royale, & a subi à Versailles les diverses observations des courtisans. L'artiste après avoir reçu des suffrages aussi difficiles, l'a fait mettre au sallon. Comme aucune distinction ne caractérisoit ce buste, qu'on n'en avoit pas encore parlé, & que le peuple, en général, n'a pas le bonheur de connoître la princesse, elle a été exposée, pour ainsi dire, *incognito*, pendant quelques jours. Enfin cette heureuse nouvelle s'est insensiblement transmise de bouche en bouche, & la foule a redoublé pour jouir de ce sepectacle desiré.

Ce buste, Monsieur, a d'abord la qualité la plus essentielle du genre, c'est-à-dire, qu'il est parfaitement ressemblant, & beaucoup plus que le même portrait en émail du sieur *Pasquier*. Celui-ci, dont le talent devroit être particuliérement destiné à peindre les femmes & à rendre toute la délicatesse, tout le fini des traits d'une figure mignone, a vieilli, grossi, alongé la tête de madame la *dauphine*, au point de la méconnoître. Le ciseau du sieur *le Moyne*, également précis, exact, élégant, sans flatter son sujet, ne lui a rien ôté de ses agréments. La princesse porte la tête du côté de l'épaule gauche, & a ce regard auguste tempéré par la douceur, qui annonce & la majesté de son rang & la bonté de son cœur. Le reste de la physionomie est plein de grace & de vie; la vérité y est entiere, & l'artiste a conservé à ce portrait la levre un peu renflée, appellée *la levre autrichienne*, parce que ce genre de traits est plus particuliérement affecté aux personnages de cette maison. La gorge est couverte d'une draperie à l'antique, attachée par une agraffe qui revient à l'épaule gauche, & donne au tronc du buste une ampleur & une richesse dignes du sujet. Tout le monde a paru extrêmement content d'un tel chef-d'œuvre.

Je ne vous parlerai point, Monsieur, du portrait de madame la comtesse *d'Egmont*, par le même; je suppose que c'est celui exposé il y a deux ans, dont il a déja été question. Je m'arrêterai à une jeune fille de cet artiste, soi-disant représentant la *crainte*. Cette figure est droite, la tête un peu renversée, & tient dans sa main gauche une colombe, les ailes déployées. Sans ce symbole allégorique, on ne liroit jamais, Monsieur, sur le visage de la jeune personne le sentiment dont elle est atteinte; il n'y a pas cette contraction de muscles, ce spasme de l'ame, qu'il eût fallu rendre.

La *douleur* est infiniment mieux dépeinte, Monsieur, dans une femme qu'on voit pleurante, appuyée sur un cube qui sert de base à une urne cinéraire, supposée renfermer les cendres de monsieur *de Brou*, garde-des-sceaux, dont le médaillon est au bas du monument. Cette figure de monsieur *Vassé* fait honneur à ses entrailles & à la sensibilité de son ame. Elle a tous les caracteres d'un cœur navré de tristesse & abandonné à son désespoir. Mais on ne trouve pas juste d'avoir mis au bas le héros de la scene, & de l'avoir ainsi soustrait aux regards de celle qui le pleure. Il n'est pas moins ridicule d'avoir enveloppé ce magistrat dans son énorme perruque, qui, quoique dans le costume, est un ornement ridicule à proscrire d'une pareille composition. Le *crêpe* qui surcharge cette mascarade, est plus propre à faire rire qu'à exciter le sentiment qu'on veut inspirer.

Je passe les autres ouvrages de cet artiste pour n'être pas trop long; mais je ne puis omettre son buste de monsieur *Quesnay*, médecin du roi. Les philosophes se sont empressés de considérer avec attention la figure d'un docteur, moins renommé par ses connoissances & par ses cures dans sa profession, que par le nouveau système qu'il a introduit dans l'agriculture, qui l'a rendu le chef de la secte des économistes, & lui a fait déférer, d'un aveu unanime par ses disciples, le nom sublime de *maître*. A travers les rides dont cette tête est parsemée, on y démêle la morgue pédantesque d'un *Agromane* enflé de ses prétendues découvertes : on y découvre un amour-propre de mauvaise humeur, qui fait la moue à la critique, & trouve mauvais qu'on ne lui accorde pas une admiration exclusive. J'ai vu, Monsieur, quelques gens du peuple prêts à briser la statue de cet homme, en apprenant qu'il étoit l'auteur de la cherté actuelle des grains, par les spéculations fausses & les vues funestes qu'il avoit inspirées au gouvernement.

Le cœur qu'une telle figure avoit resserré, se dilatte, Monsieur, à la vue du buste de madame la comtesse *Dubarri*, par monsieur *Pajou*. Le sculpteur l'emporte de beaucoup sur le peintre. Il n'est personne qui ne retrouve dans cette tête toute l'élégance, tout le voluptueux, échappés au pinceau de monsieur *Drouais*. Mais si celui-ci avoit eu le défaut de vouloir rendre madame *Dubarri* colossale, l'autre a celui de l'avoir soustraite aux proportions naturelles. La tête est trop petite & annonceroit une jeune personne encore à son adolescence.

La tête de *satyre* du même auteur, prouve qu'à la délicatesse du faire il sait joindre la vigueur & le feu d'un ciseau mâle. Le hasard qui sans doute a placé le héros lubrique au milieu de plusieurs bustes de jolies femmes, produit un contraste remarquable aux connoisseurs, & qui semble relever les attraits des unes & la luxure de l'autre.

Ici;

Ici, Monsieur, la plume tombe des mains, tous les sens sont suspendus, on reste dans une extase à ne pouvoir rien rendre sur le papier.... Il est question d'*une tête de jeune fille*, par M. *Caffiery*. Elle est en marbre, beau comme l'albâtre. L'antiquité n'a rien produit de plus gracieux, de plus divin. Les plus justes proportions dans les traits, les contours les plus doux & les plus moëlleux, l'élasticité la plus parfaite dans les chairs, une vie répandue sur toute cette physionomie, jointe à ce repos, dernier caractere des ouvrages finis, & le vrai sceau de l'immortalité, enchantent les connoisseurs, & suspendent devant elle les plus ignorants. Le col répond au buste : la même grace, la même aisance, la même volupté dans les muscles, la même blancheur éblouissante..... Il est dommage que le reste de la gorge, d'un marbre plus grenu, ne réponde pas au premier, & que d'ailleurs l'artiste fatigué sans doute, épuisé du chef-d'œuvre de la tête, ait négligé cette partie au point de placer les mamelons trop bas.

Malheureusement, Monsieur, le modele du portrait en question n'existe pas. M. *caffiery* convient avoir travaillé en partie d'imagination sur un sujet déterminé, cependant qu'il a eu sous les yeux, mais qu'il a embelli dans certaines parties. Au surplus, comme la critique trouve à mordre par-tout, quand on est revenu de la premiere admiration qu'impose cette merveille, on trouve la tête un peu hommasse pour une jeune fille.

Ceux qui veulent chercher noise à l'artiste, ont un plus beau champ à s'exercer sur son grouppe, dont le sujet est *Omnia vincit Amor*. *L'Amour triomphe de tout*. Imaginez-vous, Monsieur, le dieu *Pan* terrassé par cet enfant. Et comme *Pan* en grec veut dire *Tout*, l'auteur croit avoir rempli ce *rebus* pittoresque. Vous avez le mot de l'énigme, voyez si elle est juste, ou plutôt riez avec moi de l'ineptie de l'invention d'une allégorie aussi mesquine, aussi froide, aussi fausse.

Revenons aux bustes, Monsieur, qui n'exigeant des artistes que de la main, ou du moins qu'une intelligence médiocre, ne sont pas susceptibles de ces sortes de platitudes. Le portrait de M. *de la Condamine* par M. *d'Hués*, est d'une vérité unique. Outre la ressemblance la plus exacte des traits, il y a mis cette inquiétude, cette vivacité, cette agitation continuelle de défenseur de l'inoculation, qui doivent rendre sa figure extrêmement difficile à fixer. L'invention de cet adjoint à professeur ne se manifeste pas davantage que celle de ses confreres dans ses grands morceaux. Jugez-en par l'exposition seule. Dans le modele d'un fronton pour l'école militaire, la *France*, sous la figure de *Minerve*, prend sous sa protection les jeunes éleves. D'un côté est la *Noblesse* qui les lui présente, & de l'autre la *Bonté*, caractérisée par le Pélican. Qu'est-ce que c'est que deux êtres moraux, tels que la *Noblesse* & la *Bonté* ? Et ne falloit-il pas animer toute cette machine triviale & froide ? A l'égard de son modele, où est un cadran accompagné de deux figures allégoriques, l'*Etude* & la *Vigilance*, j'observerai que cette derniere a l'air très-endormi & paroît s'en reposer sur son coq.

Œdipe détaché par Arcas de l'arbre où il avoit été exposé, fait plus d'honneur à M. *Le Comte*. La position du berger, rehaussé sur la pointe du pied, son extrême délicatesse à délier l'enfant, sa crainte de lui faire mal, toutes ces parties sont traitées avec beaucoup d'intelligence. Il y a d'ailleurs un grand art dans l'exécution, une profonde connoissance de l'anatomie & un ciseau très-savant.

Quelle fécondité, quelles ressources de génie dans ses sept sacrements, bas-reliefs, seulement esquissés en terre cuite ! C'est dommage que le genre soit peu goûté. Son *triomphe de Terpsicore*, autre bas-relief, modèle pour être exécuté à la maison de Mlle. *Guimard*, fixe beaucoup plus long-temps le spectateur. C'est d'ailleurs un petit poëme charmant, dont le détail vous fera plaisir.

Terpsicore pince de la harpe, assise sur un char traîné par les amours avec des guirlandes de fleurs; des bacchantes précedent la marche en dansant; les graces & la musique, inséparables de la danse, marchent sur ses traces ; deux satyres, par leur action, désignent la danse de caractere.

On détaille avec un plaisir infini, Monsieur, toutes les parties de l'action, où il regne beaucoup d'unité & de variété. Les *bacchantes* contrastent à merveille avec les *graces*, & les *satyres* relevent les *amours*. La déesse ressort au milieu de cette fête, & domine comme il convient au sujet principal. On ne peut qu'applaudir au goût de l'artiste. Il ne pouvoit choisir aucune annonce plus convenable au temple de la déesse de la danse.

Remarquez en même temps, Monsieur, la souplesse de son génie, qui, de la gravité des sujets d'église, passe avec cette facilité au genre gracieux, & du même ciseau rend tour-à-tour les augustes mystères de notre sainte religion & les profanes de la volupté. M. *le Comte*, simple académicien, est sans doute un des hommes les plus propres à faire honneur au siecle.

Morphée, l'un des enfants & ministre du dieu du *sommeil*. « C'est le plus habile de tous les » *songes* pour prendre la démarche, l'air, le vi- » sage & le son de la voix de ceux qu'il veut » représenter. C'est lui qui fut envoyé par ce dieu » à *Alcione*, sous la figure de son époux. »

On ne sait à propos de quoi M. *Houdon* nous fait tout cet étalage d'érudition, à l'occasion d'un modele de grandeur naturelle, très-belle figure ailée dans la position d'un personnage qui dort. Les pavots, dont il est enlacé, caractérisent assez *Morphée*. On n'en découvre pas davantage. Au surplus, la figure est très-belle & a quelque chose de céleste. Son attitude, ses contours, la mollesse de ses membres répondent très-bien à l'idée de l'artiste. Il regne une douceur merveilleuse dans son repos, au travers duquel on démêle un être vivant, & dont la respiration semble se faire sentir.

Dans les différents bustes exposés par le même auteur, on trouve avec déplaisir M. *Bignon & sa femme*, non que sa qualité de *prévôt des marchands* ne semble donner droit au mari de figurer en pareil lieu ; mais le public voudroit qu'on ne reproduisît pas sous ses yeux un homme dont l'ineptie a causé il y a un an une si funeste catastrophe. J'ai remarqué que personne ne le voyoit sans se rappeller le massacre de la rue *Royale* du 28 mai, & sans frémir d'indignation. S'il n'a pas eu la délicatesse de sentir qu'il étoit plus sage de rester dans l'attelier du sculpteur, que ne profitoit-il de la leçon d'un ministre (1) plus fameux que lui, mais qui, pressé par l'impérieuse nécessité de fouler le peuple, a cru devoir au moins se soustraire à

_____

(1) L'abbé *Terrai*.

ses malheurs en s'affichant dans cette espece de *panthéon*, où l'on ne voudroit reconnoître que les bienfaiteurs de la nation en tout genre.

Quant à madame BIGNON, si elle eût consulté son amour-propre bien entendu, elle nous auroit épargné son ignoble & laide figure, ainsi que madame de MAILLY, épouse de M. de MAILLY, peintre en émail.

Ce n'est sûrement pas de l'avis de M. *Diderot* que son buste s'est trouvé en si mauvaise compagnie. Aussi semble-t-il faire bande à part & renier ses camarades. Quoique les grands traits de sa tête à médaille fournissent au ciseau, & que l'artiste ait toute la liberté de s'étendre sur une pareille physionomie, exactement prononcée dans ses différentes parties, on doit louer le feu, l'expression que M. *Houdon* a su mettre dans son ouvrage, & l'enthousiasme du brûlant auteur des *Bijoux indiscrets* semble avoir gagné l'artiste, dont les autres ouvrages n'annoncent pas un caractere chaud & ardent.

Un morceau d'un genre plus nouveau pour le sallon, réveille l'attention en quittant les sculptures : c'est le modele en relief d'un escalier qui doit être exécuté à MONT-MUSART : (*Mons Musarum*,) maison de plaisance de M. *de la Marche*, premier président du parlement de BOURGOGNE, par M. *de Wailly*, académicien, architecte du roi & contrôleur de ses bâtiments. Il en impose de loin, Monsieur ; mais à l'examen on n'y trouve aucune innovation, puisqu'il est exactement semblable à celui de la *nouvelle Halle* par M. *le Camus*, à la différence près qu'il est renfermé dans une espece de tour ; ce qui lui ôte sa grace & lui donne un air d'escalier de bastille, qui fait fuir d'une lieue de loin. D'ailleurs on juge le péristile étranglé. Le dessin de l'escalier de la comédie Françoise, du même architecte, a quelque chose de plus grand ; mais on le trouve pauvre d'ornements. Au surplus, si ces deux esquisses ne peuvent procurer à leur auteur les suffrages qu'il espere, il a de quoi se venger & forcer la critique au silence ; il défie tous les artistes passés, présents & futurs, de le contredire sur son *Trône du pere Eternel*.... Vous vous éclatez de rire, Monsieur!.... Ce n'est pas plaisanterie. Oui, le sublime compositeur, élevé, comme *Saint Paul* jusqu'au troisieme ciel, a vu vraisemblablement cette merveille, & nous en donne un échantillon.... J'ai beau me frotter les yeux & regarder de nouveau pour qu'on ne s'y trompe pas, je lis écrit en bas du dessin : *Trône du pere Eternel*. Croiroit-on, si l'on ne le voyoit, qu'un artiste du XVIIIe. siecle présentât dans Paris une semblable capucinade ? Et qu'est-ce que c'est, Monsieur, que ce *Pere Eternel* & son *Trône*? C'est un *Mamamouchi* empêtré d'une espece de robe de bure fort ample, ayant une barbe très-longue, qui ombrage toute sa physionomie Ses cheveux, qui lui retombent sur le front, dérobent le reste de la figure. Il est assis comme *Thomas Diafoirus*, les deux mains sur les genoux, & semble dans l'attitude d'un homme qui pousse sa selle. Les *Michel-Ange*, les *Raphaël* ont quelquefois osé tracer la divinité de leur foible pinceau, mais loin de la dégrader jusques à eux ; ils s'efforçoient de s'élever jusques à elle....

Ce seroit ici le cas de rester sur ce chef-d'œuvre de platitude, Monsieur ; mais je dois vous dire un mot des gravures. *Je dis un mot*, car toutes mériteroient un détail particulier, si l'on vouloit rendre justice au mérite de chaque artiste. Je vois douze grands maîtres qui semblent lutter les uns contre les autres, & laisser la couronne suspendue entr'eux.

Trois estampes faisant partie des seize qui sont gravées à Paris pour l'empereur de la *Chine*, & qui représentent ses conquêtes ou des cérémonies Chinoises, attirent le plus l'attention par la singularité du spectacle & l'immensité des détails. Le burin de M. *le Bas* semble se jouer au milieu de cette multitude de figures, & son exécution nette & facile répond à la hardiesse de son entreprise. M. *de Saint-Aubin* a entrepris la même tâche, & s'est tiré avec beaucoup de succès d'une estampe de genre pareil.

On n'est pas moins surpris de l'invention, de l'abondance, du fini des gravures de M *Roettiers* le fils, académicien, graveur général des monnoies de France. Sa médaille *de la Corse* vous donnera une idée de la richesse de sa composition & de la justesse de ses allégories.

Paoli, à la tête de la nation *Corse*, avoit pour armes une tête de negre avec un bandeau sur les yeux. Dans une assemblée, il fit mettre sous un dais la tête noire, le bandeau relevé sur le front. On lui demanda pourquoi ce changement ? Il répondit : *Actuellement la nation voit clair*.

Dans cette médaille, la *France* a ôté totalement le bandeau & expose l'écusson aux rayons des trois fleurs de lys. Au moyen de cette grande lumiere le pays se défriche; l'on y a fait des chemins; l'agriculture, la marine, la pêche produisent l'abondance; l'on voit sur le devant, les horreurs de la guerre & les nuages se dissipent.

Il faut voir, Monsieur, l'exécution de la médaille pour concevoir comment le graveur s'est tiré d'un sujet qui a peut-être le beau défaut d'être trop compliqué, mais dont la précision de l'artiste a réparé la confusion.

Quelle douceur dans les dessins de M. *Beauvarlet*, qui semble avoir adopté M. *Carle Vanloo* pour son peintre ! la maniere séduisante de ce dernier étant vraisemblablement plus analogue au moëlleux du travail de l'autre, on ne peut rien voir de plus terminé : on diroit que les Graces mêmes ont conduit son burin.

M. *Cochin* est toujours spirituel & piquant ; M. *Demarteau* vigoureux : le genre du portrait, que semblent avoir adopté MM. *Moite* & *Mellini*, convien à la sagesse & à la vérité de leur faire. Le burin de M. *Wille* a de la finesse ; celui de M. *Flipart* de la gaieté : M. *Levasseur* est voluptueux : M. *Aliamet* annonce du goût & de la chaleur. Tous ces artistes, variés dans leur maniere, tendent à la perfection & l'atteignent.

En visitant les gravures, Monsieur, je suis fort aise de trouver sur mon chemin M. *Pasquier*, dont le genre se confond aisément avec l'autre. J'avois oublié de vous rendre compte du portrait de M. *de Voltaire*, par cet artiste. Celui-ci nous annonce qu'il a peint son héros à son château, au mois d'avril 1771. Il auroit été miraculeux que le pointillé de la miniature nous eût rendu le feu, le génie, la causticité d'un visage presqu'octogénaire. Aussi est-il absolument manqué. Quelle différence de cette figure à celle esquissée par M. *Pigale* ! Le premier donne de la rondeur, de l'empatement & presque de l'embonpoint au philosophe de *Ferney* ; il le matérialise pour ainsi dire. Sous le crayon du second la matiere s'évapore au contraire ; il ne reste qu'une vapeur aérienne. Elle fe fixe à nos regards pour enve-lopper l'efprit de M. *de Voltaire*, qui femble pétiller & percer à travers les téguments.

On ne peut mieux finir, Monfieur, qu'en vengeant le chantre des vertus, des arts & des talents du mauvais goût d'un artifte médiocre. Les grands hommes ne font pas faits pour être réduits, pour être portés en braffelet ou dans une tabatiere. Il n'eft donné qu'au génie de rendre le génie.

J'ai l'honneur d'être, &c.

Année M. DCC. LXXIII.

PREMIERE LETTRE.

Sur les Peintures, Sculptures & Gravures de messieurs de l'Académie Royale, exposées au Sallon du Louvre, le 25 août 1773.

Paris, le 7 septembre 1773.

ON doit regarder, sans doute, Monsieur, comme une très-belle institution l'exposition des peintures, sculptures & gravures des messieurs de l'académie royale, qui se fait tous les deux ans au sallon du Louvre (1). Inviter ainsi les artistes d'y montrer leurs productions, c'est établir entr'eux une émulation louable qui devroit, ce me semble, contribuer au progrès des arts. C'est former à la fois des amateurs, qui puissent par leurs suffrages récompenser

---

(1) Elle commence le 25 août, & dure un mois. La première exposition a eu lieu en 1737. Elle revenoit autrefois tous les ans. La difficulté de remplir le sallon dans ce court intervalle d'ouvrages nouveaux, & les plaintes des artistes molestés par les critiques, ont engagé le ministere à se relâcher de cette institution, & à prolonger le temps du concourt : depuis 1745 il n'y a de sallon que tous les deux ans.

dignement ceux qui feroient enflammés de l'ardeur d'une gloire, la vraie & la feule récompenfe du génie. Par quelle fatalité donc, malgré la multitude des peintres qui fe forment aujourd'hui chez nous, l'art de la peinture, non-feulement n'avance-t-il plus, mais dégénere fenfiblement, s'abâtardit, & à chaque nouveau fallon fait, par une comparaifon humiliante, regretter les effais des grands hommes qui ont paru les premiers dans cette lice moderne? La complaifance trop grande du gouvernement à ménager l'amour-propre des concurrents, en étouffant ou émouffant les critiques utiles qu'on pourroit faire de ces ouvrages, mifes fous les yeux du public, n'eft pas à coup fûr une des moindres caufes du dépériffement dont on fe plaint. Les louanges exceffives & fans choix dont on les enivre fucceffivement dans les divers ouvrages périodiques répandus fous fes aufpices, ne peuvent que gâter les talents naiffants, encourager la médiocrité, perpétuer le mauvais goût. Jamais l'exemple n'en fut plus frappant que cette annee, où les circonftances pouvoient enrichir le fallon de plus de morceaux du grand genre, & où la rivalité plus particuliere, propofée entre les meilleurs peintres, auroit dû exciter une fermentation noble, occafioner des efforts fublimes, & faire enfanter des chef-d'œuvres.

En effet, Monfieur, le defir d'orner plutôt l'école militaire, conftruite récemment, a fait imaginer de donner à traiter les onze tableaux qui doivent décorer cette églife, à onze peintres différents. Dix ont déja terminé leur ouvrage, & sans cette bonne fortune le genre de l'histoire auroit été bien pauvre. Mais dans ce nombre même, à peine deux ou trois excitent l'attention des connoisseurs & fixent leurs regards. Faute de mieux cependant, nous allons parcourir ces diverses productions.

M. *Doyen* est en possession de s'emparer le premier du spectateur ; & c'est par lui que nous allons commencer. Il a fait le plus grand tableau, celui du maître-autel. Voici comme il expose lui-même son sujet.

« *Saint Louis* est attaqué de la maladie épidémique qui régnoit dans son camp de Tunis, occasionée par les sables brûlants que les Sarrasins remuoient avec des machines sur le haut des montagnes, & que les vents poussoient sur les chrétiens. Il demande le saint-viatique, qui lui fut apporté par *Geoffroy de Beaulieu*, son confesseur, de l'ordre des freres prêcheurs. Ce saint roi étoit si foible qu'il ne pouvoit se soutenir ; mais sa ferveur & son profond respect pour le roi des rois le ranimerent : il se jeta en bas de son lit ; *Philippe*, son fils, & ceux qui entouroient le roi, le couvrent de son manteau royal ; il reçoit à genoux le sacrement de l'eucharistie, avec la dévotion la plus exemplaire, & recommande à son fils sa famille, dont une partie étoit présente.

» On fut ensuite obligé de le reporter sur son lit. Il mourut sur le rivage de *Tunis*, près de *Carthage*, le 25 août 1270, âgé de 59 ans. »

En voilà sans doute beaucoup plus que

n'en exprime le tableau. St. *Louis*, à genoux au bas de son lit, reçoit le viatique. Son fils, derriere lui, l'entoure de son manteau royal. A côté de celui-ci, sur un plan inférieur, est une princesse qui se couvre le visage, signe de la plus profonde douleur. Le célébrant est dans l'attitude du moment de l'administration du sacrement : il est entouré de ses acolytes ; l'on voit dans le fond du tableau les flambeaux, le dais & autres instruments du cérémonial saint. Voilà la composition de cet ouvrage simple, bien ordonné, où l'on reconnoît une tête forte, une conception heureuse & facile, secondée d'une verve abondante.

Saint *Louis*, comme le personnage principal, se présente le premier aux regards ; il a le visage exténué d'un mourant, & ses chairs plombées, flasques, livides, caractérisent le genre pestilentiel de sa maladie. La vivacité de la foi semble ranimer ses yeux éteints. Cette figure, certainement, est d'une expression grande & vraie ; elle est hors de toute critique. Il n'en est pas de même de celle de *Philippe* : le peintre, d'abord lui donne un air presqu'aussi vieux qu'au moribond ; il semble plutôt regarder qu'écouter son pere : ce qui se détermine encore mieux par l'attitude du roi, derriere lequel il est, qui ne se retourne point vers lui, & qu'on juge uniquement occupé de la grande action qu'il va faire. D'ailleurs, le fils de Saint *Louis* ne pouvoit-il pas être occupé d'un emploi plus auguste ? Malgré la piété filiale qui ennoblit tout, il ne joue qu'un rôle subalterne. Il n'est pas assez caractérisé comme le second personnage du tableau. Mais le grand défaut qu'on reproche à

M. *Doyen*, c'est une touche trop ardente, une affectation de répandre beaucoup de couleur sans colorier, de fatiguer la vue, de la brûler pour ainsi dire par un rouge prodigué sans choix, qui confond tous les objets & empêche les divers effets de la perspective. Le spectateur repoussé par ce coloris dur & hagard baisse les yeux en maudissant le peintre & l'ouvrage. Les envieux de l'homme à talent s'en prévalent pour déprimer & mettre son tableau au dernier rang.

Voilà la raison de la différence des jugements. Ceux pour qui l'entente du clair-obscur, l'art de fondre les couleurs, de les varier, de les assortir, est tout, ne peuvent que rabaisser à l'excès cet artiste. Ceux qui aiment une imagination féconde, une composition riche, la chaleur du poëte & les ressources étonnantes dans les sujets les plus stériles, l'admireront dans celui-ci, & préféreront son génie mêlé de grands défauts, à la composition sage & froide du tableau, dans le même genre que les grammairiens de l'art exaltent comme le premier. Il est question de M. *Brenet*.

C'étoit déja une gloire suffisante pour ce peintre, de sortir de la foule où il étoit confondu (1), de venir figurer parmi les grands maîtres actuels

___

(1) M. *Pierre*, premier peintre du roi, & qui, en cette qualité, a distribué les sujets, ne vouloit point admettre M. *Brenet* au concours : ce n'est qu'à force de sollicitations & par des circonstances particulieres qu'il l'a accepté. Il a promis à ce peintre la premiere place d'officier vacante à l'académie, outre les 3,000 livres qu'il aura pour son tableau, & qui est le prix de chacun de la même espece,

de notre école, de voir un de ses ouvrages assimilés aux leurs, lutter contre eux...... Mais l'emporter, les écraser, les laisser loin derriere lui, est un triomphe moins honorable pour M. Brenet, qu'humiliant pour ses rivaux. En effet, son tableau est estimable, il est correct, savant même à quelques égards : on n'y trouve cependant rien de marqué au coin du génie, rien qui annonce un artiste sublime, capable de s'élever aux plus hautes compositions.

D'abord son sujet est sec, purement de décoration, nullement susceptible des grands mouvements de l'éloquence pittoresque. Voici l'exposition du peintre.

« Les *Tartares* & le *Vieux de la Montagne*,
» prince des *Assassins*, ayant fait une irruption
» dans l'Asie mineure, envoyerent en 1238 des
» ambassadeurs à la cour de France, pour de-
» mander du secours à Saint *Louis*. Leur réception
» est l'objet de ce tableau. »

Le prince est assis sur son trône ; les ambassadeurs sont debout en face de lui ; l'un d'eux s'avance & présente au monarque la lettre dont son maître l'a chargé. Il faut l'avouer, aucune noblesse dans le caractere de tête de S. *Louis*. Et quelle majesté pourtant n'eût-il pas fallu lui donner dans un moment où il étoit si supérieur à un brigand, qui avoit voulu le faire assassiner, qui, frappé de ses vertus, imploroit son secours & osoit lui proposer une alliance ? La contenance de l'envoyé n'est pas non plus assez humble, ne marque pas assez la distance immense qu'il devroit y avoir entre un vil chef d'assassins &

un des potentats de l'Europe le plus puissant. Le cortege de Saint *Louis* n'est pas aussi nombreux qu'il le faudroit un jour de cérémonial nouveau ; les draperies sont mesquines, & il ne regne pas dans tout ce tableau une magnificence proportionnée à la scene. A ces défauts près, il est bien ordonné : les figures sont posées ; il y a de la hardiesse dans celle du premier ambassadeur ; elle est en mouvement, son attitude fiérement dessinée. L'œil se repose avec plaisir sur cette production pleine d'harmonie ; il perce dans la salle d'audience, il en développe toutes les parties : les teintes, les demi-teintes, les reflets sont distribués avec intelligence ; & si l'artiste est pauvre d'invention, il annonce une grande connoissance du méchanisme de l'art.

Le *Lavement des pieds* est le sujet qu'on trouve le mieux traité après celui-là. Suivant un usage antique, consacré à la cour de nos rois, tous les ans, le jeudi-saint, ils remplissent cette pieuse cérémonie. Douze pauvres choisis reçoivent l'ablution de leurs augustes mains. St. *Louis* n'avoit garde de s'y soustraire. Le peintre l'a représenté au milieu de l'action. Un vieillard d'une figure vénérable, élevé & assis sur une espece de trône, tend la jambe nue ; un aumônier la soutient : l'eau est jetée, & le monarque, debout, le linge à la main, se voit occupé à l'essuyer. Derriere lui est un second chapelain, qui tient une aiguiere. Des gardes entourent le roi, pour contenir la foule qu'on ne voit point. Sur le devant du tableau & à ses pieds sont des vases renversés : ils indiquent que ce n'est pas le commencement de la cérémonie, & que l'auteur, suivant les préceptes de l'art, est entré par le centre de son sujet. Un second mendiant, placé à côté du premier, semble attendre son tour : quelques autres, plus loin, sont supposés avoir exercé la charité de St. *Louis*. Telle est la composition de ce tableau, estimé des connoisseurs, malgré de grands défauts de bon sens. 1°. Le pauvre, au premier coup-d'œil, semble le personnage principal : il domine sur son siege ; sa figure est la plus éclairée. 2°. Le roi ne se reconnoît qu'à son vêtement parsemé de fleurs de lys ; son visage n'est que d'un quart de profil ; il est dans l'ombre, & l'artiste s'est ainsi privé du seul moyen de jeter quelque intérêt dans cette scene froide & tranquille. 3°. Le page qui porte la robe du roi, a l'air d'un *Savoyard*, le visage d'un mulâtre, & au lieu d'égayer la cérémonie par une figure spirituelle, ou même par quelque espiéglerie qui n'eût pas rompu l'unité de l'action, il a un air maussade & boudeur. 4°. Les physionomies du pauvre & des deux aumôniers sont belles, mais se ressemblent comme s'ils étoient freres. 5°. Les mendiants sont revêtus d'étoffes trop éclatantes, qui ne jettent pas assez d'ombre dans la partie du tableau où ils sont. Enfin l'artiste, qui entend l'harmonie des couleurs, n'a pas le talent consommé de les fondre : son coloris est encore crud. Du reste, le matériel de l'action est rendu avec intelligence : la jambe du pauvre est bien dessinée, d'une anatomie savante, & il y a une grande précision dans tous les mouvements des acteurs.

L'auteur de cet ouvrage est M. *Du Rameau*,

agréé, qui dès son apparition au sallon en 1767, avoit donné des espérances. Il n'avoit rien exposé depuis, & l'on ne peut guere estimer s'il a vraiment acquis, le sujet qu'il vient de rendre ne pouvant échauffer beaucoup son génie, ne lui donner des idées sublimes pour lesquelles on le croyoit destiné.

Il auroit fallu un pareil enthousiasme à monsieur *l'Epicié*, afin de bien exprimer la matiere qu'il avoit à traiter : *Saint Louis rendant la justice sous un chêne à Vincennes*. On sent combien elle lui devoit élever l'ame .... Point du tout, le monarque n'a pas l'air plus auguste qu'un bailli de village. A ses pieds rampe un malheureux, dont la tête semble rentrer dans le ventre ; quelques autres levent les mains en suppliants. Un grouppe de spectateurs sur un plan inférieur, mais assis à la droite du roi, sans relever la simplicité de la scene, la rend plus mesquine & la dégrade.

En général, dans tous ces tableaux, à celui de M. *Doyen* près, St. *Louis* a l'air d'un benêt. On sait que, suivant les effigies qui nous en restent, il n'avoit pas la figure très-relevée, & que la noblesse de son ame ne transpiroit guere jusques sur sa physionomie. Mais puisque, par un défaut de vérité bien frappant, chaque peintre a jugé à propos de lui donner les traits qu'il a voulu, en sorte qu'aucun de ces dix *Saint Louis* ne se ressemble, il pouvoit, par une licence mieux placée, imprimer plus de majesté à ce monarque, sur-tout dans les moments où le sublime de l'action transforme l'homme en quelque sorte, & l'éleve au dessus de lui-même.

M. *de la Grenée* a du moins éludé la difficulté. Il a peint *l'entrée de St. Louis & du pape Innocent IV*. La figure du pontife lui paroissant plus belle à rendre, il a voilé celle du roi sous les caresses du saint pere Il l'a fait d'autant plus adroitement qu'il s'est conformé au trait historique qui lui sert de texte.

« *Lyon*, dit-il, fut le lieu indiqué pour cette
» entrevue. Le pape s'y rendit le premier, ac-
» compagné de l'empereur de Constantinople,
» de plusieurs patriarches, évêques & cardinaux.
» Aussi-tôt que le pontife sut que le roi arrivoit,
» accompagné de la reine *Blanche* sa mere, de
» son frere & de leur cour, il fut au devant de
» lui & *l'embrassa très-affectueusement.* »

C'est cette *embrassade affectueuse* qui est proprement l'objet du tableau, & que le peintre a très-bien caractérisée. Le reste des détails est traité en habile homme, sauf le ciel, dont le bleu ressemble fort à celui de la robe de St. *Louis*. Celle-ci est d'un éclat trop uniforme, qui obscurcit les autres parties & leur donne un ton grisâtre.

La sagesse de M. *Vien* se fait connoître dans la composition de son sujet. C'est St. *Louis* qui, à son avénement à la couronne, remet à la reine *Blanche de Castille*, sa mere, la régence du royaume, sous l'emblême d'un gouvernail parsemé de fleurs de lis. Cela se passe en présence du cardinal *Romain*, légat du saint siege. Le point historique & le costume sont exactement suivis. Le roi avoit alors douze ans, & porte sur sa physionomie toute la candeur de son âge. La reine, en deuil de *Louis* VIII, son époux, est vêtue de blanc, parce que c'étoit alors la couleur affectée aux veuves ; & comme le chapeau rouge & le vêtement pareil ne furent donnés aux cardinaux qu'au concile de *Lyon*, vers 1246, celui-ci est en violet. Mais l'orgueil françois voit avec peine le légat jouer en quelque sorte le premier rôle dans cette scene, dont il occupe le milieu, à laquelle il préside, & qu'il semble autoriser par son approbation : l'insolence du prélat, qui est couvert, & qui perce à travers sa physionomie bonasse, ne contribue pas peu à révolter le spectateur indigné, auquel une pareille cérémonie rappelle le joug ultramontain.

Saint Louis, âgé de douze ans, présenté par la reine Blanche, sa mere, pour être sacré, est le tableau composé par M. *Amédée Vanloo.* " *Jacques de Bazoche*, évêque de *Soissons*, " fait la fonction, le siege de Rheims étant " vacant ; le duc de *Bourgogne* porte la cou- " ronne ; l'évêque de *Laon* tient la sainte " ampoule ; le sceptre est tenu par l'évêque " de *Langres* : derriere le duc de *Bourgogne* " sont les comtesses de *Flandre* & de *Cham-* " *pagne*, représentant leurs maris absents. Dans " le fond sont le chancelier & le cardinal de " *Saint-Ange.* " Telle est la composition de cette action, où l'on ne remarque qu'un personnage. C'est le duc de *Bourgogne*, désigné ci-dessus, dont l'attitude basse, jointe à une figure dure, ne désigne qu'un esclave insolent ; caractere assez distinctif des courtisans d'aujourd'hui, & qu'il falloit se donner de garde de peindre sur la physionomie d'un souverain, vassal.

il est vrai, du roi de France, mais faisant quelquefois la guerre à son maître.

La cérémonie du mariage n'est pas mieux rendue par M. *Taraval*. Elle nous paroît fournir aussi plusieurs contre-sens. D'abord St. *Louis* avoit dix-neuf ans lorsqu'il épousa *Marguerite*, fille de *Raimond Berenger*, comte de *Provence*, qui n'étoit que dans sa quatorzieme année, & tous deux n'ont l'air que de marionettes. Le roi ne paroît pas plus avancé que la princesse. La cérémonie se fait dans l'église de *Sens*, par *Gauthier* archevêque de cette ville. Au bas des marches de l'autel, à droite, sur un prie-dieu, est *Blanche de Castille*, mere du roi. Le cardinal *Romain de St. Ange*, légat du pape, est près d'elle & lui adresse la parole. Il est vêtu de pourpre, défaut de costume évité par M. *Vien*. On ne sait pourquoi le peintre a choisi de mettre le prélat dans cette attitude, qui n'est ni nécessaire, ni placée, ni édifiante. L'air gaillard du cardinal induiroit les profanes à croire qu'il conte fleurette à la reine; & il faut éviter ces mauvaises plaisanteries.

A combien de cette espece le tableau de M. *Hallé* n'a-t-il pas déja donné lieu ? Il a choisi de peindre *Saint Louis* portant en procession, de *Vincennes* à *Paris*, la sainte couronne d'épines. Il eût été difficile sans doute de mettre beaucoup de sublime dans cette action du saint roi, exaltée dans le calendrier, & qu'il faudroit laisser. Mais le peintre l'a rendue plus puérile encore par son exécution. C'est un amas de petites figures rouges, blanches & jaunes, entre lesquelles le roi pygmée, les pieds nus, comme le reste du peuple imbécille, se distingue à peine. Il est précédé du clergé où, par une adulation bien digne du génie de M. *Hallé*, il a figuré un prélat caffard sous les traits de M. l'archevêque de *Paris* d'aujourd'hui. Nulle entente, nul effet, ni coloris dans cet ouvrage, véritable enseigne à biere.

M. de *Beaufort* ferme la marche. Ainsi que M. *Doyen*, il peint *Saint Louis* au lit de la mort. Celui-ci a traité le spirituel, l'autre vaque au temporel. Le monarque, prévoyant qu'il ne peut revenir de la peste, *remet à son fils qui lui succéda, les instructions d'un grand roi, d'un digne pere & d'un saint*. Du moins le peintre en avertit le spectateur, qui s'en rapporte & ne peut distinguer ces diverses sortes d'instructions. C'est bien mal-adroit à cet académicien de s'être exposé, non-seulement à concourir avec un pareil rival, mais à manier un sujet qui l'oblige de se rencontrer en beaucoup de choses avec lui. Tous deux ont renouvellé le trait du *Timante* : ils ont voilé la figure de la reine, comme ne pouvant en exprimer la douleur. Mais ce qui étoit un trait du génie dans le peintre grec, ayant déja épuisé tout son art sur plusieurs personnages, n'est qu'une stérilité dans ces ouvrages-ci, où il n'y a pas assez de nuances à donner pour avoir recours à cette hardiesse : elle n'est plus qu'une imitation servile.

Nous ne pouvons mieux finir la description de ces dix tableaux, que par l'exclamation d'un plaisant sérieux. En les voyant, il affecte d'ignorer ce que c'est : il le demande ; on lui répond que c'est l'histoire de Saint Louis... *L'histoire de St. Louis*, répond-il, *c'est bon pour ce que c'est*. On n'a garde d'adopter la critique du saint, mais on souscrit fort à celle des peintures (1).

La suite de ces tableaux nous offrira, Monsieur, pour la prochaine fois, des choses plus amusantes & plus gaies.

J'ai l'honneur d'être, &c.

LETTRE II.

Paris, le 14 septembre 1773.

IL est certain, Monsieur, qu'un étranger, un Chinois, par exemple, qui viendroit pour la premiere fois en France, qu'on transporteroit au sallon, & qui n'ayant jamais entendu parler de nous, en jugeoit par le premier coup d'œil qu'il lui présenteroit, nous prendroit pour un peuple très-religieux : car, outre l'histoire de Saint Louis, plusieurs autres sujets de l'écriture sainte y frappent les regards, & presque tous nos tableaux volumineux ne sont que des tableaux de dévotion. C'est que le grand genre n'étant plus guere consacré que

---

(1) A l'occasion de ces tableaux, on cite un calambour de mademoiselle *Arnoux*, en profession de dire des quolibets : " Jamais (la fait-on s'écrier à leur
 " vue) le proverbe, *gueux comme un peintre*, ne fut
 " plus vrai qu'aujourd'hui, *car à dix ils n'ont pu*
 " *faire Saint (cinq) Louis.*

pour les églises ou les couvents, les artistes n'osent s'y livrer, de peur de n'en avoir pas le débit. D'ailleurs, tous les traits de génie sont épuisés à cet égard. Nous ne parlerons donc ni du *Samaritain* (1) ni de *Saint Michel terrassant le diable* (2), ni du *baptême de Jesus-Christ* (3), ni de *l'éducation de la Sainte Vierge* (4), mais nous admirerons le délire de monsieur *Robin*, agréé, qui a pris pour son sujet de tableau de réception, *Saint Pierre dans Jérusalem, guérissant les malades par son ombre*. La premiere question qu'on fait en considérant cette grande machine, c'est de demander où est l'ombre du saint, qui n'en jette d'aucun côté. Car, il auroit fallu, pour exprimer cette action bizarre, sur-tout en peinture, prendre le moment du lever ou du coucher du soleil, où ses ombres sont très-prolongées ; diviser les malades en trois plans, dont les guéris, plus éclairés, annonceroient par leur joie, par leurs gestes de remerciement & d'acclamation, le miracle qui viendroit de se faire en eux : les autres seroient supposés dans le fort de l'opération, & les derniers attesteroient par l'état désespéré où ils se trouveroient, quelle va être la puissance de l'ami de Dieu. Au reste, en blâmant l'extravagance & le défaut de bon sens du compositeur, il

---

(1) De M. Jollain.
(2) De M. la Grenée, le jeune.
(3) Par le même.
(4) De M. Martin.

faut

faut applaudir à son talent. Des plans bien distinctifs, de grandes masses & une touche assez large font dire aux connoisseurs que cet ouvrage est dans le bon style.

Notre Chinois, Monsieur, en détournant bientôt ses regards de cette multitude d'ouvrages consacrés au christianisme, prendroit une opinion plus juste de nous, s'il les portoit sur trois grands tableaux de M. *Vien*, où des nudités accumulées semblent annoncer la nécessité d'irriter les desirs d'un peuple *Sybarite*.

Le premier est *Diane, accompagné de ses nymphes, au retour de la chasse, qui ordonne de distribuer le gibier aux bergers des environs.* Ce tableau appartient au roi, & est destiné pour *Trianon*. C'est sans doute pour se conformer au goût du monarque, pour le flatter, en lui rappellant tout ce qui a trait à ce genre d'exercice, sa passion favorite, que l'artiste a choisi un pareil sujet, froid & dénué d'expression.

Les deux autres, destinés pour *Lucienne*, & appartenants à madame la comtesse *Dubarri*, sont plus galants, plus analogues à celle qui doit les posséder. Dans l'un, deux jeunes Grecques font serment de ne jamais aimer, & se jurent un attachement éternel sur l'autel de l'*Amitié*. Le *Temps*, endormi, & sa faux brisée, dont les débris servent à entretenir le feu qui brûle sur l'autel, indiquent que leur union sera durable. Mais l'*Amour*, qui se rit de pareils sermens, & qui favorise les vœux du jeune homme qu'on apperçoit dans le fond du tableau, profite du sommeil du *Temps* pour allumer son flambeau à l'autel même de l'*Ami-*

Tome XIII. F

tié. Les deux figures de femme, droites & sans chaleur, semblent plutôt converser tranquillement, qu'être pénétrées de l'enthousiasme d'une passion. La figure du *Temps* est fièrement dessinée, & a plus de vigueur que n'en comporte ordinairement le pinceau de l'auteur. Il y a de la finesse & de la malice dans le petit *Amour* : l'amoureux n'est point assez caractérisé.

Le pendant de ce tableau offre encore deux jeunes *Grecques* rencontrant l'*Amour* dans un jardin. Elles s'en approchent sans le connoître, & s'amusent à le parer de guirlandes de fleurs. Celui-ci, plus vague que l'autre dans son exécution, ne rend que très-imparfaitement l'idée du poëte.

On reconnoît dans les divers ouvrages de monsieur *Vien* le goût sain de l'antique. Il dessine correctement, son trait est précis, ses contours sont moëlleux, son coloris est peu vigoureux, mais frais, pur, harmonieux. Ses figures sont toujours sveltes, au moyen des grandes proportions qu'il emploie ordinairement, qui donnent plus de noblesse à ses femmes, plus de légéreté, & moins de ces graces, de ces gentillesses, qu'on desireroit sur-tout dans son dernier sujet.

Monsieur de *la Grenée*, peignant aussi beaucoup le nu, mais plus voluptueusement que monsieur *Vien*, n'excelle pas en ce genre cette année, comme les précédentes. Ses corps de femme sont toujours beaux, leurs chairs bien animées, leur figure tendre exprime le desir; mais les amants n'y répondent point. Nulle énergie dans son *Appelles amoureux de la maîtresse d'Alexandre*, dans son *Pygmalion amoureux de sa sta-*

tue (1), dans son *Orphée*, *à qui Pluton rend Euridice*. *Une femme endormie sur un lit parsemé de roses*, ne fait pas la sensation que devroit produire cette posture imaginée par un génie lubrique. Rien de gracieux dans la figure, un peu *strapassée*, en terme de l'art, c'est-à-dire, estropiée (2). Ses *trois Graces au bain*, mieux dessinées, sont d'ailleurs lourdes & n'ont pas beaucoup plus d'effet. Une d'elle jouant avec une colombe qui tient son collier, est une image enfantine, vague, qui produit du mouvement dans le tableau, mais ne caractérise pas assez le genre de la déesse, ni le moment précieux de l'action où elle se trouve. *Diane au bain, se faisant rapporter son arc par un chien, Vénus nouant le bandeau de l'Amour*, sont des idées folles & sans intérêt. *L'éducation de la Sainte Vierge* est d'un pinceau suave digne de l'Albane. *La Sainte Vierge, promenant l'enfant Jesus sur un mouton, au passage duquel plusieurs enfants étendent leurs vêtemens*, présente une scene vraie, mais où l'on ne peut reconnoître l'homme-Dieu, caché sous les traits de l'innocence, & son auguste mere. *La nymphe Salmacis*, du même auteur, est son chef-d'œuvre, pour le savant dont il est traité. Elle est dans le bain : l'humi-

―――――――

(1) On admire dans celle-ci l'art avec lequel la statue s'anime: le sang semble circuler & s'arrêter aux cuisses qui sont encore de marbre.

(2) M. Vien n'a pas mieux réussi dans sa *femme nue*, aussi *endormie*, dont les extrémités, trop sanguines, répugnent, bien loin d'attirer,

dité de l'eau exhale des vapeurs qui forment comme un nuage léger autour d'elle. A travers le transparent de l'élément liquide on distingue son pied, ce qui est la magie de l'art. Mais malheur au peintre qui n'excite qu'une admiration stérile ; on ne revient guere deux fois sur son ouvrage.

Il n'en est pas de même de M. *le Prince*. Presque tous ses sujets, pleins de vie & d'esprit, raniment & fixent sans cesse le spectateur, toujours excité par un nouveau plaisir. Ce peintre dont le *médecin aux urines* avoit déja fait une grande sensation au sallon dernier, est plus fécond encore cette fois en idées ingénieuses. Je remarque sur-tout trois de ses tableaux que la foule entoure.

Dans l'un, *une jeune fille se croit malade : elle consulte un vieux médecin qui, en lui tâtant le pouls, lui apprend que la maladie est dans son cœur*. La gravité du docteur y est bien conservée. Son pronostic est caractérisé par la main qu'il dirige vers le côté gauche de la jeune personne, intimidée d'une décision à laquelle elle n'ose souscrire & qui l'embarrasse. Un éleve, dans un coin du tableau, concourt à désigner la réponse de son maître, & jette de la gaieté dans la scene. Des livres, des machines enrichissent cette composition, & peuvent satisfaire les amateurs de la vérité des accessoires.

Dans le second, *une jeune femme fait essayer à son époux des lunettes qu'un jeune marchand vient lui offrir*. Pendant que le premier a les yeux occupés à cet essai, le jeune galant en conte à la maîtresse. Le visage du mari est de la plus grande expreſſion, par un ſourire de malice & de bonté, comme s'il ſe doutoit de ce qui va ſe paſſer, & vouloit bien ne le pas voir. La femme a la figure animée, les yeux pétillants : il eſt fâcheux que l'amoureux n'ait pas tout le feu qu'il lui faudroit dans une ſituation ſemblable.

Le troiſieme eſt d'une compoſition plus combinée, plus variée, plus difficile, & plus ſavante conſéquemment ; il repréſente *une mere qui, ayant ſurpris une caſſette renfermant un portrait, des lettres & des bijoux, fait les plus vifs reproches à ſa fille : celle-ci, malgré l'apparence de ſon repentir, reçoit encore un billet qu'une ſervante lui donne en cachette. Le pere cherche à pénétrer les ſentiments de ſa fille dans ſes yeux, tandis que la grand'mere lit une de ces lettres.*

Tous les perſonnages de ce petit drame jouent leur rôle convenablement à leur caractere, à leur âge, à leur qualité. La mere, comme de raiſon, a l'air le plus méchant ; elle tient le portrait ſurpris ; elle lance un regard de courroux ſur ſa fille. Le pere, moins fougueux, apporte plus de ſang-froid dans l'action ; & veut s'aſſurer ſi ſa fille eſt coupable, avant de la châtier. La grand'mere, indulgente par cette raiſon qu'elle n'a plus de prétentions comme ſa fille, chez qui le ſentiment de curioſité, la derniere paſſion qui ſurvive dans le ſexe, domine, en liſant une de ces lettres voudroit voir ſi l'amour ſe traite encore ainſi que de ſon temps. A travers l'air agnès & contrit de la jeune perſonne, la malice perce ; on y démêle ſa joie ſecrete, en recevant le billet doux que lui gliſſe la ſoubrette, avec la fineſſe, la ſoupleſſe qu'exige ſon rôle.

Au reste, il y a des défauts sensibles dans cette jolie composition. Le pere, qui, pour se conformer au caractere que lui donne le peintre, devroit fixer sa fille & dévoiler ses plus secretes pensées, ne semble la regarder que de côté. La jeune personne est aussi trop colossale. En général, on reproche à monsieur le Prince de faire ses femmes hommasses. Habitué à peindre la nature russe, il la voit par-tout. Ses draperies sont presque toujours dans le costume étranger; & cependant le lieu le plus convenable pour placer des scenes de cette espece, c'est la France : c'est à Paris séjour de la galanterie, où se font les tours les plus ingénieux & s'attrappent si adroitement les maris & les meres.

Je voudrois pouvoir, Monsieur vous détailler les divers ouvrages de cet artiste. Partout il occupe, il intéresse, il donne à penser. Quelle vérité, quelle entente de la perspective & du clair-obscur, dans la *femme endormie, qu'un jeune homme veut éveiller au son de sa guitare* ! Quelle paillardise dans les yeux de son *buveur, qui présente de l'argent à une jeune fille* ! Quel recueillement, quelle onction dans sa *sainte famille* ! Quelle douceur, quel repos dans une *mere allaitant son enfant, en écoutant une vieille qui fait la lecture* ! Mais son *paysage d'après nature* est un autre genre de travail, où il ne s'étoit pas exercé, & où son coup d'essai est un coup de maître. Les sites sont beaux, riches & bien choisis ; le devant de la scene est occupé par une pêche au filet, qui y jette un grand mouvement, & lui donne lieu de lutter contre monsieur *Vernet* même.

Je n'ai garde d'oublier ce peintre-ci, Monsieur, l'honneur de la nation Françoise dans son genre, & qui va de pair avec ce que les grands maîtres y offrent de plus beau, avec les ouvrages de *Guaspre*, de *philippe Lauri*, de *Courtois* dit *le Bourguignon*, de *Claude le Lorrain*. Ses *quatre parties du jour*, en paysages & marines, ressemblent beaucoup à d'autres du même genre qu'il a exposés ; ce qui fait croire à bien des spectateurs que ce sont les mêmes. En voyant son *soleil* & son *clair-de-lune*, on admire cet art des reflets dans lequel il est si supérieur. Les deux autres ne sont pas d'un si beau *faire* : le ciel du premier, représentant *la naissance du jour*, est trop ardoisé..... Son chef-d'œuvre, cette année, c'est une *marine & paysage sur les bords de la Méditerranée*, terminé la veille même de l'exposition du sallon : composition immense, où une multitude de grouppes forment autant de scenes qui embellissent le tableau sans en rompre l'unité.

Je suis fâché, Monsieur, de ne pouvoir vous parler de monsieur *Loutherbourg*, le digne émule de monsieur *Vernet*, & qu'on espéroit voir un jour l'égaler, peut-être. Cet artiste, actuellement en Angleterre, n'a rien exposé. On n'annonce qu'un seul tableau qu'il a fait en commun avec monsieur *de Machy* ; c'est un morceau d'*architecture, orné de figures & d'un embarquement d'animaux, éclairé du soleil couchant*. Il est très-beau ; la teinte en est seulement trop animée, & feroit prendre de loin l'action pour un embrasement. Puisque nous en sommes sur monsieur *de Machy*, cet artiste continue à orner le sallon de ses tableaux, presque tous imposants par leur magnificence, par des bâtiments d'une décoration noble & majestueuse. *Monseigneur le dauphin & madame la dauphine aux Tuileries, allant vers le Pont-Tournant, le 23 juin 1773*, offrent un événement récent, passé sous nos yeux, & dont les spectateurs les plus grossiers peuvent admirer la vérité de la représentation. Elle est telle que dans le grouppe principal, si les ressemblances n'ont pas une perfection que ne peut comporter la petitesse des figures, le costume y supplée avec la plus grande exactitude, & chacun nomme successivement tous les personnages. Point de confusion même dans cette foule immense, dont la scene est enrichie. Le premier plan est parfaitement distinct, & l'ordonnance des diverses parties du tableau, qui n'a que deux pieds cinq pouces de largeur, sur dix-huit pouces de hauteur, annonce un artiste maître de son dessin, qui en a bien conçu & digéré l'ensemble & les parties différentes.

On ne peut guere parler de monsieur *de Machy* sans faire mention de monsieur *Robert*, peintre du même genre, mais d'une maniere & d'une touche bien opposées. Le pinceau du premier est toujours riche, moëlleux, brillant ; celui du second est plus sec, plus terne, plus pauvre. On prendroit l'un pour un artiste fastueux, qui ne se plaît que dans les palais magnifiques, parmi les chef-d'œuvres du luxe, chez les grands seigneurs & les princes ; l'autre, pour un génie mélancolique, méditant dans la solitude, au milieu des ruines & des dévastations. Aussi est-on attristé en voyant les ouvrages de celui-ci, qui nous remet sans cesse les monuments dégradés de l'ancienne Rome, & nous atteste trop bien que rien ne résiste au temps destructeur. Celui-là, au contraire, réjouit par le spectacle florissant des arts à leur point de splendeur, par des édifices imposants, qui semblent devoir être immortels. Tous deux, au surplus, sont d'un mérite supérieur. On a vu que monsieur *de Machy* savoit faire autre chose que l'architecture : monsieur *Robert* prouve aussi son talent dans un autre genre. *Une petite fille récitant sa leçon devant sa mere, un enfant que sa bonne fait déjeûner*, sont des idées simples, exécutées avec naïveté ; tandis que son rival, dans le tableau dont nous avons parlé, aime encore les idées grandes, & cherche à déployer la majesté de son pinceau.

Ces petits sujets de M *Robert* sont dans le goût de *l'Epicié*, qui soutient mieux sa réputation en ce genre que dans le genre historique. Il est du moins naturel, s'il n'est ni spirituel ni plaisant. On diroit pourtant qu'il a visé à l'épigramme dans sa *politesse intéressée* : c'est un chien qui fait la révérence, dans l'espoir d'avoir un morceau de pain que tient son maître. Celui-ci est rustre, un porte-faix, à qui le bon sens vouloit qu'on ne donnât pas un petit gredin de dame. Du reste, le tableau est d'un bon ton de couleur. Dans les autres, à force de vouloir rendre les chairs vivantes, il les écorche, & semble avoir oublié de revêtir ses figures de leur épiderme.

M. *Huet*, enchérissant sur son confrere, a proproposé une espece d'énigme au public. Il lui présente un petit chien grignotant un ruban, & grattant avec ses pattes un arc, des fleches, &c. Il prétend que c'est *la fidélité déchirant le bandeau de l'Amour & foulant ses attributs*. Du reste, il n'est pas plus correct dans son exécution que dans ses pensées; ses tableaux sans couleur ont l'air d'esquisses. On sent qu'avec un pareil pinceau il ne peut rendre le brillant des fleurs, la fraîcheur, le velouté des fruits, pour lesquels monsieur *Bellengé* a infiniment plus de talents, mais où triomphe Mlle. *Valayer*. Cette fille admirable a une vérité, un *savoir* unique; & toutes les productions de la nature semblent éclorre sous son pinceau. On remarque en outre une vigueur mâle dans son *portrait de madame B****, & une intelligence merveilleuse du clair-obscur dans son bureau chargé d'une figure de marbre & de différents attributs de musique & de géographie. Par-tout sa touche est sûre, libre, facile & gracieuse.

Nous voilà parvenus insensiblement, Monsieur, à nos grandes richesses, à une foule de portraits qui ont exercé les talents sublimes de nos artistes. Deux personnages en pied, peints par monsieur *Aubri*, attirent d'abord les regards. L'un est *madame Victoire*, dont la tête n'est point ressemblante, qui est mal assise; mais tableau précieux par la vérité des étoffes. C'est sur-tout dans le second, de M. *le duc de la Vauguyon, gouverneur des enfants de France*, que l'artiste a déployé toute la richesse de son pinceau à cet égard. L'or & l'argent y brillent de leur éclat: ce riche vêtement dédommage le spectateur, qui voit avec indignation le portrait d'un courtisan abhorré même par ses éleves. Heureusement à côté se présente celui de feu M. le comte de *Clermont*, aussi en pied. Les yeux le contemplent avec intérêt, & je les ai vu mouillés de pleurs à plus d'un patriote. Il est d'ailleurs d'une ressemblance parfaite, à la taille près, un peu trop grande, à moins que l'auteur n'eût voulu caractériser par-là combien ce prince s'étoit élevé au dessus de lui-même dans ses derniers moments. C'est le chef-d'œuvre de M. *Drouais*, qui a échoué absolument dans *le portrait du roi*, trop flatté, trop rajeuni, dont il a rétreci les yeux, & qu'il a dégradé par une position peu spirituelle; dans celui *de madame la dauphine*, peinte en *Hébé*; de madame la comtesse de *Provence*, peinte en *Diane*. Ces deux derniers n'ont aucun relief, & les étoffes ne font nulle illusion. Il a raté encore une fois celui de madame la comtesse *Dubarri*, qu'il nous présente aujourd'hui sous les attributs d'une *Flore*, flétrie & presque fanée. Il lui a donné un regard plus propre à exciter la compassion que le désir. Mais au dessus de celle-ci est un *bambin*, caricature dans le genre de M. *Drouais*, & où il réussit aisément; c'est le *cent-suisse Jules*: on appelle ainsi le fils du duc de *Cossé*, que ce seigneur avoit fait recevoir à un an dans la compagnie des *cent-suisses*, dont il est colonel. M. *Duplessis* se distingue toujours par des figures vivantes, qu'anime son coloris vigoureux. *L'abbé Bossut, de l'académie des sciences*, prend du relief sous son pinceau: il il respire, & sa tête semble s'élancer hors de la toile. Des teintes trop claires sur sa soutane lui donnent un éclat blanchâtre, qu'elle ne peut jamais avoir. Nous n'emettrons pas son portrait de M. de *Boulogne*, l'intendant des finances, qui a eu la modestie de ne vouloir pas être nommé, mais qui par son nom seul mérite les hommages de la peinture (1). Cet exemple a été suivi par M. *Marmontel*, qui a voulu aussi rester confondu dans la foule. On le reconnoît pour un écrivain, à la plume qu'il tient, plus qu'au feu dont ses yeux sont animés ; ce qui donne de l'esprit à cette tête, mais en ôte la ressemblance, l'académicien ayant, au contraire, l'air extrêmement froid.

Une dissimulation plus prudente avoit engagé les originaux de deux tableaux à garder l'incognito, & même de se faire placer dans un coin obscur : mais la curiosité maligne du public les y a démêlés, & l'on a déchiffré avec surprise Me. *Etienne*, ancien bâtonnier des avocats, & M. *Lucker*, ci-devant chanoine, grand-chantre de Notre-Dame, aujourd'hui conseiller du nouveau tribunal : le premier, avili par sa foiblesse, de donner lâchement, à la rentrée de son ordre, un exemple funeste, & le second par son empressement coupable à prendre sur les fleurs de lis la place de ses confreres. Quant au peintre, M. *Robin*, on lui trouve la touche dans le genre de M. *Perronneau*, c'est-à-dire, grave & pesante, propre à sillonner un front de rides, à rendre les physionomies dures, maussades & rembrunies.

De tous les portraits celui qui a le plus occupé l'attention des penseurs, c'est *le roi de Suede*, par M. *Raslin*. Il est *dans l'uniforme des gardes-du-corps qu'ils portoient au jour de la révolution, le 19 août 1772, où il avoit donné pour signal à ceux qui lui étoient*

_____

(1) Il descend de *Louis Boulogne*, peintre illustré par *Louis XIV*.

attachés, un mouchoir blanc au bras. On critique cependant l'expression de la tête, qui paroît moins libre que vuide, & ne caractérise point le génie d'un prince qui changeoit en ce moment les destins de son état. Son frere, *le duc d'ostrogothie*, est plus militairement figuré dans son armure guerriere. Le comte *Stroganoff*, *dans son cabinet d'étude*, est un chef-d'œuvre sorti du pinceau de cet artiste, toujours étonnant dans son genre.

Je passe sur une quantité d'autres portraits, pour ne pas trop m'appesantir ; mais je ne puis omettre le tableau historié de Mlle. *Coste*, maîtresse de M. le maréchal prince de *Soubise*, qui fixoit les yeux par son ridicule rare. Cette courtisanne étoit représentée en nymphe couronnant *l'Amour*, après lui avoir arraché les ailes. Son attitude en l'air, les jambes écartées, désignoit l'espece de la nymphe; mais les plumes sanglantes du petit dieu dégoûtoient les amateurs que son attitude lubrique auroit pu exciter. Cette idée, au fond ingénieuse & très-mal rendue, est du sieur *Renou*, qui après avoir été sifflé au théatre comme poëte, vient de l'être au sallon comme peintre. On a trouvé son ouvrage si indécent, qu'on l'a ôté depuis le jour où *Madame* est venue voir les tableaux.

M *Pasquier*, M. *Hall* & M. *Courtois*, peintres en émail, ont chacun des partisans ; mais le second l'emporte assez généralement par des carnations plus animées, des airs de tête plus ressemblants & des étoffes plus vraies.

Tel est le résultat des jugements des connoisseurs impartiaux sur les peintures du sallon, auxquels j'aurois ajouté beaucoup d'autres critiques, si je n'avois voulu éviter de paroître un détracteur outré des arts. Les éloges dont je vais combler les sculpteurs, bien supérieurs aux peintres, prouveront que j'aime à louer avec non moins de sincérité, & que je ne suis pas moins susceptible de l'enthousiasme du beau, que du dégoût pour le mauvais & même pour le médiocre.

J'ai l'honneur d'être, &c.

LETTRE III.

Paris, le 21 septembre 1773.

IL est certain, Monsieur, que la sculpture gagne prodigieusement à chaque sallon, & console de la décadence de la peinture. Il faut convenir aussi que celle-ci est infiniment plus difficile. Outre les parties de la perspective, du clair-obscur, du coloris qui manquent à la première, elle est rarement dans le cas de groupper beaucoup de figures, & d'apppliquer son génie aux grandes compositions des vastes machines de sa rivale. Mais son art a ses difficultés sans doute, & ce même coloris dont est dénuée la sculpture, sert merveilleusement aux illusions du peintre, que soutiennent & perfectionnent la perspective & le clair-obscur bien entendus. Celui-là n'a que son ciseau pour échauffer, faire respirer, animer un marbre froid & monotone. C'est pourtant avec ce seul secours que M. *Pajou* lutte contre le sieur *Drouais* pour *le portrait de madame la comtesse Dubarri*, & l'emporte de beaucoup au gré de divers connoisseurs. Rien de si beau que ce buste, d'une vérité, d'un charme & d'une expression uniques. Il frappe les plus ineptes par un air de volupté repandu sur toute la physionomie: le regard & l'attitude secondent l'intention du sculpteur: il n'est personne qui, en voyant cette figure céleste, ne lui décerne, sans la reconnoître, le rang qu'elle occupe, ne s'écrie avec monsieur de *Voltaire*:

L'original étoit fait pour les dieux!

L'artiste ne se voue pas seulement à peindre les graces, son ciseau fier atteint aux traits mâles du génie; ce qu'il prouve par *le portrait de monsieur le comte de Buffon*, où l'on retrouve la noblesse & la vigueur de la tête de ce philosophe, vraiment pittoresque.

Je ne suis pas également content du *modele de la statue du vicomte de Turenne*, qui doit être exécutée en grand pour l'école royale militaire. Ce grand homme est dans une attitude triviale, & qui ne caractérise ni ses vertus guerrieres, ni ses vertus pacifiques: d'ailleurs sa chevelure plate peut être dans le costume du temps, mais ne contribue pas à donner un air de distinction à la figure d'un héros si mémorable.

Trois autres concurrents en ce genre n'ont pas mieux réussi. Il étoit question de faire quatre statues pour le même lieu, propres à rappeller à la jeune noblesse qu'on y éleve, les plus fameux guerriers du siecle dernier, ou de celui-ci ; & toujours pour jouir plutôt, quatre artistes différents ont été chargés de l'exécution. Nous venons de parler de celle du *maréchal de Turenne*, par monsieur *Pajou*; M. *d'Hués* a malheureusement eu à traiter *le maréchal de Saxe*, & le moyen de réussir après M. Pigal! de soutenir quelque comparaison avec le chef-d'œuvre de ce rival! Il peut, en échouant, se consoler par la difficulté de lutter contre un génie qui devoit nécessairement étonner & confondre le sien.

M. *Mouchy* paroît encore resté au-dessous de son sujet, quoiqu'il n'eût pas les mêmes raisons & de craindre & de trembler; mais *le maréchal de Luxembourg* portoit en lui-même des difficultés pour la représentation, qu'il n'a pu surmonter,

Le vainqueur de *Mons*, de *Fleurus*, de *Steinkerque* de *Nerwinde*, plus propre à être chanté qu'à servir de modele à un artiste, ne pouvoit que désespérer le plus habile. On remarque plus de méchanceté que de magnanimité dans sa figure.

Le *grand Condé* prêtoit infiniment davantage au talent de M. *Le Comte*. On eût cru que son ciseau, plein de force & de feu, eût mieux rendu un guerrier qui brilloit par l'ardeur, la fougue l'impétuosité, qui caractérisent principalement notre nation; mais on ne voit pas que l'artiste se soit pénétré de l'enthousiasme de son héros. En général, ces quatre statues, presque toutes ressemblantes, par le costume, l'attitude & l'air de tête tournée à droite ou à gauche, paroissent jetées dans le même moule : aucune ne se ressent des élans du génie, des sublimes hardiesses qu'auroient dû suggérer de tels hommes.

L'académicien a mieux réussi dans sa statue *d'une jeune fille qui tient une corne d'abondance remplie de fleurs*. C'est une des *Torcheres* destinées à décorer le pavillon de *Lucienne*. Elles doivent être quatre, & du milieu de ces cornes d'abondance sortiront des flambeaux pour éclairer le vestibule du palais. Madame la comtesse *Dubarri*, à qui le château appartient, a désiré que ces figures lui ressemblassent. On peut juger d'après un tel modele si ce ne sont pas plutôt des *Graces* que des *Torcheres*. M. *le Comte* a mis beaucoup de naïveté dans *un petit garçon qui pleure son oiseau* : la douleur de cet âge y est répandue avec un charme inexprimable, & la contraction des muscles des membres indique un sentiment de colere mêlé communément aux chagrins de l'enfance.

Deux grouppes de M. *Caffieri* détournent bientôt de ces sujets simples, & donnent à penser profondément. L'un est *l'Amitié surprise par l'Amour*. Ne le connoissant pas, elle l'embrasse avec confiance ; cet enfant la caresse & saisit le moment de la blesser d'un de ses traits. On trouve ici le beau faire de cet artiste, qu'on avoit admiré il y a deux ans dans sa *tête d'une jeune fille*. Son ciseau est pur, doux & mœlleux : peut-être y a-t-il trop de finesse dans la figure de l'*Amitié*, à qui l'on est convenu de donner un visage long, caractere de la franchise. Le geste du dieu a une mollesse, qui exprime sa perfidie lente & sourde. Il y a beaucoup d'accord dans cette composition, d'où résulte le repos qu'on admire dans les chef-d'œuvres de l'antique. Le *modele d'un tombeau*, monument que M. l'abbé de *Voisenon* se propose d'ériger à son *irréparable amie*, est le second grouppe qui attire l'attention du spectateur. Il est du même artiste.

Cet abbé, désigné sous l'emblême de l'*Amitié*, parce qu'on n'a osé le figurer sous celui de l'*Amour*, *pleure sur les cendres de son amie, & y répand des fleurs : l'urne cinéraire est posée sur un autel ; une des muses est appuyée sur une harpe, & couronne le médaillon, qui est attaché à une colonne funéraire, surmontée d'une cassolette: la colonne est en partie enveloppée & accompagnée de cyprès : aux pieds de la muse sont divers instruments de musique, un livre & un masque.* Si l'on ne reconnoissoit à la figure du médaillon l'héroïne comique à laquelle est élevé ce sarcophage, on ne pourroit plus en douter en lisant le vers suivant :

Graces, tendre Amitié, Talents, Favart n'est plus !

Cette composition, trop chargée, trop recherchée, doit être exécutée en marbre, de trois pieds de haut, pour être placée dans le boudoir de monsieur l'abbé, où elle sera beaucoup mieux qu'au salon. Madame *Favart* n'étoit pas assez recommandable, ni par son état de comédienne, ni par ses qualités très-médiocres d'actrice & d'auteur, pour fixer ainsi sur elle les regards du public; & les gens honnêtes seront toujours indignés de voir un *Prêtre* reproduire sans cesse à leurs yeux le spectacle scandaleux de sa douleur impudique.

On sait plus de gré à monsieur *Caffiery* de nous ramener sur le buste d'un philosophe précieux à l'humanité, & fait pour honorer son siecle. Il est fâcheux qu'à travers la bonté, dont les traits brillent sur cette belle figure en marbre, on y trouve mêlé un air de dédain, vrai caractere de la philosophie des *Encyclopédistes*, mais qui n'étoit point celle de l'auteur du livre *de l'Esprit*.

Un monument érigé en l'honneur de monsieur le prince Michel Michailowitsch Gallitzin, nous rappelle du moins un héros étranger: il est d'ailleurs traité dans la grande maniere, &, peut, à ce double égard, figurer parmi les chef-d'œuvres de sculpture offerts à nos yeux. Il est d'une belle simplicité, qui fait honneur à M. *Houdon*.

Un Génie militaire appuyé sur une urne cinéraire éteint un flambeau: à ses pieds est un trophée du casque, de l'épée & du bouclier de ce prince: Des palmes des lauriers & différentes couronnes désignent les genres de victoires qu'il a remportées.

La *figure*, de grandeur naturelle, est appuyée sur un fond formant une pyramide, qui doit être accompagnée de deux cyprès.

Le même artiste a exposé aussi le buste de *l'impératrice de Russie*. Cette belle tête, plus forte que la forme ordinaire, semble annoncer que la nature a fait un effort pour enfanter la souveraine immortelle qu'elle représente.

Je n'aime point l'allégorie froide & trop énigmatique de monsieur BOIZOT, chargé de *la statue pédestre du roi*, pour la ville de BREST. C'est un monument que les officiers de la marine de ce département veulent élever à S. M. Voici le programme de l'auteur.

« S. M. emploie sa force à maintenir la paix sur la terre, ce qui est désigné par une branche d'olivier qu'elle ploie d'une main sur le globe terrestre, placé à côté d'elle sur un trophée de marine. De l'autre main le roi présente la gloire de l'immortalité aux héros marins qui s'en rendent dignes ; ce qui est caractérisé par les couronnes de laurier, unies au cercle d'or, symbole de l'immortalité. »

Je trouve d'une adulation extravagante que le poëte peigne le roi comme le modérateur de l'Europe, comme y maintenant la paix, après celle honteuse que nous avons reçue, & qui fait l'objet des plaintes de tous nos écrivains politiques, dans un moment où nous ne pouvons tranquilliser le nord, agité depuis si long-temps, & secourir une république alliée dont on partage les dépouilles sous nos yeux.

Quand on éleva à *Louis XIV*, le fastueux monument de la *place des Victoires*, cet orgueil, infultant pour les autres nations, étoit au moins fondé fur la vérité. Celui-ci n'eft qu'un menfonge hiftorique, dont ne pourront être dupes les contemporains ni la poftérité.

Et par une ineptie encore plus grande, fuivant l'imagination de l'artifte, ce feroit avec fa marine formidable que Louis XV en auroit impofé, lorfque depuis long-temps c'eft notre partie foible, lorfqu'elle a été écrafée dans la derniere guerre, lorfque la diminution de nos colonies ne peut que la laiffer dans un état de langueur inévitable !

Que monfieur *Boizot* s'en tienne donc aux jeux d'un cifeau agréable & folâtre, tel que fon *grouppe repréfentant un fujet de Bacchanale*; fes *deux grouppes*, dont *l'un l'Amour & l'Amitié*, *l'autre Zéphyre & Flore* foutenant des corbeilles. Tous deux font gracieux ; l'exécution en eft libre, facile & légere.

C'eft à monfieur *Clodion Michel* d'allier les idées les plus fublimes aux plus riantes. *Jupiter prêt à lancer la foudre ; le fleuve Scamandre deffëché par les feux de Vulcain, implorant le fecours des dieux ; Hercule qui fe repofe ; le fleuve du Rhin féparant fes eaux*, font dans le premier genre. On admire la majefté de l'un, l'expreffion de l'autre, l'anatomie favante du troifieme, la précifion du dernier. Ses bas-reliefs, dans le fecond genre, repofent délicieufement le fpectateur frappé de ces grands fujets.

Nos fculpteurs n'ont pas moins bien réuffi dans les matieres de dévotion. Le *Saint Bruno en priere*, exécuté par monfieur *Gois* pour la chartreufe de *Guillon*, eft digne de figurer à côté de ce que nos fameux artistes offrent de plus beau en ce genre. J'ai vu nos petits-maîtres, nos femmes vaporeuses détourner promptement leurs regards de cet austere pénitent, dont l'expression forte leur serroit trop le cœur. Il n'est pas possible de porter à un plus haut point de macération du visage, le desséchement des mains, le recueillement de l'ame, ainsi que celle des accessoires. Le sculpteur a eu soin d'éviter dans la robe la grandeur & la dureté des plis; il n'y a laissé que cette roideur essentielle à l'étoffe grossiere d'un pareil Cénobite.

Le martyre de Saint Barthelemi, morceau de réception de monsieur *Bridan*, lui fait infiniment d'honneur. Dans ce grouppe en marbre, l'artiste, pour ménager la délicatesse du spectateur, a choisi le moment où le bourreau attache sa victime. La souffrance de son attitude violente & forcée est déja peinte sur la physionomie de la derniere, où l'on voudroit démêler davantage un air de résignation & ne pas le confondre avec celui d'un suppliant qui implore la pitié. Du reste, l'ame atroce du premier se peint à merveille sur sa figure; les détails sont traités savamment, la corde est parfaitement imitée, soit lâche, soit tendue; l'effort de l'exécuteur, la compression des chairs, tout cela est très-bien rendu.

Non loin de ce morceau est une vaste machine qui, au premier coup d'œil, paroît présenter un assemblage de massacres de la même espece, mais qui ne sont que des amputations salutaires d'un art auquel le monument est consacré. C'est un bas-relief, qui doit être exécuté en grand dans la largeur de 31 pieds, aux modernes écoles de chirurgie.

Le roi en ordonne la construction. Sous l'emblème de la Santé, la Chirurgie, accompagnée de la Prudence, de la Vigilance & d'un génie, présente à S. M. le plan du nouveau bâtiment. Auprès d'elle sont Minerve & la Générosité. On voit au bas des grouppes de malades & de blessés.

Ce grand ouvrage est de la composition de M. *Berruer*, & ne fait pas moins d'honneur à son génie qu'à son exécution. L'action principale attire d'abord les curieux ; l'allégorie en est simple, juste, riche & expressive. On auroit pourtant desiré plus de noblesse dans la figure du monarque. Les grouppes accessoires sont plus ou moins dégradés, suivant les regles de la perspective. On trouve dans tous de la netteté, de la variété, & il en résulte un ensemble, partie la plus difficile des ouvrages compliqués.

A la suite du travail qu'exige le développement de ce poëme étendu, on se délasse de nouveau avec M. *Monot*. On rit de sa *tête de Bacchante, ornée de feuilles de lierre & de raisins*, bien propre à inspirer la joie. Son génie du *Printemps* qui enchaîne de fleurs le signe du *Bélier*, est une image aussi poétique & plus noble, plus gracieuse. *Vénus dérobant l'arc de l'Amour* est un sujet plus froid, d'ailleurs entortillé & sans expression, du moins quant à la figure principale. Mais l'amateur admire la pureté du *faire*, les beaux contours du corps de la déesse, les formes moins précises & plus molles de l'enfant.

M. *Taſſært* a expoſé vers le milieu du ſallon un grouppe coloſſal & allégorique. C'eſt la *Population*, repréſentée ſous la figure de *Pyrrha*. De petits enfants, éclos des pierres qu'elle a jetées, l'entourent dans différentes attitudes. L'un deux éleve les mains, il annonce les premiers beſoins de la ſubſiſtance; il ſemble demander la pierre que la mere commune du genre humain va lancer derriere elle pour produire un nouvel être, premier inſtinct de la nature affamée, qui ſe jette indiſtinctement ſur tout ce qu'elle rencontre. Cette imagination eſt grande. Peut être la figure de *Pyrrha* eſt-elle trop délicate pour ſa taille & pour le rôle qu'elle joue, mieux caractériſé par une femme vigoureuſe.

Quatre buſtes terminent cette ſuperbe collection, & par le grand intérêt dont ils ſont, ne laiſſent point aller le ſpectateur ſans lui laiſſer de quoi penſer & réfléchir. Le premier eſt M. *Caperonnier*, de l'académie des belles-lettres, ſavant, dont l'artiſte, par une attention qui a l'air d'une charge, a voulu ſans doute déſigner le genre d'érudition, en le drapant comme un empereur Romain.

M. *de la Lande* eſt à côté, & le ſculpteur a tourné à ſon avantage la figure de ſinge de cet aſtronome; il l'a transformé en un rire ſpirituel & ſardonique, très-analogue à la terreur générale qu'il nous avoit imprimée, en abuſant de notre crédulité trop confiante dans ſes connoiſſances du globe céleſte: il ſemble ſe moquer encore du public.

L'auteur du buſte de M. *Diderot*, en nous le reproduiſant une ſeconde fois, veut peut-être

(145)

être nous dédommager de l'absence de ce savant, & ne pas nous laisser refroidir sur son compte (1).

On admire enfin l'air de tête de M. d'*Auvergne*, un des directeurs de l'académie royale de musique, grand compositeur lui-même. Il est dans l'attitude d'un homme qui écoute, & l'on ne pouvoit mieux exprimer son genre d'étude. La tête, d'ailleurs très-pittoresque, est parfaitement ressemblante.

Vous voyez, Monsieur, par cette description de la sculpture dont, pour ne pas être trop diffus, j'omets beaucoup de morceaux estimables, que nos richesses en ce genre augmentent journellement, que des artistes célebres s'y reproduisent en foule & réparent, autant qu'il est possible, le vuide des peintres.

La gravure monte considérablement aussi : une multitude de chef-d'œuvres de cette espece orne le sallon ; mais comme ils sont presque tous connus, & par les sujets dont ils sont copies, & par la publicité qu'ils ont déja, nous ne ferons mention que des dessins destinés à être gravés, de monsieur *Beauvarlet* : ils n'en ont besoin que pour les multiplier autant qu'ils le méritent, il n'est pas possible que le burin fasse rien de plus doux & de plus fini.

―――――――――――――――――

(1) Il est en *Russie*, & l'on ne sait s'il en reviendra. Monsieur *Diderot*, en annonçant au duc de la *Vrilliere* le projet de son voyage en *Russie*, lui dit qu'il espéroit que sa majesté ne le trouveroit point mauvais : " Point du tout, lui répondit le ministre ; on vous permet même d'y rester. „

Les médailles de M. *Duvivier* font un autre genre de travail, où la nation se distingue de plus en plus. Celles-ci, dont quelques-unes, allégoriques & composées, ont la légéreté, la netteté, la correction du dessin le mieux terminé.

Par une autre illusion, l'aiguille le dispute aujourd'hui au pinceau, & les connoisseurs trouvent les portraits en buste du dauphin, de l'empereur & de l'impératrice-reine, exécutés en tapisseries par le sieur *Cozette* fils, bien supérieurs à ceux sur la toile, du roi, de madame la dauphine & de madame la comtesse de *Provence*, placés à côté d'eux.

J'aurois bien desiré, Monsieur, que les architectes eussent présenté des plans pour la nouvelle salle de comédie (1). C'étoit un sujet d'émulation digne d'eux & d'un concours proposé à cette occasion. Le seul monsieur *de Wailly*, membre aussi de l'académie de peinture, a exposé le modele d'un escalier, exécuté chez monsieur le marquis de *Voyer*, aux *Ormes*, & appareillé en pe-

---

(1) Depuis les détails connus sur le projet du sieur *Liegeon*, une autre intrigue l'a fait rejeter. Par lettres-patentes enrégistrées au nouveau tribunal le 19 août dernier, la salle de la comédie françoise doit être construite sur les terreins de l'ancien hôtel de *Condé*. C'est le Sr. *Moreau*, architecte de la ville, qui est chargé de l'exécution. Mais comme ce sont les troisiemes lettres-patentes expédiées sur cet objet; que la ville réclame contre l'augmentation de dépense énorme que doit occasioner cette construction; que le Sr. *Moreau* n'a pas encore tracé une ligne de son plan & que le local offre des inconvéniens qu'on ne peut vaincre, on espere que ce n'est pas encore le dernier mot du conseil.

tit de toutes ses pieces en coupe, comme dans l'exécution. On en a admiré la grace, la légéreté, la hardiesse. On le diroit soutenu en l'air : il n'a d'autre défaut que d'inspirer au coup-d'œil une sorte de crainte d'y monter. L'artiste est certainement un des hommes qui annoncent le plus de génie en architecture, le plus propre à contribuer à ses progrès, sensibles aussi dans une foule de monuments qui s'élevent de toutes parts.

J'ai l'honneur, &c.

Année M. DCC. LXXV.

LETTRE PREMIERE.

Sur les Peintures, Sculptures & Gravures de messieurs de l'Académie Françoise, exposées au sallon du Louvre, le 25 août 1775.

Paris, le 7 septembre 1775.

LE Sallon, Monsieur, attire cette année la même affluence de monde que de coutume ; mais c'est moins à raison des chef-d'œuvres qu'il présente, que par suite de la routine, de l'oisiveté & de cet empressement avec lequel la foule se porte toujours où elle en voit. En effet, dès qu'on est entré dans ce lieu, l'on trouve les spectateurs froids & distraits se regarder, plutôt que les ouvrages dont il est enrichi, qui ne produisent aucune sensation sur leur ame. Il est rare que dans cette multitude de tableaux, quelqu'un du moins ne charme pas l'ennui d'un peuple léger, ami de la nouveauté, à qui son excessive curiosité a mérité l'épithete burlesque & caractéristique de *Badaud*. Ne pouvant donc juger cette fois de meilleures choses par celles qui fixent le plus l'attention générale, je vais suivre l'ordre des machines, dont les plus vastes ne sont pas toujours les meilleures, mais qui du moins en imposent au premier coup d'œil par leur volume. Tel eſt le tableau de monſieur *Robin*, agréé, qui s'étoit diſtingué, il y a deux ans, par un début, dont la compoſition, défectueuſe à bien des égards, annonçoit un artiſte dans les bons principes & doué d'un vrai talent. Il ſoutient aujourd'hui nos eſpérances, quoiqu'il ne les rempliſſe pas encore. Son ſujet eſt *la fureur d'Atis*. Voici comme il l'explique lui-même.

« *Cybele* ayant découvert qu'*Atys*, le grand-
» prêtre de ſes autels, lui faiſoit infidélité pour
» la nymphe *Sangaride*, ſuſcite contre elle *Alecton*;
» cette furie ſecoue ſon flambeau & ſes ſerpents
» ſur la tête d'*Atys*, & excite en lui un ſi furieux
» délire que prenant ſa maîtreſſe, il la poi-
» gnarde. *Celenus*, roi de Phrygie, eſt irrité
» de cette vengeance horrible. Le peuple, les ſa-
» crificateurs ſont effrayés : les amours & les plai-
» ſirs s'enfuient. »

Ainſi, d'après cette expoſition, la victime ſur laquelle le poignard eſt levé, doit marquer ſur ſon viſage, à la fois la ſurpriſe, la tendreſſe & l'effroi : il faut que celui du ſacrificateur ſoit allumé de la fureur qu'excite le courage à la vue d'un ennemi cruel & menaçant : on s'attend à voir ſur la figure de la déeſſe une jalouſie motivée, réfléchie, mêlée d'une ſecrete & affreuſe joie, en contemplant le ſuccès de ſa vengeance. Quant à la furie, elle brûle elle-même de tous les feux dont elle embraſe le coupable parjure; & le monarque, dans ſon indignation, la manifeſte à coup ſûr par quelque geſte clair & expreſſif.

On peut reprocher au peintre d'avoir manque ces diverses passions ; elles ne sont qu'ébauchées pour ainsi dire, sur les figures. Il a choisi le moment de l'action où le délire du grand-prêtre devoit être le plus marqué, & il s'en faut que son sang soit dans l'effervescence bouillante d'un semblable état. Ses veines ne sont point gonflées ; ses cheveux ne se hérissent pas ; ses regards n'étincelent aucunement ; l'attitude & l'air de la nymphe sont mieux rendus : mais par un défaut de sens commun, les femmes, entre les bras desquelles elle se rejette, bien loin de la soustraire au coup qui la menace, ou de chercher à le parer, semblent l'y présenter en la supportant. On voit quelque colere dans le maintien de *Cybele* excitant *Alecton*, bien éloignée sans doute de celle d'une femme, & d'une déesse outragée dans ce qu'elle a de plus sensible. La furie, ame de cette scene atroce, n'est pas assez sentie, & le courroux du monarque n'est que celui d'un simple spectateur ému d'un crime qu'il voit commettre, & non d'un personnage puissant, obligé & capable de le réprimer. Je ne parle point des *Amours* & des *Plaisirs*, qui s'envolent en gambandant dans les airs, image puérile dans cette composition tragique, où tout respire le sang & l'horreur. Du reste, plan bien étendu, ordonnance nette. On y admire un artiste, maître de son sujet, qui rend son esquisse avec la même précision qu'il l'a conçue. La plus mauvaise partie du peintre est sans doute le coloris. Les chairs de *Sangaride*, celles de *Cybele*, celles des *Amours* & des *Plaisirs* sont du même ton, c'est-à-dire, jaunâtres & mollasses. Les accessoires ne sont pas mieux traités.

Le fond, qui pourroit être enrichi d'une architecture noble, grande & imposante, est triste, & ne présente aux yeux qu'un local mesquin, au lieu d'un temple immense ou d'un palais magnifique. Les draperies sont ternes, & le vêtement même du monarque n'a pas cet éclat qui, au défaut d'autre acte plus auguste, devroit du moins le faire distinguer. Je pourrois m'étendre davantage sur ce tableau, mais l'article étant déja fort long, je me contenterai de justifier la sévérité du jugement sur le mérite de l'artiste, digne d'être critiqué, ce qu'on ne peut pas dire de tous.

M. *la Grenée* le jeune doit être excepté de ce nombre. Je veux parler de son morceau de réception à l'académie, dont il résulte déja un grand préjugé en faveur de l'ouvrage C'est en effet un chef-d'œuvre d'érudition pittoresque. On y admire, qu'on me passe le terme, tous les tours de force de l'artiste. Aussi est-il plus propre à mériter à son auteur les éloges des gens du métier, des profonds connoisseurs, que du vulgaire, des amateurs délicats, ou des simples gens de goût. Son sujet donné ou choisi étoit l'*Hiver* : il a fallu le rendre poétique, l'animer par une fiction. Le peintre a placé pour son grouppe principal, *Eole* déchaînant les vents ; ce qui n'est que cause & non l'effet de la saison rigoureuse dont il avoit à décrire l'engourdissement & les horreurs. Afin de mieux développer cette idée génératrice, il a mis sur le devant du tableau le *Temps* endormi, accessoire faux, puisque ce Dieu fugitif, toujours le même dans sa mobilité, ne s'assoupit jamais. Il prétend, par son inaction, indiquer celle de la nature. Mais ces divinités différentes dans la hiérarchie du paganisme, ont chacune leurs fonctions, & ne peuvent se prendre l'une pour l'autre. C'est donc dérouter le spectateur, mettre son esprit à la torture & lui proposer une énigme à deviner, encore dont le mot n'est pas juste. La clarté est essentielle à tout ouvrage, & l'on se fatigue de regarder, comme de lire, ce qu'on n'entend point. Les autres accessoires sont plus vrais. Les fleuves, suspendus dans leur course, sont ingénieusement exprimés par les eaux qui se glacent en sortant de l'urne qu'un d'eux tient à la main. Des arbres, dont les branches n'ont plus de feuilles, des montagnes dont les sommets sont couverts de frimas, perfectionnent & complètent le plan de cette scene sombre & silencieuse. Les vents seuls, en sortant de leur caverne, aux ordres du dieu, y jettent du mouvement & la troublent, pas autant qu'il le faudroit sans doute. Leur impétuosité qu'a si bien exprimée Virgile, le *quâ data portu ruunt*, ne se distingue ici que par la bouffissure des joues, image naturelle & devenue triviale à force d'être répétée. Il n'est point de barbouilleur qui ne l'emploie. C'est donc sur d'autres attributs que le génie devoit s'exercer; le développement du corps, les efforts pour s'échapper, leurs mugissements, leurs chocs, pouvoient fournir des tournures plus hardies, des pensées plus élevées. Je desirerois plus de majesté dans *Eole*, Dieu secondaire, il est vrai, mais relativement à l'action qu'il ordonne, à l'empire qu'il va exercer par ses esclaves fougueux sur la nature entiere. A ces défauts de composition près, ce tableau est bien supérieur aux autres pour les connoissances de l'anatomie & de la perspective, pour le clair-obscur, pour les touches fortes, larges savantes, les profils, les attitudes vraies & variées. Les arbres sont bien de la saison, l'œil s'enfonce dans la profondeur de l'urne, & le coloris morne de l'ouvrage imprime à l'ame la tristesse qu'on éprouve dans les jours nébuleux de l'hiver.

Il faudroit que le morceau en opposition de celui-ci produisît un effet contraire, puisqu'il représente l'*Eté*; que les yeux éblouis, brûlés des feux d'un ciel ardent, se reposassent sur une verdure douce, ou fussent rafraîchis par la vapeur des eaux; que la terre gercée, les plantes desséchées, les hommes languissants, les animaux halétants remplissent cette scene, où tout périroit sous les fureurs dévorantes de la canicule. Qui le croiroit ? A ces grandes & poétiques idées l'auteur a substitué un hiéroglyphe obscur, une allégorie plate & mesquine. Il représente ce signe mal-faisant sous la forme vulgaire d'une *Canicule*, c'est-à-dire, d'une petite chienne, dont la gueule vomit quelques traits de flamme enfumée. Au dessus est un gros vilain zéphyr. Il lui darde, pour la rafraîchir, des jets d'une vapeur épaisse, qui ne semble guere plus suave que celle exhalée par l'animal pestilentiel : & l'on appelle cela de la peinture ! & l'académie admet au rang de ses membres pour l'histoire, un homme qui n'a pas plus d'invention ! Car il est bon que vous sachiez que ce tableau est aussi le morceau de réception de M. *du Rameau*; preuve de l'indulgence des maîtres, & que l'admission d'un agréé ne suppose pas toujours un chef-d'œuvre de sa part. Il y a pourtant de meilleures parties dans cette composition, dont tous les détails ne sont pas aussi pauvrement traités. L'auteur suppose que *Cérès & ses compagnes implorent le soleil & attendent, pour moissonner, qu'il ait atteint le signe de la Vierge.* *Phébus* est dans son char; il remplit son cours; il y a de la légéreté, quelque chose d'aérien dans cette machine: mais ni le char ni les chevaux ne répondent à la description brillante & rapide qu'on en trouve dans *Ovide*. L'attitude de *Cérès*, l'ordonnance de ses nymphes, couchées & rangées sur le devant du tableau, sont ce que l'on aime le mieux. Les regards se promenent à travers cette multitude de têtes, & nulle confusion ne leur forme aucun obstacle. Pour le ciel, dont les teintes étoient si essentielles dans un pareil sujet, il est du plus vilain jaune. Un mauvais plaisant a prétendu que le peintre avoit certainement eu pendant son travail un débordement de bile, qui avoit gâté son ouvrage & dont il n'avoit pu effacer les vestiges. Il faut s'arrêter pour ne pas lui occasioner quelque nouvel accident.

C'est une chose remarquable, Monsieur, que le défaut général des peintres, d'affectionner une couleur au point d'en imprégner toutes leurs productions, & d'en répandre des nuances jusques sur les objets qui en seroient les moins susceptibles. En effet, si M. *du Rameau* semble disposé à voir jaune, on reproche depuis long-temps à M. *Vanloo* un coloris ardoisé ou plombé, & ce goût se manifeste plus que jamais dans quatre grands tableaux où il domine spécialement, quoique les lieux, les heures du jour, & les scenes en soient très différentes; car ils sont destinés à former une suite, & peignent le partage de la vie d'une sultane. Au premier, c'est *la toilette*. Au second *elle est servie par des eunuques noirs & des eunuques blancs*. Le troisieme la représente *commandant des ouvrages aux Odalisques*. Enfin *une fête champêtre, donnée par les odalisques, en présence du sultan & de la sultane*, occupe le quatrieme. Ces tableaux pour le [feu] roi, & destinés à être exécutés en tapisserie, avoient, à ce qu'on prétend, été commencés sous sous les auspices de madame la comtesse *Dubarri*. La sultanne Françoise cherchoit à s'y reproduire aux yeux de son auguste amant, sous un costume étranger, afin de fixer son attention de toutes manieres. Auquel cas on pourroit reprocher au peintre de n'avoir pas attrapé la ressemblance. Peut-être aussi regarde-t-on comme un défaut, un trait de politique de sa part : il seroit, au contraire, adroit à lui d'avoir soustrait aux regards de leurs majestés actuelles, une tête qui ne pouvoit leur être qu'odieuse. Du reste il remplissoit parfaitement les intentions de l'ordonnance, en lui donnant cet air de langueur & d'abandon si propre à inspirer la volupté. Malheureusement il s'y trouve mêlé un air de nullité & d'ennui, qui détruit en partie ce sentiment. Du reste, des figures charmantes réveillent de toutes parts l'attention dans ces diverses scenes, & raniment les desirs du vieillard le plus flétri. On croit moins voir des *Odalisques*, c'est-à-dire, des esclaves, que des *Houris*, des minois célestes échappés du paradis de *Mahomet*. On ne se lasse point de considérer ces beautés ; mais comme la critique cherche à mordre sur tout, les dénigrants les trouvent toutes jetées dans le même moule pour la physionomie, la taille, la carnation, pour les formes *Parisiennes*, que ne devroient point avoir des femmes *Grecques*, *Géorgiennes*, *Circassiennes*, &c. Quoi qu'il en soit, & de quelque part qu'elles viennent, j'ai observé qu'elles plaisoient fort aux spectateurs, nationaux ou étrangers; qu'ils en ressentoient une émotion vive, une forte sensation, & qu'ils ne quittoient qu'avec peine cet assemblage d'un sexe ravissant. Il est fâcheux que dans ces tableaux, toutes les draperies soient manquées; que les étoffes ne produisent aucune illusion, & que les détails n'en soient pas traités avec la magnificence de coloris qu'ils mériteroient.

M. *Vien* semble avoir voulu arrêter les desirs d'une concupiscence dangereuse à la vue des tableaux ci-dessus, en offrant le sien de la *Magdelaine*. Il l'a représentée dans sa pénitence, le visage flétri par la débauche ou par les macérations, ne conservant plus que les restes d'une beauté usée: une tête de mort à côté d'elle augmente les idées noires & affligeantes que fait naître la pécheresse. Je ne m'arrêtai point sur cette composition, la même au fond que celle du BATTONI. Celui-ci l'a maniée trop supérieurement, & son ouvrage, exposé dans la superbe galerie de *Dresde*, est connu de tous les amateurs. Le morceau suivant, plus neuf, plus original, est digne de remarque à quantité d'égards. Il exige une notice circonstanciée.

Il s'agit encore de *Saint Louis*, représenté en tant de façons il y a deux ans. L'auteur en a imaginé une derniere. Je ne connois point assez la légende, & sur-tout la *légende dorée*, pour

favoir d'où il a tiré fon fujet. Mais il eft queftion d'un miracle qui n'eft pas de la plus grande efpece. Auffi aucun des témoins n'en paroît-il étonné. Quant au monarque religieux, cela devoit être. *Il étoit, difoit-il lui-même, fuivant fes pieux hiftoriens, animé d'une foi fi vive envers la fainte eucharif-tie, que Jefus-Chrift feroit defcendu en chair & en os fur l'autel qu'il n'auroit pu croire plus fermement au myftere.* Son indifférence n'eft donc un défaut qu'aux yeux de profanes peu inftruits de la vie du faint roi : elle eft dans fon caractere donné : ç'auroit été un trait de génie du peintre, s'il l'eût fait contrafter avec la furprife, l'enthoufiafme des autres fpectateurs, qui fe réduifent pourtant à la reine, à quelques pages, à un acolite du *Thaumaturge*, à un officier du palais, au lieu d'une foule immenfe qu'auroit exigé la fcene. Car un prodige étant deftiné à frapper les yeux ftupides de la multitude, à convaincre les incrédules, ne fauroit s'opérer avec trop d'éclat : il doit fe paffer dans la plus grande publicité. Il eft vrai que celui-ci eft une faveur fpéciale, une œuvre familiere, pour ainfi parler, & de prédilection, intéreffant uniquement le prince & fon augufte race ; inintelligible en outre dans l'explication du faifeur. Quel eft donc ce miracle ? Le voici : « St. Thibault (de la maifon de Mont-
» morency) offre au roi *St. Louis* & à la reine
» *Marguerite de Provence*, une corbeille de fleurs
» & de fruits, dans laquelle il s'éleve, *par miracle*,
» onze tiges de lys. Le roi n'avoit pas encore
» d'enfants : St. Thibault lui prédit par cet em-
» blême qu'il en auroit onze, & par la tige
» qui s'éleve le plus haut, lui défigne *Robert*,
» chef de la maifon de *Bourbon*. »

M. *Vien* a grand soin d'observer que ces tiges s'élevent *par miracle*, dans ce siecle des *Comus* & des *Jonas*, où tant d'innocents magiciens nous montrent des choses bien plus incroyables, où ce ne sont plus depuis long-temps les grands seigneurs qui font des merveilles, mais les suppôts obscurs d'un parti qui veut béatifier quelque benêt de sa cabale. Quoi qu'il en soit, sans tourner en dérision le choix d'un sujet qui n'est point si gauche, puisque le tableau est destiné à être placé dans la chapelle du *petit Trianon*, sous les yeux de la branche régnante, qu'il doit flatter; il faut convenir que sa composition, quoique froide, est sage & bien entendue; comme tout ce qui sort du pinceau de l'auteur; qu'il y a du coloris, de l'harmonie dans son œuvre, un beau faire, une touche pure & correcte. On trouve un défaut de perspective dans le page qui, portant la robe de la reine, en doit être plus voisin, & semble, au contraire, dans un lointain trop dégradé, trop ombré. On voudroit que le roi se remarquât par la splendeur de ses vêtements. Mais outre que *St. Louis* étoit modeste, sans doute il voyage en ce moment & visite le couvent du saint, qu'à ses entours on juge un abbé crossé, mitré, jouissant des titres honorifiques de l'épiscopat. Enfin le matériel même du miracle, objet premier de cette peinture, n'est pas assez distinct. Les lys, quoique bien dessinés, ne ressortent point autant qu'il le faudroit; on ne peut pas les compter, & la tige supérieure, le point éminent du prodige, ne se détache pas, ne s'élance pas superbement, ainsi que je le desirerois.

Un troisieme tableau du même peintre, qui n'est pas sans mérite, perd trop malheureusement à la comparaison de l'original. C'est *Vénus blessée par Diomede. Mars la recueille & la fait monter dans son char.* Quand on tire un sujet d'*Homere*, il faudroit avoir son génie, & sur-tout sa chaleur, si c'est pour transmettre sur la toile le dieu de la guerre. Je vois à sa place un jeune militaire, qui n'a rien d'imposant que son armure dorée & ses vêtements éclatants. Ses chevaux n'ont rien de fougeux ni d'ardent. *Iris*, qui en tient légérement les rênes, est contre le costume & dans l'invraisemblance poétique, ainsi que les amours, se jouant des coursiers ; ce qui confirme combien ceux-ci sont doux, benins & maniables (1).

Les enfants ailés ne devroient-ils pas au moins être effrayés de voir couler le sang de leur mere, en admettant que le spectacle du combat ne les eût pas déja mis en fuite, loin de ce lieu de carnage horrible. C'est ainsi qu'on sacrifie le bon sens à des idées riantes, à des images gracieuses, qu'on croit devoir faire contraste, & qui choquent sur le champ un esprit juste, saisissant les convenances du plan & de l'ensemble.

A ces premiers maîtres de l'école françoise actuelle dans le genre de l'histoire, il ne faut

―――――――――

(1) On pourroit croire que c'est le char de *Vénus* : alors il devroit être enlevé par des colombes, & non par des chevaux ; autre défaut de costume. L'explication du peintre même amphibologique ne leve pas le doute. Il s'exprime ainsi : *Vénus blessée par Diomede*, à la guerre de *Troye*, *Iris* descend du ciel „ pour la tirer du champ de bataille, & *Mars* l'aide „ à monter dans *son* char pour la conduire sur „ l'Olympe. „ On juge que grammaticalement, le *son* devroit se rapporter à *Mars*.

pas oublier, Monsieur, de joindre monsieur BRU-NET qui, sans exceller pour l'invention, remporta la palme au sallon dernier, pour le méchanisme de l'art, au gré des faiseurs les plus experts. Je passerai légérement sur ses trois grands tableaux de dévotion : sur son *Assomption de la Ste. Vierge*, où la mere de Dieu, bien posée dans les airs, acquiert déja cette légéreté, ce fantastique, cette pénétrabilité des corps divins : sur son St. *Pierre & St. Paul*, dont j'aime les têtes bien caractérisées, par l'air humilié du renégat & la confiance audacieuse de l'apôtre des gentils : sur la *Résurrection de Jesus-Christ*, remarquable par un des gardes du sépulcre, étendu sur le devant du tableau, frappé, confondu, atterré de surprise, & dont la vérité, saillante dans la chûte, l'attitude, l'immobilité sautent aux yeux du passant le plus distrait. Ces sujets, maniés & remaniés cent fois ne peuvent guere être que des copies : il faudroit la hardiesse d'un génie unique pour les traiter aujourd'hui avec supériorité. Je m'attacherai au morceau de l'artiste en question, où il a pu briller davantage ; je le suppose tiré de sa *Minerve*, & il lui fait honneur, d'autant qu'il n'étoit point aisé à composer, par la confusion des objets à réunir, & à groupper ensemble.

On peut se rappeller le trait de l'histoire naturelle de *Pline*, concernant un affranchi cité à Rome devant un édile. Il étoit accusé de magie, parce que ses récoltes étoient plus abondantes que celles de ses voisins. Il comparoît ; il amene avec lui sa femme, sa fille, des bœufs gras & vigoureux ; il étale ses instruments d'agriculture : *Romains*, dit-il au peuple étonné, *voilà mes fortileges; mais je ne puis apporter avec moi dans la place publique, mes foins, mes fatigues & mes veilles.* Tel eſt le fait qu'a choiſi l'artiſte pour l'exprimer ſur la toile. Il faut convenir qu'il l'a bien digéré ; qu'on y trouve une ordonnance nette, claire & diſtincte ; qu'il y a de l'unité, & que le perſonnage principal s'annonce parfaitement, quoique le magiſtrat par ſon vêtement, par ſon tribunal élevé dût d'abord provoquer les regards, à raiſon de cet appareil impoſant pour la multitude. Mais la nobleſſe, l'action de la figure de l'accuſé, le mouvement qui regne en celle-là ſeule, réparent l'erreur qu'occaſione néceſſairement le coſtume des fonctions & de la dignité de l'édile. Il ne manque dans cette compoſition, ſuivant moi, que les accuſateurs, épars ſans doute dans la foule du peuple, mais que je voudrois diſcerner à la confuſion dont leurs viſages ſeroient couverts, tandis qu'on ne remarqueroit ſur les autres que la ſurpriſe mêlée de joie, en voyant un innocent triompher avec autant d'avantage. Les gens minutieux s'arrêtent encore à un léger défaut de bienſéance, de propreté ; c'eſt que les animaux lui offrent le derriere. Du reſte, trop de repos, point de coloris, pas aſſez d'empâtement ; ce qui en ôte tout le relief, empêchant les meilleurs effets de ce tableau précieux pour le ſujet, en ce moment ſur-tout où l'agriculture & l'économiſme ſont dans la plus haute vénération. On eſt fâché d'apprendre qu'il ſoit deſtiné à orner le palais d'un ex-miniſtre abhorré, dont l'ame atroce n'eſt point propre à goûter les douceurs, à s'ouvrir aux leçons de cette ſcene inſtructive : il ſeroit infiniment mieux placé chez le miniſtre actuel des finances, fait pour aimer la nature, en connoître les ressources, & favoriser un art utile, le premier des arts.

Il faut avancer, Monsieur, & je passe à monsieur *la Grenée* l'aîné, d'un pinceau moins fécond cette année, mais toujours suave, doux, naïf & vrai. Aussi n'est-il jamais mâle ni nerveux; c'est ce qui l'empêche de bien rendre les grandes idées, les compositions fortes. Par exemple, dans son *désespoir d'Armide, qui n'ayant pu se venger de Renaud veut se tuer*, la pâleur du visage du héros arrêtant le bras de son amante, annonce bien le spasme de son ame; mais j'aurois aussi voulu que pour contraster, le peintre eût enflammé le visage de l'héroïne au plus haut degré. Le sang paroît se retirer de ses veines, ainsi que chez son amant. Ici c'est la marque de l'effroi qu'il ressent, en lui voyant le bras levé pour se frapper: là, il pourroit être l'expression de la colere; mais dans les ames nobles, élevées & courageuses, cette passion se manifeste par la rougeur. La colere blême est l'indice d'une ame basse, vile, disposée à la trahison. Son *Apollon, dont la Sybille obtient de vivre autant d'années qu'elle tient de grains de sable dans sa main*, est froid. On ne sait pourquoi il en fait un beau brun, ou plutôt sans doute il n'est pas assez ignare dans le costume pour commettre une pareille faute. Quant à l'*Amour* qu'il nous peint roux, dans un de ses tableaux de ce dieu avec *Psyché*, il est plus difficile de l'excuser. Ces derniers sujets, vraiment amoureux, ont de l'expression. Sa *Pallas* en manque absolument: c'est un beau corps de femme galante, à sa toilette, vaine, oisive, distraite, ou plutôt ne songeant à rien; c'est, en un mot, comme beaucoup de cette espece, un corps sans ame. Eh ! quelle noble pudeur, quelle majesté austere ne falloit-il pas imprimer sur le visage de la déesse, dans un moment où elle punit de cécité la curiosité téméraire du fameux devin *Tiresias*? Sa *fidélité* sa *sincérité*, groupées ensemble, sont deux jolies figures. L'air futé cependant de celle-ci est faux, & en lui donnant plus de piquant, contrarie le sujet. La *candeur*, la *douceur*, sont deux pendants vagues & de fantaisie, qu'on peut prendre indifféremment l'un pour l'autre, & qui seront aussi justes. En général tous les tableaux de M. *de la Grenée* n'étant point caractérisés par des passions prononcées & variées, semblent d'une même palette. De superbes femmes, un peu lourdes, comme celles de *Rubens*; des corps d'hommes bien dessinés, mais participant trop aux formes gracieuses & arrondies des premieres, rendent sa maniere toujours agréable & jamais savante: tous ses détails sont traités avec la même grace. C'est un peintre dans le génie françois, si jamais il en fût.

En voilà, Monsieur, beaucoup trop sur les tableaux d'histoire, dont le catalogue auroit été plus court, si je n'avois fait mention que de ceux admirables pour le génie, ou distingués par quelque partie perfectionnée à un certain point aux yeux des artistes. S'il étoit permis de s'égayer aux dépens de ces messieurs, il y auroit de quoi rire sans doute. Je vous parlerois sur-tout des anges, répétés dans différents tableaux, tous très-comiques, très-ridicules. Il faut que ce soit une intelligence bien difficile à rendre. Je vous ferois voir celui de M. de *Taraval* dans son *assomption de la Vierge*, qui semble donner galamment la main à la mere de Dieu pour la conduire dans les airs; de celui de M. *Renou* dans son *annonciation*, qui serre les fesses comme s'il étoit poursuivi pas un jésuite; de celui de M. *Martin exhortant à la mort la Magdelaine* d'une façon si persuasive, qu'on croit entendre ce capucin, non moin éloquent, auquel le patient proposoit de vouloir bien prendre sa place au souper céleste dont il lui faisoit la splendide description. Mais il faut ménager les talents, quoique médiocres, sur-tout lorsqu'ils sont modestes. D'ailleurs, le moyen de plaisanter sur des sujets aussi saints, & devant nosseigneurs du clergé assemblés! Je pourrai me donner carriere sur maintes caricatures qui vont s'offrir dans les tableaux de genre, & me fournir de quoi m'exercer sans craindre les censures de l'église, & peut-être me mériter son encouragement.

J'ai l'honneur d'être, &c.

LETTRE II.

Paris, le 23 septembre 1775.

ON doit exalter, Monsieur, la prudence vigilante de monsieur *rien*, l'ordonnateur du sallon. Il en a proscrit les ouvrages indécents, licencieux, impies, qui auparavant, à la faveur de leur exiguité, s'y glissoient comme furtivement, effarouchoient les regards de la pudeur alarmée, irritoient le zele des dévots, & plus d'une fois ont provoqué les gémissements & les plaintes du clergé. La réforme est due sans doute au nouveau directeur, monsieur *d'Angiviller*, personnage sec, froid, nullement plaisant; ou plutôt tous deux n'ont fait que se conformer aux intentions d'un jeune prince qui, dès sa plus tendre enfance, s'est distingué par son austérité, & depuis qu'il est maître cherche à signaler son regne par le rétablissement des mœurs & de l'honnêteté publique. Aussi voit-on cette fois la foule du sallon grossie par des évêques, des abbés, des ecclésiastiques à grands chapeaux. Il n'est pas jusqu'aux religieux & aux moines qui y abondent, & dont les jaquettes de toute couleur en varient merveilleusement le coup d'œil.

Malgré la sévérité de l'examen, il est cependant resté un petit tableau, dont l'action physique, très-décente en elle-même, ouvre carriere aux imaginations vives & libertines. J'ai vu les yeux de plus d'un carme s'enflammer en le regardant, & vous allez juger, Monsieur, de la situation où il pouvoit être. *Le sujet*, dit le peintre, est *un jeune homme qui demande pardon à une jeune personne de lui avoir arraché un bouquet.* On trouve effectivement sur le devant du tableau des fleurs éparses. Mais les sieges renversés, le désordre de la chambre, du lit, de la fille, du garçon, annoncent une fleur plus précieuse, ravie à cette derniere, dont le bouquet n'est que le signe allégorique, comme dans la comédie du *Magnifique* (1). Autrement, que signifieroit tant de tapage pour quelques roses, aisées à retrouver plus fraîches & plus vermeilles ? Tout est donc malin dans cette composition, excepté la figure de l'amant trop dolente, à moins qu'on ne suppose que ce soit de douleur de ne pouvoir recommencer ; auquel cas elle est trop enluminée : il lui faudroit de la pâleur, signe de l'abattement. Quant à l'offensée, on sait que l'acte sous-entendu ne procure que plus d'éclat aux figures de femmes. Au reste, on reproche à l'artiste d'avoir sacrifié la vérité des détails à ce grouppe principal, de les avoir ensevelis dans une masse d'ombre trop forte. Il ne faut point perdre de vue la nature, qui n'outre rien, & dont les dégradations ou les progrès de lumiere insensibles, bien imités, forment la magie du clair obscur, partie essentielle pour donner la vie à un tableau. En général

---

(1) Aux Italiens,

M. *Théaulon*, nouvel agréé, auteur de cette jolie composition, vise à une maniere noire, qu'on remarque également dans ses autres ouvrages, & qu'il fera bien d'éviter.

C'est aussi le défaut de monsieur *Bounieu*, qui ne l'a pourtant pas si outrée. Il s'exerce, comme son confrere, & depuis plus long-temps, à reproduire les scenes de la vie privée ; mais il feroit bien d'en choisir de plus intéressantes. Dans ce genre il ne suffit pas de parler aux yeux ; le grand mérite est de plaire à l'esprit ou d'émouvoir le cœur. *Une mere engageant sa fille à prendre une médecine* ; *une famille faisant des confitures* ; *une blanchisseuse de bas de soie*, *un galetas*, &c. ne peuvent fixer long-temps l'attention, que par un *faire* supérieur qu'il ne possede pas. Toutefois sa touche est assez agréable pour exciter l'amateur à discuter ses ouvrages, quand il y aura de l'action, ou que la curiosité sera piquée par quelque attrait particulier. Par exemple, on aime à voir monsieur *Bignon* faisant lire son fils. On connoît le bibliothécaire du roi, dont la figure est ressemblante, & d'ailleurs cet acte de tendresse paternelle plaît à tous ceux qui en goûtent ou en soupçonnent la douceur. D'où vient qu'*une petite fille*, du même auteur, *récitant sa leçon à sa mere*, est plus froide, & n'arrête pas le spectateur ? C'est que dans le premier sujet on juge que le pere se complaît réellement a ce qu'il fait, qu'il s'en occupe tout entier. Au lieu que dans le second, le peintre ayant mis la femme à sa toilette, une fonction si essentielle pour le sexe est censée en faire le fond ;

l'acte maternel n'est que l'accessoire, & comme un désennui qu'elle prend pendant qu'on la frise. L'autre a encore le mérite d'être mieux entendu pour la couleur locale. Il y a des accidents de lumière qui en éclairent convenablement toutes les parties, & produisent un effet naturel. La bibliotheque, entour nécessaire à l'état du personnage, contribue à aider la reconnoissance qu'en fait le public, & complete sa satisfaction.

Un autre agréé, monsieur *Aubri*, serre de plus près monsieur *Greuze*, & auroit envie de le faire oublier. Sans penser aussi profondément, il sait trouver des sujets attrayants. C'est sur-tout dans sa *bergere des Alpes*, ce conte touchant de monsieur *Marmontel*, qu'il a cherché à lutter contre son redoutable rival. Que d'intérêts divers, naissant du même objet, & s'y reportant, il falloit rendre! Il est fâcheux qu'en ombrant trop les visages du pere & de la mere, il ait préféré de plaire aux artistes par un méchanisme savant, plutôt que de passionner le vulgaire par les expressions de l'ame.

Monsieur *Wille* n'a point cet amour-propre mal-entendu dans son *retour à la vertu*, vrai poëme bien conçu, bien développé. Toutes les têtes, au nombre de sept, ont leur caractere prononcé, & concourent à l'unité de l'action. Une villageoise, échappée à l'autorité paternelle, cherche à rentrer en grace: l'accoûtrement brillant dans lequel elle est, annonce le motif & le fruit de son évasion. Le ravisseur, derriere elle, comme le plus coupable, augmente l'intérêt, en ce qu'il désigne un véritable repentir, des vues honnêtes
pour

pour réparer, en épousant, le tort qu'il a fait à cette famille. Le premier mouvement du pere est de repousser; la mere plus indulgente, veut le calmer. Derriere sont les deux sœurs: la plus grande supplie & seconde les efforts de la femme, mais d'une façon respectueuse; la plus jeune, étendant les mains, marque sa surprise: elle ne connoît pas assez les conséquences de l'événement pour en être aussi affligée que son aînée. Enfin, le frere, encore enfant, n'a que cette émotion que tout être sensible sent machinalement lorsqu'il voit chez les autres une sensation de douleur ou de tristesse. Un petit chien, qui reconnoît son ancienne maîtresse, & témoigne la joie de son retour, avec les caresses d'un animal, symbole de la fidélité, sans faire perdre de vue le sujet principal, en corrige l'impression trop affligeante, & la tempere. Il est fâcheux, Monsieur, qu'on ne puisse guere louer que la composition de ce tableau, qui manque de relief, de coloris, & conséquemment sans aucun effet pittoresque.

La danse villageoise, du même artiste, prouve qu'il entend le méchanisme de son art, & le poussera quand il voudra s'y livrer, au plus haut degré de perfection. La figure saillante du vieillard en branle, dessinée avec beaucoup d'aisance, n'en est pas moins correcte. Quoique dans une attitude très-difficile, elle est agencée supérieurement. Il y regne une souplesse peut-être trop grande pour cet âge, mais qui fait honneur à la facilité du talent de l'artiste. Il y a en outre certaines parties d'un coloris très-vrai, & du ton le plus vigoureux. On a d'autant plus lieu d'espérer de M. *Wille*, qu'il est jeune, & ne fait que d'entrer à l'académie. C'est sans doute le fils du graveur distingué dans son art, & par une belle émulation il cherche à surpasser son pere, en quittant le burin pour le pinceau.

Il faut ranger parmi ces peintres de genre, M. *l'Epicié*, qui s'éleve aussi jusqu'à l'histoire, & feroit bien de se circonscrire dans les mêmes bornes, en corrigeant sa maniere trop crue, & ne heurtant pas ses figures. Son idée du duc de *Chartres* entrouvrant les rideaux du berceau du duc de *Valois*, son fils, est bonne, mais d'une exécution plate (1). Son *attelier d'un menuisier*, quoique d'une couleur fausse, a long-temps attiré les passants par des détails vrais, & à portée du peuple. Sa *douane*, d'un plus grand dessin, a rappellé la foule en lui présentant une variété plus multipliée d'objets, quoique moins piquants. Les connoisseurs y trouvent ce repos, cet accord, cette harmonie qui manquent à ses autres productions.

Un auteur qui se distingue entre ceux-là, brillant, abondant & vraiment original, c'est monsieur *le Prince*. Il imagine toujours des sujets nobles, spirituels, galants ou philosophiques. Son costume est riche, magnifique, imposant ; son exécution ferme & décidée. Le caractere de *l'avare*

___

(1) Le peintre a corrigé depuis le commencement du sallon le duc de *Chartres*, dont les jambes de coton, l'habillement trop uniforme, & un air deguingandé excitoient les reproches des amateurs. Il est mieux aujourd'hui ; mais en changeant la position du personnage il l'a rendue gênée & même forcée.

est fortement exprimé par son action. Il est entouré de sacs remplis d'especes; il en serre un d'une main, il compte de l'argent de l'autre, il semble en ramasser avec les pieds. J'aurois désiré qu'il l'eût couché dessus, qu'il l'eût enterré dans son or. Pourquoi le vêtir si bien ? lui donner une tournure corpulente & replette ? La pâleur de nos financiers, symbole de l'*auri sacra fames*, de cette soif de l'or dont ils sont tourmentés, auroit mieux convenu à ce personnage. Cependant ses mains sont desséchées, son visage est macéré, malgré trop de rondeur & d'enluminure, & les soucis en ont sillonné les rides.

Il manque aussi quelque chose dans le *Négromantien*, dont l'ensemble est admirable; mais je ne vois pas sur la physionomie de la femme qui le consulte, l'inquiétude, suite & compagne ordinaire d'une semblable curiosité. Du reste, elle est charmante & pleine de graces. Quant au troisieme personnage, qu'on suppose être un éleve de l'imposteur, je ne crois pas sa figure assez décidée. J'aurois voulu lui donner ou l'air de la plus profonde admiration, ou celui d'un fourbe déja participant aux secrets du maître.

Le *jaloux* est plus précis, il porte même sa moralité avec lui. Tandis que le mari tient sa femme enchaînée, il s'endort, & le galant vient baiser la main de la belle par derriere. Vous observerez, Monsieur, que cette scene ne se passe point en France; ce qui auroit été trop pécher contre les vraisemblances: elle est en *Russie*, où l'artiste continue à placer ses acteurs. Il y va chercher jusqu'à ses paysages. Auquel cas on souhaiteroit qu'il les décidât davantage par une nature plus étrangere, qu'il nous exposât les effets outrés de l'hiver dans un climat auſſi terrible. Les virtuoſes entrant dans les détails les plus minutieux du méchaniſme de l'art, prétendent que ſes ombres ſont trop prononcées, qu'il répand ſes lumieres par couche, ce qui les fait papillotter ; qu'il ne détache pas aſſez le feuillage de ſes arbres ; qu'il n'y a point une variété aſſez décidée de tons entre les différentes parties de ſon enſemble ; que ſes ciels ſont d'empois. Je néglige ces obſervations, bonnes pour former des éleves, dont vous vous embraſſez, & je m'attache principalement à la poéſie du tableau, c'eſt-à-dire, à ſa compoſition, dont tout le monde peut juger en connoiſſance de cauſe.

Le genre du payſage continue à être fort à la mode parmi nos peintres, comme le plus aiſé, comme celui de plus prompte défaite, & qui aſſujettit moins le génie à des regles préciſes. Je ne parlerai point de M. *Milet Franciſque*, toujours aſſidu à expoſer ſes productions, & toujours, pour ainſi dire, en incognito au ſallon. Les journaliſtes les plus flatteurs ne daignent pas même en faire mention : de ceux de M. *Huet*, plus ſpécialement voué à peindre les animaux, au point que voulant s'élever juſqu'à l'hiſtoire, dans ſa *ſainte famille avec les paſteurs*, les quadrupedes y jouent le premier rôle, & l'âne ſur-tout y brille par l'air le plus ſpirituel. J'omets les têtes d'anges ailées qui volent dans les airs.

Je paſſe à M. *Houel*, nouveau débutant dans la carriere. Plus de trente tableaux annoncent ſa facilité à exécuter, quoiqu'il ne ſoit pas d'une exécution facile, qu'elle ſoit même dure en général. Il donne sur-tout dans le genre héroïque, s'attachant à ce que l'art & la nature ont de plus majestueux. Il a mis à profit ses voyages d'Italie; il y a fait des études des beaux monuments de ces contrées ; il s'est agrandi l'ame avec eux, & nous les reproduit sous toutes sortes de vues. Il seroit à souhaiter qu'il y eût acquis cette touche large, moëlleuse & brillante des grands maîtres, ou que, sans aller si loin, il prît des leçons de M. *Machy*, toujours correct, noble, riche & élégant. Cette fois-ci, ce dernier s'est plus rapproché de nous. Il nous donne les *vues du nouvel hôtel de la monnoie* du *Louvre* & *du quai*, &c. & nous met à portée, en admirant la beauté de son pinceau, de reconnoître la vérité & la justesse de son dessin.

On ne peut parler de cet habile homme sans faire mention de M. *Robert*, son digne émule. Ses *ruines du palais des Césars* offrent une percée capable de reproduire à nos yeux la merveille du tableau de *Zeuxis*, & de tromper les oiseaux, essayant de passer à travers la toile.

Son *décintrement du pont de Neuilly* excite sur-tout la curiosité. Chacun aime à parcourir en détail cette multitude de têtes innombrables, & à y retrouver sa place. On y distingue dans le grouppe principal le roi ; M. le comte *de la Marche*, donnant la main à madame la comtesse *Dubarri* ; le chancelier avec sa simarro, ornement si étrange à de pareils spectacles ; l'abbé *Terrai*, le duc *de la Vrilliere*, le duc *d'Aiguillon*, M. *de Boisnes*, tous ces ministres du feu roi, tombés dans la disgrace, & si redoutables alors : & l'on sent une joie secrete en songeant à la révolution qui les a culbutés. Le peintre a choisi le moment le plus intéressant du spectacle, celui où les cintres ont tombé. L'effet de cette chûte dans la riviere est rendu avec une grande magie de couleur. On voit les ondulations, l'écume de l'eau ; mais on saisit sur-tout l'attention générale des regardants portés vers le même objet, & qui forme cette unité précieuse dans les ouvrages de tout genre.

C'est ainsi que M. *Vernet*, dans son tableau de la construction d'un grand chemin, malgré la vivacité prodigieuse de ses figures, les fait concourir toutes à l'action principale, même monsieur *Peronnet*, le premier ingénieur des ponts & chaussées qui, étant à cheval, est censé faire sa tournée, &, lisant un papier, recevoir quelque mémoire relatif à sa mission. Cette partie de l'ouvrage est admirable, & je la préfere à son pendant représentant *les abords d'une foire*, où il y a moins de mouvement, mais supérieure par un ciel plus vaporeux, plus aérien, plus vrai. En un mot, je trouve de la majesté dans son *paysage montueux, avec le commencement d'un orage* : j'en admire les masses grandes & imposantes. Mais ses petits tableaux d'une *mer calme au coucher du soleil*, d'une *tempête s'élevant & submergeant un vaisseau*, sont plus précieux pour ces couleurs fondues, dorées, rôties, qui donnent le sceau aux peintures, & les font passer à la postérité.

Un homme admirable par cette magie de coloris s'étoit annoncé dans le *catalogue des tableaux*, pour quatorze morceaux dont je n'ai pu trouver un seul, malgré mes recherches. Si c'est une niche que M. *Casanova* a voulu faire au public, il mériteroit punition. Ses amis attribuent ce vuide à la sensibilité trop grande de l'artiste, effarouché par le sieur *Freron.* Le journaliste ayant sur le cœur une vieille querelle avec le peintre en question, l'a menacé d'une critique sévere & mordante. Quel pitoyable amour-propre, & que le génie est quelquefois petit!

En cherchant, Monsieur, les productions de ce peintre, j'ai rencontré celle d'un autre qui n'étoit point annoncé, & qui m'a causé une surprise agréable. C'est un *coche Anglois*, de M. *Loutherbourg*. On sait qu'il est depuis longtemps à *Londres*; on dit même que son inconduite lui a procuré de fâcheuses aventures, car les gens à talent ont presque tous des écarts. Quoi qu'il en soit, il n'a pas entiérement perdu son temps. Dans ce morceau, piquant par la circonstance, on le trouve toujours chaud de couleur, plein de fougue & de verve, incorrect, inégal, & tel dans ses œuvres que dans sa vie privée. Ce *coche*, d'une construction singuliere, rempli de monde, par devant, par derriere, &c. est fort considéré aujourd'hui, qu'il est question de réforme dans nos voitures, & que tout le monde parle & rêve de messageries.

J'ai découvert encore M. *Van Svaendenk*, qui n'est point sur le *catalogue*, & sans doute comme associé étranger a eu permission d'exposer avec les académiciens. On dit cet artiste jeune; il se destine au genre des fleurs. Sa couleur est belle & vive; il rend avec succès les choses difficiles dans le même genre, tels que les crystaux, les porcelaines, les faïances, mais pas si bien les fruits. Il est inferieur à

M. *Bellengé.* Tout cela n'est rien auprès de mademoiselle *Vallayer*, qui cette fois se distingue encore par un portrait de M. l'abbé *le Monnier*, d'une grande vérité, sans la moindre prétention, comme les ouvrages de cet auteur. Nous ne dirons qu'un mot des dessins colorés de M. *Clerisseau*, bien traités, d'un goût sain, d'une exécution hardie, savante & annonçant une profonde connoissance de l'architecture antique; des *Gouasses* de M. *Perignon*, c'est-à-dire, des peintures à l'eau délayée avec de la gomme; procédé méseistimé par les peintres à l'huile, mais toujours bon quand il en résulte des ouvrages bien faits. Cet artiste-ci en opposition avec le précédent, s'attache à l'architecture moderne, & en connoit aussi parfaitement les beautés moins fieres, mais peut-être plus difficiles à saisir que celles des bâtimens Grecs ou Romains.

Une autre réforme, Monsieur, qu'on remarque au sallon cette année, c'est à l'égard des portraits. Elle a lieu, non-seulement pour le nombre, mais pour l'espece. On n'y trouve plus de ces effigies scandaleuses de courtisannes, qui n'ayant pour but que d'allumer des désirs criminels, excitent l'artiste à s'évertuer, & à faire passer dans l'ame des spectateurs les feux impudiques qu'il a été forcé d'éteindre avant de prendre le pinceau vacillant dans sa main. On y voit même peu de ces physionomies obscures que, par égard pour le respect dû au public, on ne devroit pas lui présenter.

M. *Drouais* se signale par quatre portraits de la famille royale. Celui de *monsieur* est de la plus grande espece. Le prince y est représenté en pied, en habit de l'ordre du Saint-Esprit. C'est un tableau d'apparat, & donné par son altesse royale à la ville d'Angers, capitale de son apanage. Elle a devant elle, les privileges de la province, qu'elle semble promettre de défendre. On critique la figure poupine d'un prince sage & réfléchi, dont ces qualités forment le caractere de tête distinctif. Les étoffes de son vêtement sont roides & sans graces ; elles n'ont pas dans leurs plis cette souplesse, ce jeu, cette facilité de la nature La ressemblance de madame la comtesse d'*Artois*, en habit de cour, est plus exacte : on y retrouve l'air triste & pensif de la princesse. Mais on ne peut reconnoître sous la figure boudeuse de madame *Clotilde*, princesse de *Piémont*, pinçant de la guitare, les graces, l'aménité, la bienfaisance identifiées avec elle dès son enfance. Et *mademoiselle*, malgré la beauté tendre & naïve que l'artiste a imprimée sur sa physionomie, est encore plus aimable & plus séduisante. Ses mamelons sont comme cloués, & sa *table*, en terme d'anatomie, ne commence pas insensiblement à la clavicule pour former la gorge, cette partie délicieuse de la femme, & qui ravit ceux qui ont l'honneur d'approcher de la jeune altesse.

Le portrait du roi par M. *Duplessis*, d'un ton de couleur plus sévere, est infiniment mieux. En conservant la vérité de la ressemblance, il a donné à la tête un air plus auguste par son attitude noble & imposante. La main passée sous la veste est d'une grande correction ; les étoffes sont d'une couleur vraie, mais n'ont point assez de grenu ; ce qui leur donneroit le relief nécessaire pour faire illusion.

On voit que l'auteur s'est complu à tracer celui de monsieur le chevalier *Gluck*, tête de caractere, où il a voulu faire passer tout le génie de ce grand musicien. Il le représente assis, devant son clavessin, au moment de la composition. Il ne lui donne point cet air d'énergumene, ces tons forcés & violents qui annoncent plus l'impuissance que la véritable fécondité. Il a cette chaleur douce & soutenue qui produit sans effort. Tout ce que j'y critiquerois, c'est la perruque, accessoire dans le costume sans doute, mais non essentiel. Il n'auroit pas été contre l'usage de le montrer la tête nue, ou enveloppée simplement d'un mouchoir, attribut plus pittoresque.

On a du même peintre, le *portrait* de monsieur *Allegrain*, sculpteur estimable, dont on aime à voir la figure au sallon, au défaut de ses ouvrages. Celui de monsieur l'abbé *de Veri*, auditeur de Rote, dans le costume de cette fonction, & l'on contemple sur cette physionomie tranquille, l'ami du ministre expérimenté, dont la sagesse invisible dirige notre jeune monarque ; celui de M. le comte *d'Usson*, seigneur distingué dans le corps diplomatique; de M. le marquis *de Croisi*; tous personnages connus, ou par leur naissance, ou par leur mérite.

M. *Aubry*, moins vigoureux, a choisi des sujets qui exigeoient moins de feu. Son portrait de M. *Hallé*, le premier peintre du sallon sur la liste & le dernier par ses œuvres, est ressemblant, mais blafard, & d'un pinceau mou, comme les ouvrages de cet artiste septuagénaire. Il y a cependant de la hardiesse dans celui du sieur *Monnet*; cet ancien chef de l'opéra comique. L'air libertin de sa tête vraiment pittoresque, semble avoir échauffé le pinceau de l'artiste. Il a parfaitement caractérisé le personnage d'une grande ressemblance. Il n'est point de fille qui, en entrant au sallon, ne le reconnoisse & ne sourie en songeant aux orgies qu'il lui a fait faire.

Celui de M. *Robert*, par M. *Hall*, est mâle & nerveux, au contraire, comme le *faire* de cet artiste, quoique simplement en pastel. Le talent de cet étranger est pour la peinture en émail & en miniature. Il s'est enhardi cette fois, & s'est élevé jusqu'aux têtes de grandeur naturelle; ce qui doit le perfectionner dans son genre, où il lutte contre M. *Pasquier*. L'académicien est supérieur pour les têtes de femme. Il rend mieux les expressions douces, analogues à son caractere. L'agréé a plus de précision, le trait sûr, & paroît s'entendre parfaitement aux têtes d'homme. Celle du St. *Brizard* est cependant bien exprimée par le premier: c'est que ce comédien, d'une belle figure, a dans l'ensemble des traits une harmonie suave, qui approche des contours faciles & moëlleux que monsieur *Pasquier* attrape merveilleusement. Le morceau qu'il a le plus travaillé, & dont il a fait une composition historique, c'est le portrait de la reine, que la peinture personnifiée offre au public. On est partagé sur cet ouvrage, où les uns reconnoissent S. M. dans toute sa légéreté, dans toutes ses graces, dans sa fraîcheur, dans sa jeunesse, où les autres la prétendent enlaidie, dégradée, sans vivacité & sans ame.

Je ne terminerai point cette querelle, qui n'a pas lieu à l'égard des productions de M. *Weiler*, nouveau concurrent, dont le pinceau brillant est surtout précieux par la vivacité du coloris & la vérité des étoffes.

Avant d'en venir aux sculptures, je finirai l'article par M. *Chardin*, qui s'est amusé à se peindre lui-même avec sa femme. Il a sur les yeux ses lunettes, &, par une magie de son art, son portrait, de face, de quelque côté qu'on l'envisage, figure toujours vis-à-vis du spectateur, & le regarde très-honnêtement. Je me réserve, Monsieur, à vous parler dans ma troisieme lettre des sculpteurs, graveurs, &c.

J'ai l'honneur d'être, &c.

LETTRE III.

Paris, le 29 septembre 1775.

Si les peintres, Monsieur, cette année ont été sobres de portraits, nos sculpteurs, à leur tour, ont été prodigues de bustes à en dégoûter les spectateurs fatigués de cette uniformité ennuyeuse, de cette abondance stérile. Au lieu de ménager le peu de terrein qu'on leur accorde au sallon pour les productions du génie, ils l'ont rempli de ces monuments élevés à la vanité des propriétaires, & ne pouvant guere satisfaire qu'elle. En effet, qu'importe au public de rencontrer une tête qu'il ne reconnoît pas, & qui placée là comme pour faire nombre, s'en va sans avoir été reconnue de personne, & sans avoir mérité ni éloge ni reproche au faiseur.

Je ne comprends pas dans la proscription les bustes du roi, de la reine, des ministres, des grands auteurs, des artistes célebres, dont on ne sauroit trop multiplier les ressemblances, pour en donner au moins une idée à ceux qui ne peuvent voir ces maîtres augustes, ces personnages intéressants, ces hommes fameux dans tous les genres.

La sculpture, non contente de disputer aujourd'hui à la peinture pour rendre la tête de notre jeune roi, a excité une belle émulation entre deux de ses favoris, monsieur *Bridan* & monsieur *Pajou*. Mais celui-là l'emporte généralement, quoiqu'encore inférieur à monsieur *Duplessis*, plus pénétré de la sublimité d'un monarque qu'il fait mieux sentir au spectateur. On ne sait si c'est par modestie que le second n'avoit point désigné *Louis XIV* sur le livre, ou pour annoncer par cet incognito même la simplicité de son modele. Quoi qu'il en soit, on a trouvé indécent que le monarque fût ainsi confondu dans la foule, & l'on a restitué la désignation au bas du buste. Depuis quelques jours on a placé à côté du premier son auguste compagne. Cette apparition a surpris merveilleusement le public, qui ne s'y attendoit pas. Il est revenu autour de ce chef-d'œuvre de M. *Boizot*. S. M. est représentée en *Diane*. Rien de plus naïf, de plus fin & de plus noble en même temps que la tête. Elle est grandement drapée, sans que cet accessoire diminue la légéreté & le svelte de la figure, que l'on soupçonne du moins par le col bien élancé, par les épaules tombant avec grace, par une gorge de la plus aimable proportion, & par une sorte de vivacité répandue dans cet ensemble qui, à ne regarder que le haut du buste, feroit croire volontiers qu'il va marcher.

Quant au second, il est accompagné de deux ministres chéris, & les yeux se reposent avec complaisance sur ces deux figures bénignes, après avoir considéré celle du maître, à laquelle elles sont parfaitement analogues, & peut être, par cortege, M. *Vien* avoit-il cru l'indiquer suffisamment. On n'envisage guere *Sully* qu'on ne cherche Henri IV au dessus. M. *Miroménil* est très-ressemblant, mais lourdement vêtu ; sa simarre a ces plis roides & durs que l'art doit éviter si soigneusement, & la perruque sur-tout est d'un volume énorme ; c'est un bloc de marbre dont il est écrasé, non encore dégrossi. Il est vrai que cet ornement est tout-à-fait ingrat. La chevelure ondoyante de M. *Turgot* est plus avantageuse & aussi mieux rendue. J'en reviens aux expressions de tête que j'admire singuliérement. Car outre cette qualité éminente & commune de bienfaisance & d'humanité que j'y remarque, outre la vérité des traits qui les font reconnoître au premier coup d'œil, j'y trouve ces finesses de génie, auxquelles ne songent pas même les artistes vulgaires. Je vois dans le garde-des-sceaux le recueillement profond, l'exactitude minutieuse & vigilante du dépositaire des loix, dont les fonctions ne font que de conserver, de maintenir ou de remettre en vigueur. Dans le ministre des finances, au contraire, je découvre l'homme actif, qui invente & qui produit. Il paroît que l'artiste (M. *Houdon*) saisit avec une égale adresse les caracteres les plus opposés. Quelle beauté, quelle douceur, quelle onction dans mademoiselle *Arnoux*, représentée en *Iphigénie* ! Elle a les bandelettes, les croissants & tous les attributs qui désignent le moment du sacrifice où il la peint. Que de force & de vigueur dans celui du chevalier *Gluck*, où la sculpture prend sa revanche & l'emporte sur sa rivale. On voit dans madame la comtesse *du Caila*, la douce ivresse, la gaieté vive, l'abandon folâtre d'une bacchante, au commencement d'une orgie dans les premiers accès du plaisir, comme cela devoit être, pour lui accorder quelque noblesse & quelque décence.

Son *Oiseau mort* est d'une précision unique, du ciseau le plus pur & le plus gracieux, du dessin le plus correct. Sa *Tête* de jeune fille est précieuse par sa douceur & son ingénuité, par un *faire* d'une perfection accomplie. Puis cet agréé s'éleve à des conceptions sublimes & d'un ensemble très-entendu. Il annonce le *projet d'une chapelle sépulcrale, en mémoire de Louise-Dorothée, duchesse de Saxe-Gotha.* Voici l'explication qu'il donne de son modele.

« Au fond de cette chapelle est la porte du
» temple de la Mort, qui, sous la figure d'un
» squelette, leve, pour en sortir, les rideaux
» dont elle est en partie voilée, & se saisit avec
» précipitation de la duchesse. La duchesse, les
» cheveux épars, est couverte d'un linceul ;
» elle doit exprimer son attachement pour tous
» ceux qui lui étoient alliés, & son affection
» pour le peuple. » Il est fâcheux que cette grande & belle idée rentre en partie dans celle du tombeau du maréchal *de Saxe*, de monsieur *Pigal* : plus composée encore & plus suivie. Malgré ce plagiat, l'exécution peut faire honneur à l'artiste, & lui rendre propre son monument.

A côté de ce *temple de la Mort*, il n'est pas hors de propos de placer un de ses ministres, un médecin, le docteur Poissonnier, qui s'est fait connoître par des expériences pour dessaler l'eau de la mer : l'on voit dans sa figure un sourire intérieur d'avoir dupé le duc *de Choiseul*, acceptant pour nouveau un projet pillé chez les *Anglois*, & le faisant nommer, en récompense de son invention utile & patriotique, conseiller d'état. Sa cravate de dentelle est parfaitement bien travaillée ; elle est légérement tissue & joue le point à merveille.

L'auteur annoncé du premier buste du roi veut prouver aujourd'hui que son ciseau n'est pas toujours mâle & terrible. Il se livre à des pensées douces, mais vagues & sans caractere.

Sa *fidélité*, *lisant une Lettre & careffant un chien*, eft froide & ne fignifie rien. Sa *petite nymphe*, *fe coëffant d'une guirlande de fleurs*, dit encore moins. Il y a plus d'expreffion dans fon *Hymen couronnant l'Amour*. Ce grouppe eft plein d'une belle harmonie. On y contemple le repos des figures antiques. Le fculpteur a cru devoir adopter une draperie de linge mouillé, ici où il étoit queftion de rendre fon principal perfonnage plus tendre, de lui donner des contours marqués & moëlleux. Sans admirer l'invention de fon efquiffe du tombeau du marquis *d'Argens*, on aime à voir les arts célébrer un homme qui les chériffoit paffionnément, qui leur a rendu fouvent hommage, diftingué d'ailleurs dans la littérature par beaucoup d'écrits, finon de génie, au moins agréables & philofophiques.

M. *Mouchy* & M. *le Comte* ont expofé chacun une figure de la fainte *Vierge* avec l'enfant *Jefus*. La premiere, plus grande, modelée en plâtre, eft deftinée à être placée dans l'églife de Brunoy. Elle eft bien deffinée ; la figure en eft pure, mais férieufe, mais fans l'air intéreffant d'une mere. Sa façon indifférente à porter le divin poupon caractériferoit plutôt une nourrice mercenaire, qui fe charge d'un être étranger, & s'occupe de toute autre chofe en le promenant. La maternité, au contraire, eft dans la feconde exprimée à ne pas s'y méprendre. Elle tient fon enfant avec grace, mais elle le regarde tendrement, elle le couve de fes yeux, & en lui fouriant, elle laiffe entrevoir une crainte continue qu'un fardeau fi précieux ne lui échappe. Les connoiffeurs donnent donc, fans contredit, la préférence au fecond. Il eft vrai que fon modele en talc, de petite proportion feulement, exécuté en grand, n'aura peut-être pas assez de majesté pour une mere de Dieu. Quoi qu'il en soit, j'aime toujours mieux son ciseau suave, agréable & touchant, que celui sec, austere & dur du premier.

Le talent de M. *le Comte* à rendre les douleurs tendres, se déploie & se varie dans *les trois Maries pleurant Jesus-Christ mort*, dont le cadavre peche par le dessin outré, par une position contrainte, qui ne peut être celle d'un être inanimé. Son bas-relief, offrant *Bacchus & l'Amour endormi*, est d'un *faire* facile, gracieux, noble & léger.

On juge qu'il s'est sur-tout appliqué à former savamment le buste de M. *d'Alembert*, dont il a débarrassé la tête de sa perruque en bourse, afin de mieux en saisir l'effet pittoresque. Il s'agissoit d'un effort extraordinaire pour plaire à l'amateur qui en faisoit l'acquisition, amateur honoraire de l'académie de peinture & de sculpture, membre de l'académie Françoise & maniant tour-à-tour la plume, le crayon, la palette & le ciseau : je veux parler de M. *Watelet*. L'artiste a sur-tout réussi dans ces plis & replis de la peau, attribut distinctif de la figure du philosophe, qui ne sont point les rides de la vieillesse, mais les suites d'une contraction fréquente à la vue ou à la seule idée des maux de l'humanité, affectant & tourmentant sans cesse son ame trop sensible. Je n'entends lui reprocher que d'avoir donné une proportion peut-être un peu trop forte au buste, & conséquemment aux traits du visage, dont cela diminue la finesse.

Je reconnois M. *Monot* à l'*Amour déposant ses armes dans le sein de l'Amitié* ; composition douce, tout-à-fait dans son genre. Il représente encore cette déesse, *couronnée par le Temps*, d'après les vers du *gentil Bernard*, dans son opéra de *Castor & Pollux* :

Le temps ajoute encore un lustre à ta beauté.

Et le vieux dieu semble rajeunir & se revivifier lui-même en prononçant ces paroles de *l'Hymen à l'Amitié*. Il y a de la force & du feu dans la *Diane qui terrasse un sanglier*.

A côté est le *martyre de St. Barthelemi* de monsieur Berruer, esquisse où je trouve une chaleur que j'exhorte l'auteur à faire passer dans son bas-relief en grand. Mais je ne remarque aucun esprit dans celles de trois figures à exécuter pour la nouvelle salle de spectacles de Bordeaux : *Melpomene*, *Polymnie* & *Terpsicore*. Nulle grandeur dans la premiere, nul enthousiasme dans la seconde, nul enjouement dans la troisieme, dont les jambes lourdes ne sont point celles de la déesse de la danse. Je suis encore plus mécontent, s'il est possible, du modele de *Thalis*. Je ne la reconnois qu'à son masque & à ses brodequins : je cherche en vain sur sa figure, ou la gaieté bouffonne, ou la vigueur satirique, ou le rire malin de nos divers comiques du dernier siecle. Je n'y vois que la fadeur, la tristesse & l'ennui de nos modernes dramatiques. C'est *Thalie la chaussée*, dont Piron faisoit fi ! si plaisamment.

Pour nous consoler, Monsieur, M. Caffieri nous fait respirer la véritable sous la figure du grand homme que je viens de nommer. Son buste est admirable ; il s'éleve au sallon entre les autres avec cette supériorité que donne le génie sur tout ce qui l'environne. Il n'y a que cette maudite perruque que je serois tenté de lui arracher, & dont nos artistes ne devroient affubler que les têtes faites pour la porter.

Le grouppe du sallon qui exigeoit le plus de sublime, est celui de *Prométhée*. Il représente l'instant où l'homme éprouvant les premiers sentiments de son cœur, éleve ses regards vers la Divinité. Le rival du créateur admire le succès de l'entreprise. Le génie de Minerve couvre le nouvel être de son égide, symbole de la protection de cette déesse. Telle est l'idée que monsieur Boizot nous donne de son sujet, au dessous duquel il est resté. Il y a pourtant de la verve dans son *Prométhée*, de la sensibilité dans l'homme; les attitudes en sont belles & vraies. Il y a même dans son génie une noblesse qui le décele pour un sculpteur au dessus du vulgaire. Qu'y manque-t-il donc? Un je ne sais quoi: encore plus d'élévation; ce *mens divinior* qui forme & les grands artistes & les grands poëtes.

En quittant ce morceau, mes yeux tombent par hasard sur un buste isolé, relégué en un coin, auprès duquel on passe sans le regarder, ou dont on se détourne promptement. Curieux, j'approche, je crois en reconnoître confusément les traits: j'examine de plus près; je trouve un prince qu'à cette indifference générale on prendroit pour un roi de la seconde ou de la premiere race. « C'est vous, ô *Louis XV*! vous,
» à qui l'on décerna le titre de *Bien aimé*! Et
» voilà comme se réalisent les noms prodigués
» par la flatterie! puisse cette leçon frappante
» parvenir à ton successeur, dont on entoure
» aujourd'hui les images! Puisse-t-il craindre
» d'être ainsi délaissé par nos neveux, s'il ne

» se rend plus digne de leur amour, en imitant
» ce *Henri*, auquel on l'a déja, trop tôt sans doute,
» assimilé, le seul de nos monarques peut-être
» dont on s'empresse encore de contempler la sta-
» tue ; qu'aucun bon François n'envisage sans
» verser des larmes de tendresse, & regretter son
» regne bienfaisant. »

Pardon, Monsieur, de cet écart, auquel j'ai été entraîné par la circonstance. Je vous ramene au sallon, ou plutôt je vous en fais sortir, afin de considérer un grand monument de M. *Gois*, réservé pour le dernier. C'est un bas-relief immense de trente pieds de large, sur cinq pieds six pouces de haut. *Saint Jacques & Saint Philippe, prêchant & guérissant des malades*, étoient le sujet donné à traiter à l'auteur. Il présentoit d'abord une grande difficulté : c'est qu'il étoit double & péchoit ainsi contre les premieres regles de la composition. Le génie fait suppléer à tout : l'artiste a réuni ce double sujet sous un seul point de vue, & subordonnant l'un à l'autre, a sauvé le défaut. Saint Jacques est la figure dominante : il annonce la toute-puissance de Dieu ; il excite cette foi vive, sans laquelle les miracles ne peuvent s'opérer, & ce n'est qu'en faveur de ceux pénétrés de la parole divine, annoncée par celui-là, que son compagnon déploie les merveilles dont le ciel l'a fait le dispensateur. Il faut un temps considérable pour détailler les diverses parties de ce poëme immense, où chaque personnage a son rôle, son caractere, son attitude différente. L'Orateur a plus de mouvement & d'action, il est dévoré d'un saint zele, il a cette inquiétude empressée d'un ministre de l'évangile, qui sent ne pouvoir rien faire par lui-même, craignant toujours que le pécheur ne lui échappe. Le *Thaumaturge* est plus tranquille. Que dis-je! il a ce calme parfait, annonçant la certitude de ses succès, cette confiance qu'il veut transmettre aux malades, & qui produit déja la moitié de la cure. Un beau choix de têtes un dessin correct & savant, une expression vraie & décidée, un dégradation admirable des figures se perdant insensiblement dans le fond, & suppléant aux lointains à la perspective de la peinture, ne permettent pas de quitter cette vaste machine sans appréhender d'avoir oublié quelque chose, & sans desirer d'y revenir encore. Elle seule doit immortaliser M. *Gois*.

Il me reste, Monsieur, à vous parler de nos graveurs. Vous savez que ce sont, pour ainsi parler, les traducteurs des autres artistes. Ils sont asservis à rendre scrupuleusement leurs pensées, leurs expressions, leurs beautés & même leurs défauts. Quelques-uns, cependant, doués de plus d'invention, dessinent par eux-mêmes & sont originaux en ce genre. Tel est M. *Cochin*, secretaire de l'académie. Il a aussi l'amour-propre de vouloir être homme de lettres, & il espere mieux y parvenir en identifiant en quelque sorte ses travaux avec les leurs. Depuis que nos écrivains ont cru donner plus de lustre à leurs ouvrages en les enrichissant d'ornements étrangers, le graveur leur est devenu d'un grand secours ; il les fait pénétrer jusques dans les asyles les plus secrets, jusques sur les toilettes & dans les boudoirs. Il est tel auteur qui lui doit toute sa fortune.

M. *Cochin* offre au public, cette année, la suite de ses sujets des *Aventures de Télémaque*, plusieurs tirés d'*Homere*, un tiré de *l'Astrée*, d'autres des principales pieces du théatre de M. *de Belloy*; enfin, des sujets sacrés, destinés à être insérés au missel de la chapelle de Versailles. On voit que son génie se ploie à tout : il est fougueux avec *Homere*, tendre avec *Fénelon*, galant avec le Romancier, tragéque avec le poëte, enthousiaste dans sa foi. On admire son abondance & sa variété. Mais il est quelquefois confus, pour vouloir embrasser un plan trop vaste, & son crayon est toujours sec, dur & forcé.

Ce graveur fournit encore au luxe typographique d'une autre façon. Il dessine les portraits des auteurs pour être mis à la tête de leurs ouvrages. C'est d'après ses dessins que M. de *Saint-Aubin* nous donne l'abbé *Raynal*, si fameux par son *Histoire des Etablissements des Européens dans les deux Indes*. On voit le feu de cet écrivain pétiller dans ses yeux. Il est très-ressemblant, ainsi que le persifleur *Beaumarchais*, & l'égoïste *Linguet*. L'air roide de celui-ci, le caractérise à merveille. En général, l'éleve n'a ni grace ni douceur dans son burin; il prend trop de la maniere aride de son maître.

C'est, au contraire, par le moëlleux & l'onction que continue à exceller M. *Beauvarlet*, dont les ouvrages causent une sensation suave comme eux. C'est à coup sûr pour conserver ce beau fini qu'il a mérité le reproche d'introduire la nouvelle mode de graver autrement que d'après le tableau, c'est-à-dire, le réduire d'abord en dessin, pour le transmettre ensuite au burin. Il est certain qu'à travers toutes ces manipulations, si je peux me servir de ce terme, l'esprit de l'original s'évapore; il n'en reste plus que le matériel.

M. *le Vasseur*, sans être aussi soigné que son frere, n'est pas moins agréable; il est même plus voluptueux: aussi choisit-il toujours des sujets & des peintres analogues à son génie. C'est *la mort d'Adonis*, d'après *Boucher*; c'est *Mars & Venus*, d'après *Carle Vanloo*.

Deux agréés débutent. M. *Molès* a de l'énergie dans son *faire*, & semble destiné aux compositions fieres & vigoureuses. Le portrait est le genre de M. *Cathelin*: il a le burin ferme, hardi & beau. Son *Moliere* est frappant.

Je finis par M. *le Bas*, par où j'aurois dû commencer, ou plutôt dont la réputation est trop étendue pour qu'il puisse recevoir aucun éloge nouveau. Ses gravures sont dans les deux mondes, & ses ouvrages vrais & naïfs plaisent par-tout. C'est le *Teniers* de son art. D'ailleurs, presque tous ses confreres célebres aujourd'hui sont ses éleves, & leur gloire ajoute à la sienne.

Je ne vois que deux médailles de M. *Roettiers*, qui sont les portraits de *Loke* & de *Newton*. On ne choisit pas ordinairement de pareils bustes, lorsqu'on ne se sent pas en état de les rendre. Rien de mieux frappé.

Celles de M. *Duvivier* sont presque toutes historiques & composées. Il en annonçoit entr'autres une dont le sujet étoit: *Le parlement rendu par le roi aux vœux de la nation.* On ne sait pourquoi on ne l'a pas trouvée. Les autres, heureusement terminées, nettes, précises, de la plus parfaite exécution, l'ont fait désirer davantage. On aime son portrait de feu M. le *dauphin* entouré de ses sept enfants, dont les têtes doivent entrer dans un monument qu'on éleve à l'hôtel de la Guerre à l'honneur de *Louis XV*.

On regrettoit, il y a deux ans, de ne trouver au sallon rien de relatif à la future salle de comédie Françoise. M. de *Wailly* a réparé cette omission. Il présente aujourd'hui le frontispice & la coupe intérieure de celle commencée à l'hôtel de *Condé*. La majesté de l'un, la belle forme de l'autre & le détail avantageux des distributions, font regretter que ce projet, ainsi que tant d'autres, ne soit qu'ébauché, & reste sur le papier, sans se réaliser jamais.

A mon grand regret, Monsieur, je suis obligé d'avouer que s'il y avoit un prix fondé pour le morceau le plus parfait du sallon, il seroit accordé à un ouvrage vulgaire, auquel le génie n'a aucune part, mais le chef-d'œuvre de l'adresse humaine. Au reste, l'auteur en a reçu un plus flatteur pour l'amour-propre, par le concours non interrompu du public le comblant d'éloges continuels. Il s'agit du cadre d'un sculpteur en bois, nommé *Boutry*, représentant les armes de France, des trophées, des guirlandes de fleurs, des feuillages, &c. Ce travail exquis est d'une si grande beauté, d'une telle délicatesse, qu'on ne l'a point doré ni verni, & qu'on le conservera dans toute sa simplicité. L'artiste a été trois mois à le terminer. Il appartient à S. M., qui a un goût particulier pour ces sortes de chef-d'œuvres, & s'y connoît, s'occupant elle-même de pareils travaux dans ses délassements.

Je l'ai insinué d'avance, je ne suis point en cela de l'avis du grand nombre ; en payant au vainqueur le tribut d'admiration qui lui est dû, j'observe la distance qu'il doit y avoir entre les productions de la main & celles de la tête. Le sieur BOUTRY dans le rang des talents est inférieur, sans doute, au plus mauvais des peintres qui ont exposé, & c'est beaucoup dire. Je désigne cette classe comme le cédant infiniment aux deux autres, ou peu de médiocre & rien de détestable.

Sachez au reste, Monsieur, que malgré la multitude des académiciens que je vous ai fait passer en revue, j'en ai omis plusieurs, & cependant j'en compte encore 33 qui n'ont pas jugé à propos d'entrer en lice. A voir le nombreux catalogue de cette compagnie, quelle école fut jamais plus féconde en concurrents ? Mais combien dont les noms ne figureront jamais ailleurs ! Combien peu de ces messieurs surnageront sur le fleuve profond de l'oubli ! Combien déja d'anéantis de leur vivant ! Et c'est bien d'eux qu'on peut dire : *Apparent rari nantes in gurgite vasto !*

J'ai l'honneur d'être, &c.

Année M. DCC. LXXIX.

LETTRE PREMIERE.

Sur les Peintures, Sculptures & Gravures de messieurs de l'Académie Royale, exposées au sallon du Louvre, le 25 août 1779.

Lorsqu'en 1737 M. Orry, ministre des finances, directeur-général des bâtiments, ordonna, Monsieur, l'exposition des peintures & sculptures, qui depuis a lieu réguliérement ; ce ministre recueillit les éloges dus à son heureuse idée ; un poëte aimable (1) le chanta, l'appella le pere du génie, le restaurateur des beaux arts, le digne rival de Colbert ; il reçut la brillante gratification de vice-protecteur de l'académie. Les soins de MM. de Tourneheu & marquis de Marigny, pour la continuation de ce concours, leur ont procuré les mêmes applaudissements ; ils ont été regardés comme des Mecenes distingués, auxquels on a successivement prodigué à forte dose l'encens que l'adulation a sans cesse en réserve pour ceux dont elle attend des graces. C'est

---

(1) M. Gresset.

maintenant sur M. d'Angiviller qu'elle se retourne, car le saint du jour est constamment le plus grand. Je ne veux point discuter lequel de ces directeurs mérite davantage des artistes ; mais en louant les bonnes intentions de ce dernier, j'observerai qu'elles ne sont peut-être pas aussi propres qu'on le croiroit à faire naître les talents & à leur donner l'essor. Ces statues, ces tableaux d'histoire qu'il commande régulièrement pour le roi, doivent, il est vrai, former à la longue une suite de morceaux propres à attester l'existence d'une foule d'artistes au siecle où il aura vécu ; mais s'ils ne peuvent soutenir la comparaison des chef-d'œuvres des grands-maîtres, si la médiocrité est le sceau de ces nombreuses productions, il n'aura pas pris, sans doute, le meilleur moyen d'illustrer l'école françoise, & de lui assurer la supériorité sur les autres. Plusieurs causes concourent à rendre infructueux tous ces efforts pour faire éclorre le génie & le développer : des arguments donnés, des formes indiquées, un temps limité sont autant d'entraves dans lesquelles il est circonscrit, qui le gênent, le resserrent & l'étouffent. D'ailleurs, chacun veut avoir part aux bienfaits de la cour, & tel artiste quitte un genre, dans lequel il auroit excellé, pour un autre auquel il n'étoit pas appellé ; & puis le manege, l'intrigue, la cabale & peut-être la perfidie & la noirceur sont mis en jeu : les concurrents visent moins à se surpasser en mérite, qu'à se supplanter ; ils deviennent des courtisans, au lieu d'être des hommes supérieurs. La peinture, car c'est sur-tout d'elle dont je parle ici, est un art d'imitation ; c'est en voyant les modeles, en les étudiant, en s'en pénétrant, que le correge se sent & s'écrie, *ed io sono pittore!* Je crois donc, Monsieur, qu'en continuant de développer aux yeux du public les richesses immenses en ce genre, entassées dans les divers palais de nos rois, qui y restent inconnues, s'y gâtent & y dépérissent, on feroit éclorre plus de talents, qu'en répandant une somme modique, accordée d'avance à la faveur, sans qu'on sache si le talent la méritera.

Ce qu'on voit au sallon de cette année, fortifie mon assertion; c'est que le meilleur tableau, celui qui réunit tous les suffrages & est regardé comme surpassant de beaucoup les dix ordonnés pour le roi, est le fruit d'une composition libre, une conception de l'auteur même, s'enthousiasmant à la lecture d'Homere. Le sujet est *Hector qui détermine Pâris, son frere, à prendre les armes pour la défense de sa patrie.* Le peintre est M. *Vien*, directeur de l'académie de France à Rome. L'action se passe dans le palais de *Priam*: le héros Grec accable de reproches le prince efféminé; il étend la main & lui indique les murs de Troye, où il devroit être, au lieu de languir aux pieds d'une femme. Pâris a les bras croisés, attitude d'une réflexion profonde & douloureuse; il porte le regard vers ses armes suspendues à une colonne du palais: Hélene arrive les larmes aux yeux, fixe son époux, & semble espérer pour l'attendrir qu'il ramene les siens sur elle. La princesse est entourée de ses femmes debout, attristées & prenant part à son inquiétude. Un petit Amour entr'elle & Pâris tire celui-ci par son vêtement. Enfin Hector a près de lui Andromaque. Des suivantes portent Astianax, & tant de personnages enrichissent la scene sans confusion. L'architecture du meilleur genre & d'une perspective bien entendue, remplit le fond du tableau, dont l'ordonnance nette & précise est relevée par un dessin correct & élégant. Il est en général, sauf le ciel, d'un excellent ton de couleur, plein de vigueur & d'harmonie ; on s'apperçoit que M. *Vien* a su profiter encore de son séjour au centre des arts : rien de négligé dans les accessoires ; enfin, c'est un chef-d'œuvre pour le *faire* ; il n'y manque qu'une chose. Eh quoi ! ce n'est pas le don de plaire, mais c'est celui d'attendrir, de remuer l'ame, d'y exciter les passions des personnages, d'imprimer du mouvement & de l'intérêt à son sujet. Qu'auroit fait M. *Doyen*, par exemple, à la place de M. *Vien*, car, quoique le premier soit détestable depuis quelque temps, on ne peut lui ôter la partie de l'expression, l'invention, la chaleur ; il auroit animé toute sa composition ; en prononçant fortement le caractere d'Hector, il eût fait contraster la vigueur, le rembruni des muscles, avec la blancheur, la délicatesse des chairs de Pâris, & il auroit rompu l'uniformité de toutes ces figures droites, en représentant celui-ci ébranlé & portant la main à ses armes : au lieu d'un petit amour allégorique & froid, il l'auroit placé dans le cœur du prince, qui rencontrant les regards d'Helene, eût bientôt perdu le courage moment né que lui eût inspiré son frere. Vous sentez, Monsieur, quelle différence eût résulté d'un tel changement qui, en donnant plus de vie & d'action au principal personnage, l'eût rendu par-là nécessairement le premier objet de l'attention du spectateur empressé de voir ce qu'il va faire.

A côté de ce tableau est un de ceux ordonnés pour le roi. M. *la Grenée* l'aîné en a été chargé. Voici comme il nous exposé son argument. *Papilius envoyé en ambassade à Antiochus Epiphanes, pour arrêter le cours de ses ravages en Egypte.* Il développe ensuite les diverses parties de ce poëme. « Le consul & ses deux collegues joi-
» gnirent Antiochus à Eleusine, bourgade peu
» éloignée de la ville d'Alexandrie que ce prince
» alloit assiéger. Là le consul lui *lut le décret du*
» *sénat*, qui portoit, *qu'Antiochus cesse de faire*
» *la guerre à Ptolomée en Syrie.* Le roi répondit
» au consul, *donnez-moi le temps de conférer avec*
» *mon conseil.* Le fier républicain ne trouvant
» point la réponse du roi assez prompte & assez
» décisive, l'environna d'un cercle, qu'il décrivit
» sur le sable avec la baguette qu'il tenoit à la
» main, en lui disant : *vous ne sortirez pas de*
» *l'enceinte où je vous renferme, que je ne sache*
» *si je dois vous regarder comme ami ou comme*
» *ennemi ; vous devez révérer en moi l'autorité*
» *du sénat que je représente.* Le roi cessa toute
» hostilité. »

Cette scene, plus tranquille que la précédente, est cependant susceptible d'un sublime qui auroit sauvé le froid & la monotonie de la composition : au lieu de représenter le cercle tracé, Antiochus déja circonscrit & Popilius qui le regarde avec moins de noblesse que de gravité, j'aurois voulu peindre ce dernier décrivant le cercle d'un air fier & menaçant, qui eût en quelque sorte exprimé le décret du sénat ; le monarque indigné s'efforçant en vain de franchir la ligne, retenu, ce semble, par une force supérieure, dont il auroit été enchaîné malgré lui. Un licteur derriere le consul, courbé, les mains demi-ouvertes, comme pour attraper des mouches, est un accessoire ridicule qui annonce combien peu les spectateurs d'une action aussi imposante y prennent part. Je ne puis mieux vous faire connoître, Monsieur, l'idée que les partisans de M. *la Grenée* ont de ses ouvrages, qu'en vous citant un de leurs éloges ; ils disent *qu'il leur semble d'un pinceau aimable & suave, quoique moins soutenu pour la couleur que ses autres tableaux* (1).

On ne reprochera point, Monsieur, au frere cadet de ce peintre le défaut de chaleur & d'expression ; il est vrai que le point historique offert à son imagination présentoit toutes les horreurs dignes de nos tragédies modernes, suivies de la plus belle, c'est-à-dire, la plus sanglante catastrophe : c'est la fermeté de Jubellus Tauréa. Il est tiré de Valere Maxime, & mérite d'être connu. « Fulvius Flacus, consul,
» dans le moment qu'il faisoit exécuter sous
» ses yeux les principaux sénateurs de Capoue,
» coupables de révolte contre les Romains,
» reçoit des lettres du sénat qui lui ordon-
» nent de suspendre. Alors Jubellus Tauréa
» Campanien, s'avance vers lui, & lui dit à
» haute voix : *pourquoi, Fulvius, n'appai-
» ses-tu pas la soif que tu as de répandre*

---

(1) Voyez le *Journal de Paris.*

» nôtre sang ? En versant le mien, tu pourrois
» te vanter d'avoir fait mourir un homme plus
» ferme que toi. Je le ferois, lui répond Fulvius,
» si l'ordre du sénat ne m'arrêtoit. Pour moi, répli-
» qua Tauréa, qui n'ai point reçu d'ordre des peres
» conscrits, je puis te donner un spectacle digne
» de ta cruauté & un exemple au dessus de ton
» courage. A ces mots, il poignarde sa femme,
» ses enfants & se tue lui-même. »

Ce sujet mal exposé, puisque ce n'est point la fermeté, mais la férocité de Jubellus Tauréa, qu'il s'agit de rendre, est un de ceux qu'Horace reccommande aux poëtes d'écarter des yeux, & que les peintres sans doute devroient à plus forte raison s'interdire. Quoi qu'il en soit, il étoit digne de la touche la plus énergique, & malheureusement l'auteur n'y a mis que de la dureté, de l'atrocité : l'on ne peut lui refuser le secret d'exciter l'horreur au suprême degré, elle est répandue dans l'ensemble de son poëme, & il en résulte un désordre qui s'étend à toutes les parties. Nul clair-obscur, un coloris généralement plombé, des raccourcis pleins d'incorrection, des figures lourdes. La femme du sénateur qu'il vient d'immoler, sur lequel le cœur du spectateur devroit s'épancher, se reposer en quelque sorte avec une compassion tendre, qui tempéreroit le premier mouvement d'effroi & d'exécration, le repousse au contraire, & lui fait détourner les regards, en n'offrant qu'un cadavre sans sentiment & exhumé de la tombe, où on l'auroit cru enseveli depuis plusieurs mois : cependant, Monsieur, malgré ces énormes défauts

d'intelligence & d'exécution, j'ai vu beaucoup de gens préférer ce tableau qui les remue, aux autres plus réguliers, mais froids & sans vie. Tel est celui de *Régulus*. « Il n'ignoroit
» pas, ce grand homme, quels supplices lui
» destinoient ses barbares ennemis ; cependant
» il écarta sa famille qui s'opposoit à son passage,
» & s'embarqua pour Carthage d'un air aussi
» tranquille & aussi satisfait que si, après avoir
» terminé les affaires de ses clients, il fût parti
» pour se délasser de ses pénibles travaux dans les
» riantes campagnes de Tarente. »

Tout cela se trouve dans Horace, dont le passage est tiré, & nullement sur la physionomie du héros mal dessinée. Sa robe, excessivement volumineuse sur le côté gauche, donneroit lieu de soupçonner un corps étranger caché dessous, un larcin fait à sa patrie, qui le déceleroit pour un contrebandier mal-adroit, que les commis des douanes de Rome n'eussent pas manqué de fouiller, si les maltôtiers y eussent alors été connus. Je vous rapporte, Monsieur, cette mauvaise plaisanterie, comme une preuve du peu d'intérêt qu'excite Régulus & tout le tableau en général. Les différents personnages, assez nombreux par le manque de distribution heureuse des clairs & des ombres, ne semblent qu'un seul grouppe avec le principal & même avec la roche & les fabriques de *Ripa-grande*, lieu où s'embarque le Romain : les détails de cette partie sont les meilleurs, quoique marquant une ignorance grossiere de l'appareil d'un départ maritime : mais les figures Carthaginoises sont belles, frappantes &

dans un costume de mœurs, de vêtements & d'expression caractéristique.

La mort de Calanus, philosophe Indien, qui las de la vie, âgé de plus de quatre-vingts ans, demande à Alexandre qu'on lui dresse un bûcher pour ses funérailles, fait plus d'honneur à monsieur *de Beaufort* que ses ouvrages précédents. Il y regne une belle simplicité, cette unité d'action où se reconnoissent les plus grands maîtres. Le costume y est parfaitement observé, jusques dans le ciel, qui par sa pureté désigne le ciel de l'Inde, lieu de l'événement. La figure du philosophe en mouvement est noblement ajustée & bien drapée. La touche, en général, est assez ferme & le coloris point mauvais ; mais des défauts sensibles s'y remarquent en même temps. L'action se passe au milieu de l'armée du roi de Macédoine : elle étoit assez curieuse pour attirer beaucoup de spectateurs, & quatre personnages seuls, le héros principal compris, composent la scene trop solitaire : le sujet n'est pas indiqué parfaitement ; on ne remarque point le bûcher qui devroit être allumé, & Calanus montrant le ciel à l'officier que lui envoie Alexandre pour recevoir ses dernieres intentions, semble faire une menace, qui ne seroit pas l'expression de la reconnoissance due au prince, son bienfaiteur.

Monsieur *Brenet* a eu le troisieme tableau à traiter pour le roi, *Metellus sauvé par son fils*. Je remarque à cette occasion, Monsieur, qu'il est très-fâcheux pour un artiste, comme pour un poëte, d'être obligé de donner le commentaire de son ouvrage ; il faudroit toujours au moins que l'action principale fût une, précise, claire,

& s'expliquant auſſi facilement à l'eſprit qu'aux yeux. L'artiſte dont il s'agit ici, étoit chargé d'un de ces ſujets compliqués, qui refroidiſſent inévitablement & le peintre & le ſpectateur. En effet, comment indiquer tout ce qu'il faut néceſſairement ſavoir & exprimer dans ce poëme? Vous en allez juger.

« Octave tenant à Samos une ſéance pour l'exa-
» men des cauſes des priſonniers du parti d'An-
» toine, Metellus, vieillard accablé d'années,
» de miſere, & défiguré par une longue barbe,
» lui fut amené; le fils de ce vieillard qui étoit
» l'un de ſes juges, après avoir avec peine démêlé
» les traits de ſon pere, court l'embraſſer en
» verſant des larmes & jetant de grands cris;
» puis ſe retournant vers Octave: *Céſar*, dit-il,
» *mon pere eſt ton ennemi, & je ſers ſous tes*
» *drapeaux: il doit être puni & moi récompenſé:*
» *ſauve-le à cauſe de moi, ou donne moi la*
» *mort avec lui!* Céſar attendri accorda aux
» prieres de ſon fils la grace de Metellus, quoi-
» qu'il le connût pour un ennemi implacable. »

On défie le plus habile dans la pantomime pittoreſque de rendre tous les points de ce récit, de façon qu'un ſpectateur verſé dans la connoiſſance de l'hiſtoire & des tableaux en ſaiſiſſe l'enſemble; il eſt donc du devoir d'un artiſte d'éviter de pareils arguments: s'il eſt forcé de les traiter, il faut qu'il ait l'adreſſe en ſimplifiant le fait, d'en indiquer les détails par les acceſſoires. Par exemple ici, en s'attachant, comme a fait l'auteur, à l'eſſence de l'action, au centre du ſujet, qui eſt la reconnoiſſance des deux Romains, ſuivie de l'apoſtrophe tendre &

fiere du fils de Metellus à Auguste, pour marquer que ce fils, passé du tribunal dans les bras de son pere, de l'un de ses juges étoit devenu son intercesseur, il falloit, au lieu de le vêtir pauvrement, lui donner la robe de sénateur, ou même la robe consulaire, telle qu'on en voit aux autres restés près de l'empereur ; il falloit, pour indiquer la conclusion qui est le pardon d'Auguste, amener Metellus chargé de fers, que le licteur lui auroit ôté ; il falloit mettre Octave moins dans l'ombre, &, par un effort de génie sublime, qu'on vît s'éteindre sur son visage la colere, pour faire place à la clémence. Mais M. Brenet n'est ni un Raphaël, ni un Rubens, ni même un le Sueur, auquel on a voulu le comparer : c'est un compositeur sage, qui grouppe bien ses figures ; les trois du milieu, c'est-à-dire de Metellus, de son fils & du licteur, sont heureusement agencées, mais non sans quelques fautes de dessin ; car, pour avoir voulu rendre le vieillard décrépit, le peintre semble lui avoir décollé la tête ; du reste, il y a du feu & de la méchanceté dans les yeux du prisonnier, & le caractere vindicatif, implacable, de cet ennemi, est sans doute ce qui est le plus fortement exprimé. Le peintre a mieux colorié que de coutume ; il se soutient à côté de M. *Vien* : on eût desiré seulement qu'affectant moins une opposition d'ombres & de lumieres, il eût éclairé son ciel par le haut de quelques degrés ; ce qui eût détaché davantage l'architecture du fond, & répandu une clarté suffisante sur l'empereur & les juges.

M. *du Rameau*, dont les tableaux sont au dessus de celui de M. *Brenet*, donne dans le défaut opposé ; il est un des partisans du système introduit depuis quelques années dans notre école ; c'est, au lieu de ce beau clair-obscur, la magie de l'art, de substituer par-tout des tons clairs & brillants ; maniere propre à séduire les ignorants, mais au contraire à la nature & à la vérité : c'est ainsi que dans son tableau du *combat d'Entelle & de Darès*, où Enée sépare les deux athletes, le héros, le vainqueur & le vaincu, formant des grouppes différents, sont tous trois aussi éclairés ; il en résulte la même carnation, & assurément celle du vieux Entelle ne doit pas être du ton des chairs du jeune Darès. L'auteur a perdu encore le bel effet qu'auroit produit l'opposition du calme imposant d'Enée avec la fureur des combattants : ce prince n'a qu'un air effaré, qui le dégrade. La qualité supérieure de l'artiste, celle qu'on lui a toujours reconnue, c'est beaucoup de fougue ; il ne laisse jamais le spectacle froid & cela compense bien des défauts ; il est d'ailleurs savant anatomiste : des muscles bien prononcés, d'admirables raccourcis, des contractions hardies, sans être outrées, font le grand mérite de ce tableau. Quant à celui de la piété filiale de Cléobis & Biton, traînant le char de leur mere, il n'attire pas également l'attention ; c'est que l'auteur n'est pas dans son genre. Les corps des deux jeunes gens plaisent aux yeux des artistes qui en sentent le travail ; mais ils n'ont pas la noblesse qu'ils devroient avoir : ce sont deux forts de la halle. Mais la mere trop jeune, n'inspire pas la vénération profonde qu'on devroit ressentir en voyant cette action extraordinaire, & qui suppose dans le personnage envers qui on l'exerce, un caractere de superiorité imposante. Mais l'essentiel du trait est manqué, c'est que la mere ayant demandé à Junon, dont elle étoit grande prêtresse, de donner à ses enfants pour récompense de leur piété filiale, ce que le ciel peut accorder de plus heureux aux hommes, le lendemain ils furent trouvés morts.

On remarque avec peine, Monsieur, dans tous ces divers tableaux ordonnés pour le roi, qu'on n'ait pas suivi la convention pour les statues, de choisir tous les sujets de nos annales assez fécondes. Les peintres auroient l'avantage d'éviter une comparaison humiliante, lorsqu'il s'agit de remanier ceux de l'histoire Grecque & Romaine, qu'ont épuisés leurs devanciers. Pour en venir aux morceaux de ce genre désiré par les François, je me hâte de passer sur l'*Agrippine* de M. *Renou*, débarquant à Brindes l'urne de Germanicus, son époux, dans ses mains: son attitude, quelques personnages à genoux devant elle, & le recueillement général, font demander à beaucoup de gens du peuple si ce n'est pas le viatique qu'on porte à un malade? C'est que l'action n'est pas distincte; c'est que l'auteur sacrifiant le fond aux accessoires, a fait occuper le devant de son tableau par une galere, des rameurs, par tous les ustensiles de marine; détails assez bien rendus, mais indiquant des idées vagues, une tête qui n'étoit pas profondément remplie de son sujet. Je ne dirai qu'un mot de M. *Menageot*, soutenant la réputation qu'il s'étoit ébauchée avec éclat l'année derniere. *Sa peste de David* est vigoureuse; mais le roi fans noblesse, n'a que l'air d'un anachorette; & l'ange exterminateur, mal posé dans les airs, celui d'un danseur de corde gauche. Il y a plus de caracteres dans la *justification de Susanne*, où la paillardise d'un vieillard est sur-tout fortement sentie, où la chaste juive est superbe; mais le Daniel petit & mesquin. Je ne fais qu'indiquer la *Nativité*, de M. *Suvée*, sa *naissance de la Vierge*, deux grandes machines de cet agréé débutant, où il y a de la douceur, de l'harmonie, un faire agréable, tout ce qui annonce un artiste dans les bons principes, & capable de les mettre en usage.

Je m'arrête à trois tableaux, dont les sujets françois piquent principalement la curiosité des Parisiens. Un étoit déja connu, c'est le *Siege de Calais*, traité l'année derniere par M. *Barthelemi*: j'y trouve peu de différence; la principale consiste dans le chanmp de l'action resserré, puisque le précédent étoit de neuf pieds de haut sur douze pieds & demi de large, & celui-ci n'est que de dix pieds carrés. Mêmes beautés & mêmes défauts, peut-être un peu plus de confusion: autrefois la reine tomboit à genoux sur un coussin, ce qui fit observer à un petit enfant, qu'on s'attendoit apparemment à cette attitude de sa majesté; cette fois elle tombe sur un marche-pied: il faut que l'artiste ait été forcé à ce travail ingrat, auquel répugne presque toujours la liberté du génie. J'aime infiniment mieux son *Martyre de St. Pierre*, d'un pinceau large & ferme & dans le meilleur style.

Le second sujet François est un tableau ordonné pour la ville, *à l'occasion du rétablissement du parlement, & de la remise du droit de joyeux avénement à la couronne*. Vous allez voir, Monsieur, comment l'auteur, voulant compliquer ce sujet simple, mêler de l'allégorie avec la vérité historique, en a fait un emphigouri qui rend sa composition pitoyable & scholastique. Il a représenté le roi entrant dans Paris par le quai des Tuileries, sur un char attelé de quatre chevaux blancs, auxquels il a oublié de donner du poil: la Vérité, transformée en postillon, tient les rênes, & de son flambeau éclaire la marche ; la Justice, la Bienfaisance paternelle & la Concorde, accompagnent sa majesté. M. le maréchal de Brissac, gouverneur de Paris, lui présente M. de la Michaudiere, alors prévôt des marchands de cette capitale, & sa jurisdiction.

Ce tableau n'a pas même, Monsieur, le mérite qu'y cherchoient ceux qui l'ont commandé, celui de la ressemblance des personnages: les échevins lui eussent pardonné tous ses défauts, s'ils eussent pu s'y reconnoître & se flatter, à la faveur du sujet, de faire passer à la postérité leur effigie. Je suis fâché pour M. *Robin* qu'il ait été chargé de cet ouvrage, dont, au surplus, si sa gloire en souffre, sa bourse s'est bien trouvée, car il a été payé plus cher que tous ceux commandés pour le roi (1).

Il faut convenir, pour son excuse, que la ma-

_____

(1) On dit que M. *Robin* en a eu 8000 livres, & que depuis son exposition, pour le dédommager sans doute des crittiques, on lui a donné encore 2000 livres de gratification.

tiere étoit ingrate, que ces énormes perruques, ces robes rouges, ces physionomies de bourgeois de la rue St. Denis, ne son guere propres à échauffer le génie & à faire rire l'imagination. Un autre dans ce genre, plus heureux par la nature de l'action, qui prête infiniment davantage, le dernier dont j'aie à parler, a été proposé à M. *Vincent* ; c'est *le président Molé, saisi par les factieux dans le temps des guerres de la fronde* ; si d'un côté le costume n'en est pas pittoresque pour les accessoires, de l'autre, indépendamment du fond grand & sublime, il étoit susceptible de ces traits que l'auteur a saisis, bien propres à enrichir sa composition & à en étendre l'effet : le mouvement, le tumulte, le désordre d'une sédition, fournissent au pinceau une foule d'attitudes diversifiées, fieres ou attendrissantes, capables d'inspirer la pitié ou la terreur, ces deux ressorts tragiques, dont le peintre a profité en poëte : il est dommage que sa verve ne se soit pas assez allumée à la vue de son héros, & qu'il ne lui ait pas donné ce calme sublime, plus difficile à rendre que les passions violentes. Les défauts d'exécution de ce tableau, car il y en a dans les meilleurs ouvrages, sont presque aussi saillants que les beautés. On est frappé d'abord de l'écart forcé du frondeur, qui ose porter la main sur le chef du parlement; suivant les regles de la perspective, il est au moins de six pieds, & il n'est pas d'homme qui en puisse faire un pareil. Faute d'avoir distribué convenablement les tours de lumiere, il regne une confusion dans les personnages, dont les têtes ne se détachent pas assez ; enfin tous semblent avoir perdu leur assiette, & poussés par un vent impétueux qui les fait fléchir d'un même côté. Malgré ces observations séveres, M. *Vincent* est regardé comme une des espérances de l'académie, & l'on doit l'encourager à rester dans la carriere du grand genre, où il fait des progrès marqués. Il faut reprendre haleine, Monsieur, & renvoyer à une autre lettre quelques tableaux d'histoire moins volumineux, car le genre est si abondant cette année, qu'il absorbe presque toute l'immensité du local.

J'ai l'honneur d'être, &c.

LETTRE III.

Paris, le 25 septembre 1779.

JE sors du sallon, Monsieur, & vous transporte dans l'attelier d'un artiste qui, jusqu'ici resté au rang des médiocres, s'éleve cette année, franchit l'espace entre nos plus grands maîtres & lui, s'éleve au dessus d'eux & les laisse bien loin en arriere: M. *Bonnieu*, agréé, dont il s'agit, peintre de genre, se complaisant à traiter des sujets de la vie familiere, avoit cependant donné en 1777 quelques idées de son talent, dans son petit tableau de Henri IV: encouragé par cet essai, il s'est livré à sa verve, & a composé un tableau historique de Betsabée, qu'il se proposoit d'offrir au concours; le comité des membres de l'académie assemblés pour juger des morceaux à admettre, a rejeté celui-ci, sous prétexte qu'il étoit trop licentieusement traité: il a pris le parti de l'expofer dans fon attelier, & c'eft une affluence chez lui qui s'accroît à mefure qu'on y va : il n'eft pas de fpectateur qui n'en forte enchanté, & n'avoue que les confreres de M. Bonnieu ont bien fait d'écarter un rival auffi dangereux. On impute leur refus, moins à leur honnêteté effarouchée, qu'à leur amour-propre alarmé. En effet, de l'aveu dès connoiffeurs impartiaux, il écrafe tout le fallon, grands & petits; on eft faifi d'admiration dès qu'on entrevoit cet ouvrage; & s'il ne portoit les fignes inconteftables d'une production moderne & qui vient d'éclorre, on croiroit que c'en eft une de Van Dick, perdue & ignorée.

Dans ce tableau de Chevalet, la Betfabée, de moyenne grandeur, fort du bain : fon corps entier, de la plus grande beauté, eft en proie aux regards du fpectateur : fon attitude un peu courbée a feulement fourni au pinceau de l'artifte occafion de déployer ces contours précis, purs, faciles & moëlleux, où brille le talent du deffinateur. Tous les membres de la jeune perfonne font dans les proportions les plus heureufes; fa gorge eft raviffante; des chairs d'un blanc animé & plein de vie, par leur tendre incarnat, manifeftent en quelque forte, jufqu'aux extrêmités de fon corps, le fentiment d'émotion pudique dont elle vient d'être atteinte, en remarquant qu'elle a été vue : mais c'eft principalement fur fa phyfionomie & dans fes yeux, fiege de l'ame, qu'eft peint fon embarras, par un caractere de tête expreffif, & auquel les plus ignorants ne peuvent fe méprendre. Une vieille derriere elle lui couvre les épaules d'un voile, dont Betfabée dans fa frayeur s'empreffe de s'envelopper. L'oppofition du vifage ombré, jaunâtre, fillonné de rides de la fuivante, releve davantage la beauté ingénue de fa maîtreffe. A travers fa févérité inquiete, on prévoit d'avance que c'eft elle qui recevra les premieres propofitions du monarque épris, & négociera le marché. Quant au David, c'eft l'endroit défectueux du tableau; il eft fi rapetiffé, fi reculé, qu'au premier coup d'œil, on le cherche vainement; il ne fe découvre qu'à l'examen des diverfes parties de la compofition. Par le trop grand éloignement, non-feulement l'auteur s'eft ôté la facilité d'animer cette figure, & de lui donner l'expreffion dont elle feroit fufceptible, mais même il n'a pu la défigner avec les attributs qui devroient au moins entourer le roi pécheur. Chacun demande comment, dans une diftance énorme, où, par la diminution de fon corps, il doit être fuivant les regles de la perfpective, il a pu s'enflammer de luxure, & même diftinguer Betfabée ?

Quant aux détails du refte de ce morceau, ils font très-foignés & d'un fini précieux, le peintre a parfaitement faifi la limpidité de l'eau; il n'a point omis ces gouttes, qui reftent encore fur les jambes en fortant du bain, & en découlent, ainfi que le tranfparent du fluide, à travers lequel on entrevoit le pied de la belle; les draperies font bien jetées; la verdure un peu noire & point affez détachée du fond, qui feroit un défaut dans d'autres circonftances, eft ici d'un effet vrai, en ce qu'elle défigne l'épaiffiffement du feuillage & l'obfcurité du lieu choisi par une femme pudique pour y dérober la nudité de ses charmes à l'avidité des passants indiscrets..... Mais je m'apperçois, Monsieur, que c'est trop vous arrêter sur un tableau que je ne me lasse point de regarder, dans lequel, ce qui est le sceau des excellents ouvrages, plus on le considere, plus on découvre de beautés.

Indépendamment de ce chef-d'œuvre, M. BONNIEU a exposé au sallon où je vous ramene, huit morceaux capables de l'y faire figurer, sinon avec supériorité, au moins avec distinction. On aime sur-tout son *Supplice d'une Vestale*, sujet exigeant peut-être plus de vigueur & d'énergie, mais où, malgré la petitesse de l'espace, on trouve une exposition nette, un costume exact, & un détail savant de toutes les parties de ce point historique. Sa *Naissance de Henri IV* est un autre morceau atténué nécessairement par l'exiguité des objets, qui empêche d'y mettre le sublime dont il seroit susceptible. *Dors, mon enfant!* est le tableau de la romance si connue de M. Berquin, où une mere bourelée de remords de lui avoir donné une naissance illégitime, peint par une sensibilité naïve le repos de l'innocence. L'auteur est encore resté au-dessous du sujet, dans ces petits poëmes pleins de facilité & d'agrément. M. Bonnieu ne s'est point corrigé du défaut qu'on lui reprochoit aux deux sallons derniers, de lécher trop ses chairs, &, à force de vouloir les rendre douillettes, de les rendre fades.

Malgré ma promesse, Monsieur, je ne puis sortir de l'histoire, je m'en trouve entouré, quelque part où je fixe les yeux; les petits tableaux, les deffins, les efquiffes, tout annonce une prétention générale au grand genre; & en même temps que d'efforts mal-adroits, que de médiocrité, que d'impuiffance! Faute du beau, égayons-nous du ridicule: que ne puis-je, Monfieur, vous mettre fous les yeux les logogryphes de M. Jollain, qui, pour marquer l'époque de nos fuccès fur l'onde, au lieu de peindre la France reffaififfant le trident de Neptune, dont fe feroit emparé l'Angleterre, imagine un perfonnage qu'il appelle le *Gouvernement*, auquel il fait relever une femme par terre, qu'il nomme la *Marine*: à côté du premier font une colonne & un coq, fymbole de la fermeté & de la vigilance; & pour dernier acceffoire à cette belle invention, dans le fond on voit des guerriers prêts à s'embarquer, & un génie qui diftribue des récompenfes. Il eft fâcheux que ce morceau relégué trop haut & dans l'ombre, ne fe puiffe pas affez difcuter pour en découvrir toutes les fineffes ingénieufes; on ne doute pas que dans la face du génie on ne reconnût les traits de M. de Sartines.

M. *Jollain* a encore célébré à fa maniere M. *Necker*: fon argument eft *l'ordre remis dans les finances*. Comme cette opération étoit beaucoup plus difficile que la premiere, il y a introduit deux génies au lieu d'un: le premier démêle un écheveau de fil d'or, dont la fageffe tient les bouts; l'autre repouffe des nuages.

Tout cela n'eft rien auprès du grand tableau de M. *Vanloo*, peintre du roi de Pruffe, qui embraſſant les diverſes parties du regne actuel, en a formé un amas d'allégories énigmatiques, propres à déſeſpérer tous nos modernes Œdipes. Il expoſe ainſi la triple partition : *le temps découvre les vertus ; la ſageſſe détruit les vices ; le ſoleil anime la nature.* Il ſeroit ſuperflu de le ſuivre dans ſes données, dont le développement occupe plus d'une page, & ne préſente qu'un enſemble découſu, auquel il manque un point de réunion : on ne peut que gémir de voir cet artiſte, digne par ſon talent du nom illuſtre qu'il porte, l'employer auſſi mal. Ses partiſans le diſculpent, & prétendent que cet ouvrage n'eſt qu'une préparation, dont le réſultat doit être dans un certain point d'optique, d'offrir le portrait de Louis XVI. Comme il a déja exécuté ce tour de force pittoreſque à l'égard de Louis XV, on peut ajouter quelque foi à ce bruit courant ; mais pour l'honneur de l'artiſte, on auroit dû en faire mention dans le livret.

En général, Monſieur, les tableaux de genre plaiſent au plus grand nombre des ſpectateurs, qui aiment à ſe retrouver dans ces détails domeſtiques, à leur portée. A chaque ſalon il en eſt qui les occupent ſpécialement, & attirent conſtamment la foule : tel eſt ici le *Seigneur indulgent*, ou *le Braconnier* de M. *Wille* ; le ſujet, tiré d'un opéra comique donné aux Italiens, il y a quelques années, eſt ſimple & riche tout à la fois. Huit perſonnages partagent la ſcene & la rempliſſent. Deux gardes-chaſſe amenent le coupable au ſeigneur aſſis ; la dame derriere lui, touchée des pleurs de la femme & de deux enfants intercédant pour le braconnier,

nier, seconde leurs efforts, & le détermine à la clémence : en sorte que l'unité du poëme est parfaitement observée. L'artiste, en habile homme, a nuancé les diverses douleurs : celle du prisonnier est morne, silencieuse, mêlée de remords; celle des enfants est ingénue, abondante en sanglots, criarde & différenciée entre les deux suivant l'âge & le sexe; l'attitude de la villageoise, plus respectueuse, indique un mélange d'effroi; enfin l'épouse du seigneur a cette compassion analogue à son rang & à son rôle : quant au gentilhomme, la figure principale, il n'y a pas assez de caractere sur sa physionomie; on n'y voit que de la bonté, & l'on desireroit qu'il y fût resté quelque vestige du premier sentiment de colere & d'indignation, dont il a dû être atteint. Belle exécution, du reste, dans le vêtement, les étoffes, le coloris, dans l'agencement des grouppes. Cet éleve de monsieur Greuze me paroît avoir fait beaucoup de progrès, & s'il ne l'égale pas encore pour la partie de l'expression, il le surpasse déja dans les autres. Son *juif Polonois* est sur-tout monté sur le plus haut ton de couleur; il est d'une maniere large & vigoureuse, telle que n'a jamais eu son maître.

Dans un *fils repentant, de retour à la maison paternelle*, on est fâché de trouver beaucoup d'idées de ce même monsieur *Greuze*. Monsieur *Aubry* devroit être jaloux de produire par lui-même, & de ne pas se laisser soupçonner de plagiat.

Au sallon dernier un tableau d'histoire de monsieur *l'Epicié*, me fit oublier de vous parler, Monsieur, de sa *douane*; aujourd'hui je m'acrête avec complaisance devant sa *Halle*, qui me paroît bien supérieure à son *Régulus*: elle est faite pour servir de pendant à la premiere. L'invention du site est vaste, nette, ingénieuse ; il seroit à souhaiter que nos grands marchés eussent une pareille décoration : l'architecture est belle, noble & un peu lourde, comme elle doit l'être en pareil lieu ; la perspective est exacte, & l'œil pénetre aisément à travers les colonnes massives dont elle est soutenue. Une variété étonnante, une grande vérité dans toutes les attitudes des personnages qui composent la foule immense de ce concours tumultueux, occupent long-temps les spectateurs, & en réveillant sans cesse leur curiosité, la satisfont successivement. On trouve cependant que le compositeur a omis une scene, par sa fréquence essentielle à la représentation d'une halle ; c'est celle d'une querelle entre de pareils acteurs ; il répond qu'il a cherché le naïf, sans donner dans le bas (1). C'est une mauvaise excuse, il auroit pu éviter ce dernier, & le peuple dans ses combats présente quelquefois des athletes aussi intéressants que les arenes de nos petits-maîtres spadassins. Je crois plutôt que M. *l'Epicié* ne s'est pas senti la vigueur qu'auroit exigée cette partie de son poëme : c'est par où peche l'artiste Quant à son faire, il n'empâte pas assez ses tableaux, il est avare de couleur ; ce qui répand dans les clairs un blanc de farine désagréable : qu'il voie, revoie, étudie, médite l'inimitable

---

(1) Voyez le *Journal de Paris*.

*eniers, le grand maître du coloris dans ces fortes de fujets.

On pourroit donner le même conseil à monsieur *Favray*, chevalier de Malte; (on a oublié *Servant*). Il nous offre dans *sa rue de l'Hiptodrome à Constantinople*, le spectacle amusant du costume d'un assemblage innombrable d'étrangers, encore plus piquants par leur nouveauté que par les personnages de M. *l'Epicié*; mais faute de fond, de perspective, de clair-obscur, on les prendroit pour autant de figures découpées & collées avec choix. J'ignore, au surplus, d'où sort ce M. *Favray*, qui déja académicien & même ancien, représente pour la premiere fois au sallon.

Il seroit grand besoin, Monsieur, de pareils débutants, & il en faudroit beaucoup de cette espece pour remplacer monsieur *le Prince*, que nous sommes menacés de perdre. Cet artiste, à la fleur de l'âge, trop livré aux plaisirs, & déja recueillant les fruits amers d'une vie licencieuse, que favorise sa profession, est attaqué de vapeurs, de vertiges, est dans un état d'épuisement qui fait désespérer qu'il puisse jamais reprendre la palette. Sa fécondité lui a fait heureusement produire avant sa nullité de quoi nous amuser encore cette année; car il est toujours spirituel & piquant. Des payfages riants, où le goût de la belle nature se retrouve sans cesse occupent les connoisseurs, tandis que des scenes folâtres raviffent la multitude. On ne se lasse point d'étudier ses *Marionnettes* du plus joli détail, ses *joueurs de boule*, ses *joueurs de petit palet*. Dans son *cabaretier qui vient avertir un voyageur que son cheval est prêt*, un autre se seroit contenté de bien rendre ce sujet simple ; monsieur le Prince y a jeté un incident qui le releve, & fixe les regards dès qu'on l'apperçoit ; c'est que l'aubergiste trouve le cavalier caressant sa femme : saillie charmante, exprimée avec toute la finesse du pinceau de cet aimable artiste.

Heureusement, Monsieur, tout se compense ; pour nous dédommager de la perte de monsieur *le Prince*, deux autres confreres qu'on regrettoit au sallon dernier reparoissent aujourd'hui ; il est à espérer que Paris fixera enfin leur légereté : ce sont MM. *Casanova* & *Loutherbourg* : le premier, toujours plein de verve & de feu, ne peut être considéré froidement ; il fait passer sa chaleur jusques dans l'ame du spectateur : ses deux *cavaliers dans le costume Espagnol* sont d'une vigueur, d'une vérité rare ; le plus fameux maître d'équitation ne les auroit pas mieux mis à cheval ; les coursiers semblent hennir : mais ses deux tableaux faisant pendant, son *coup de tonnerre* & son *coup de vent*, saisissent sur-tout d'une terreur involontaire : ici la foudre sillonne des nuages noirs ; femmes, animaux, hommes se ressentent du désordre de la nature & de la colere du ciel : là le fougueux Borée renverse tout ce qui résiste à son passage, & l'expression de ce tableau, d'une touche fiere, n'est pas moins frappante.

Monsieur *Loutherbourg* n'a exposé qu'un morceau représentant un *port de mer, où l'on voit un embarquement* ; & il suffiroit pour donner une très-haute idée de son talent, si la réputation n'étoit pas faite. Aussi chaud de couleur que M. *Casanova*, aussi riche dans ses détails que

M. *Vernet*, il pourroit nous empêcher de regretter celui-ci, s'il vouloit suivre la même carriere, & travailler avec autant d'assiduité: il entend mieux à rendre la vapeur de l'air; son soleil couchant, heure du jour où il a peint son ouvrage colore l'horizon des plus beaux feux; c'est ainsi que cet astre semble déja loin de nous marquer encore sa présence par des reflets vifs & brillants.

Comme votre intention, Monsieur, est d'avoir plutôt l'histoire du sallon, qu'un catalogue sec des tableaux qu'on y voit, je m'attache moins à vous les détailler qu'à vous faire connoître ceux qui peuvent piquer votre curiosité par eux-mêmes, ou par leurs accessoires, ou par leur ridicule, ou par des anecdotes relatives aux ouvrages ou à leurs auteurs: c'est ce qui me fait omettre monsieur *Vernet*, toujours beau, toujours fécond, mais toujours monotone dans sa variété même; M. *Robert*, dont le genre plus circonscrit encore est moins vivant, si l'on peut s'exprimer ainsi, mademoiselle *Vallayer* & M. *Van Spaendonck*, ces deux rivaux pour les fleurs, les fruits, les vases, tous deux vrais, mais la premiere avec des touches plus précieuses, l'autre avec des touches plus mâles; monsieur *Huet*, peintre d'animaux.... Je me trompe, Monsieur; cette fois il a pris un vol plus hardi, il s'est élevé jusqu'à l'histoire, il a fait un *Hercule chez la reine Omphale*, tableau de dix pieds de haut sur huit pieds de large, & ce sujet le plus indécemment traité révolte la pudeur, sans éveiller le desir: la femme colossale, toute nue, n'est point une reine voluptueuse; on n'y voit clairement que

& dévergondée qui lui a servi de modèle, & dans le vainqueur amolli des monstres, qu'un satyre ignoble, sous les traits duquel on retrouve l'artiste paillard, songeant plutôt à assouvir sa luxure, qu'à enfanter les conceptions sublimes d'une pareille composition.... Cette infamie scandaleuse, digne d'un corps-de-garde, exposée aux regards de tout Paris, confirme ce que je vous ai dit du motif qui avoit fait rejeter la *Bethsabée*.

Une autre amélioration du sallon, Monsieur, c'est qu'au moyen de la multitude de grands tableaux il y a moins de portraits, & l'on a choisi entre ceux-ci les plus dignes d'être offerts. Monsieur *Duplessis* a exposé celui de *monsieur*, frere du roi, dont l'air de tête sage & le vêtement fastueux concourent à mieux exprimer le caractère physique & moral de son altesse royale. Celui de madame la duchesse de *Chartres* a plusieurs défauts de sens commun : la princesse très-ressemblante & bien drapée, mais à la Françoise, & dans le goût le plus moderne, puisqu'on croit lui reconnoître une lévite, a les pieds nus ; ensuite elle est couchée, elle rêve, elle a laissé tomber son livre, elle est au bord de la mer. On voit un vaisseau qui vogue, ce qui annonce l'idée du peintre, & l'instant où il a pris son sujet, c'est-à-dire, au moment où le duc de Chartres vient de s'embarquer sur l'armée navale ; & le peintre la laisse dans cet état de froideur, les yeux collés à terre, lorsqu'ils devroient se fixer sur les flots, suivre le vaisseau, tant qu'il est apparent, lorsque même long-temps après que tous les autres spectateurs l'auroient perdu de vue ; une tendre illusion devroit le reproduire encore à l'imagination d'une amante cherchant à s'abuser. Le portrait de monsieur *Franklin*, répond à sa courte devise, *Vir*: mais l'artiste auroit dû se dispenser de montrer monsieur de Fontanel en gillet, avec un air railleur, qui caractérise du reste à merveille ce politique rédacteur du *Mercure*, dans les paragraphes où, pour décrier finement les Anglois, il leur fait dire, à l'article de *Londres*, toutes les sottises qui lui passent par la tête.

Monsieur *Callet* a quitté cette fois le genre de l'histoire pour en peindre, il est vrai, un héros futur, monsieur le comte d'Artois, il l'a revêtu de ses ornements d'apparat, dans le temps où ce prince vint rétablir la cour des aides. On est fâché que la tête peu ressemblante ne réponde pas à tous les accessoires, du plus grand goût & de la plus exacte vérité, & l'on invite sérieusement l'artiste à la refaire.

Dans les portraits de madame la duchesse de Saxe-Teschen, du prince & de la princesse Orlow, du comte de Panin, monsieur *Roslin* a su prendre un pinceau plus mâle pour ces formes nouvelles d'une nature étrangere, dont il a saisi la hardiesse & la fierté; mais son chef-d'œuvre est le portrait du célebre Linné, le prince de la botanique, auquel il a ingénieusement mis à la boutonniere une fleur, qu'a découverte ce savant. Rien de plus vivant que cette figure : du reste, les satins, les taffetas, les velours, les dentelles, les rubans, l'or, les pierreries, les diamants, le désespoir des peintres jusqu'aujourd'hui, rien n'arrête l'habile artiste ; il rend tout avec la couleur propre &

locale : c'eſt une magie ſoutenue qui en impoſe également à ſes confreres & aux ignorants.

Un agréé débute dans le genre de MM. *Dupleſſis* & *Roſlin*, mais non en imitateur ſervile : ſes portraits de monſieur *Morand*, de monſieur *de la Blancherie*, de monſieur *Comus* font déja plaiſir, & ſont variés comme les perſonnages que rend ſon pinceau. Le docteur en médecine, à travers la magnificence de ſon vêtement, a la gravité qu'il doit avoir, & l'eſprit qui eſt dans ſes yeux eſt celui de ſon état, un eſprit réfléchi & profond. Le caractere juif, empreinte de la figure du ſecond, eſt ſaillant ; & la gaieté fine de l'eſcamoteur brille ſur ſa face fleurie : entre ces deux charlatans le ſpectateur ſe ſent diſpoſé à rire d'être dupe de celui-ci ; il feroit fâché de l'être de celui-là, dont la mine pédanteſque trahit la nullité ſous un air ſcientifique. Monſieur *le Noir*, c'eſt le nom de l'artiſte, ſe ſignale ainſi entre ſes confreres, par ſa fineſſe pour exprimer les penſées ſur les phyſionomies : il ne ſauroit trop cultiver cette qualité, la plus précieuſe & la plus difficile du genre.

Il eſt temps, Monſieur, de finir cette portion de notre ouvrage : vous devez y avoir pris une idée ſuffiſante des peintres du ſallon de 1779. Une ſeule œuvre de génie, c'eſt-à-dire, produiſant l'enthouſiaſme univerſel, qui maîtriſe & ſubjuge l'ame de toutes les claſſes d'hommes ; d'autres en petit nombre admirables pour les faiſeurs, plaiſant aux autres, mais les laiſſant froids ; beaucoup d'artiſtes donnant des eſpérances ; quelques-uns dont les débiles mains devroient renoncer à manier le pinceau ; enfin une foule de membres luttant en vain pour sortir de leur obscurité : tel en est le résumé. Vérité dure pour messieurs de l'académie, mais vérité nécessaire à dire pour aiguillonner leur amour-propre trop engourdi.

J'ai l'honneur d'être, &c.

LETTRE LII.

Paris, le 22 septembre 1779.

JE vous ai fait observer, Monsieur, & ma revue du sallon doit vous en convaincre, que l'espoir de participer au choix du comte d'Angiviller & d'être admis en concurrence avec nos meilleurs peintres à la composition des tableaux d'histoire pour sa majesté, avoit l'inconvénient d'inviter à sortir de leur sphere des hommes de merite qui, présumant trop de leurs forces, se feroient siffler dans ce premier genre, tandis qu'ils auroient pu être applaudis dans d'autres. Il est arrivé le contraire à l'égard des sculpteurs : comme le roi ne veut que des statues de nos grands hommes, tous se sont tournés de ce côté-là & rétrecissant leur génie, au lieu de ces beaux grouppes où il auroit pu se déployer, se sont bornés à nous offrir des bustes. Il est vrai qu'il en est peu qui ne soient connus & intéressants, & que dans quelques-uns les artistes s'élevant jusqu'à leur sujet, y ont mis un sublime digne des plus hautes conceptions. Il est fâcheux qu'une seule des quatre statues ordonnées par le gouvernement en 1777, soit marquée de ce grand caractere. C'est celle du grand Corneille, par monsieur *Caffiery*. Le tragédien est représenté dans une des plus importantes de ses occupations, dans l'instant où il enfante le plan de quelqu'une de ses immortelles œuvres, qui lui ont mérité en France le titre auguste de pere du théatre. Le vulgaire & même des critiques n'ont remarqué en lui qu'un penseur profond, attribut trop général qui ne le distingueroit pas assez ; mais il est assis, il tient une plume à la main, un cahier est à côté de lui ; le voilà spécifié comme un écrivain : cela ne suffit pas ; c'est sur sa physionomie, c'est dans le feu de ses yeux que respire le poëte : on y admire ce *mens divinior* ; cet *os magna sonaturum*, auquel on ne peut se méprendre ; c'est-là qu'il est Corneille. Il est goûté de tout le monde, & dès que la cour est ouverte, il est entouré, & la foule de ses adorateurs ne désemplit pas plus qu'à la comédie lorsqu'on joue ses chef-d'œuvres. Une hardiesse du sculpteur, ç'a été de le rendre dans la vérité du costume du temps le plus exact, dans ce vêtement épais qui fait ressortir davantage l'esprit, le saillant de la physionomie. Il a ainsi sacrifié les finesses de son art à la partie essentielle de sa composition ; il s'y seroit livré davantage, s'il n'eût eu à rendre qu'un homme ordinaire.

A côté est *Montesquieu*, par monsieur *Clodio*, modelé en plâtre seulement : son exécution en marbre est remise au sallon prochain, parce qu'il ne s'est point trouvé de bloc convenable, & tous les connoisseurs en bénissent le ciel. Cette statue est absolument à refaire. L'auteur de *l'Esprit de Loix* est assis, comme son voisin ; mais son air de tête est sans noblesse, c'est celui d'un charlatan qui vend sa drogue; il a le doigt sur son livre, & il semble dire aux spectateurs : *c'est moi qui ai fait cet ouvrage!* Le sculpteur a affecté de cacher dessous *le temple de Gnide*, dont on a peine à découvrir le titre, comme si le président en rougissoit. Cette idée, que je crois fausse, a du moins quelque finesse ; du reste, on lui reproche d'avoir mêlangé le costume antique avec le nôtre, & sur-tout de nous offrir une figure *tourmentée* en terme de l'art, c'est-à-dire, pour avoir voulu trop rechercher son attitude, de l'avoir fait peut naturelle.

Messieurs *Pajou* & *Berruer* se sont épargné bien du travail, en établissant leurs figures droites, comme l'exigeoit, au surplus, la qualité de leurs héros. Le premier avoit à présenter un orateur sacré & véhément, un controversiste profond & irrésistible, un prélat entêté, vindicatif, fougueux : tous ces caracteres n'alloient point à une figure tranquille & en repos : il a donc mis la sienne debout ; mais elle n'en a pas plus de mouvement, elle est froide & vague ; on y reconnoît les traits physiques de *Bossuet* ; il y manque son ame. De la main droite il tient un livre, dont il semble retourner un feuillet avec l'index de la gauche ; conception foible, idée triviale, qui ne s'éleve pas au-dessus d'un régent, ou même d'un maître d'école. On est surpris que monsieur *Pajou*, qui à sa qualité d'artiste joint celle d'homme de lettres, & n'a pas été jugé indigne de figurer dans l'académie des inscriptions, dont il est membre depuis quelques années, n'invente pas davantage, & n'ait pas un ciseau plus spirituel ; quant au faire,

K. 6.

il est superbe ; le corps de la statue est noblement placé ; la tête & les mains sont savamment dessinées ; les plis du vêtement , les jets sont larges, & exécutés avec précision & vérité ; le rochet est transparent ; le camail ou *Pallium* riche & moëlleux : tous les détails sont précieux (1); mais il n'a fait qu'une statue, que les connoisseurs préferent cependant à sa premiere de *Descartes*, aussi pour le roi.

Le second artiste, dont le sujet étoit moins vaste, s'en est tiré plus adroitement, en éludant, il est vrai, une partie de la difficulté ; le personnage qu'il avoit à nous reproduire, étoit le chancelier *d'Aguesseau*, législateur à la fois & orateur. Un homme de génie embrassant le magistrat sous ces deux aspects, se seroit efforcé par quelque tournure ingénieuse de les exprimer & de les concilier. Monsieur *Berruer* ne se sentant pas la capacité de remplir une pareille tâche, a choisi la plus aisée; il s'est chargé du législateur, & a cru avoir tout fait en lui imprimant un air imposant de la main droite qu'il étend : de la gauche, qui retombe sur sa simarre, il tient un rouleau de papiers, sur lequel est écrit, *Ordonnances sur la Législation*. Il est à observer que le spectateur envisageant la figure, ne voit pas ce que le chancelier a en réserve ; il est obligé de se détourner un peu pour en lire le titre : on est tenté de croire

---

(1) Seulement on trouve qu'il les a trop multipliés pour faire valoir davantage son habileté : car enfin un prélat en rochet n'a pas un manteau par dessus.

que ce n'eſt rien de bon, que ce ſont des édits burſaux, que lui & ſes ſemblables depuis, nous ont tant apportés : c'eſt d'autant plus à craindre, que l'action eſt cenſée ſe paſſer en un lit de juſtice ; elle eſt décidée par un pliant, dont ſe releve l'organe de ſa majeſté, qui dans le coſtume devroit être couché aux pieds du roi. Cette gaucherie de l'artiſte jette en même temps de l'odieux ſur ſon héros & du ridicule ſur ſa compoſition. Ce ſont des épigrammes qui ne finiſſent pas. Ses confreres s'attachant peu au fond, louent le ſtatuaire d'avoir ſurmonté l'ingratitude du coſtume & de l'ampleur même de la robe, qui preſque toujours diſſimule le nu de la figure, objet des recherches éternelles de l'art : ils en admirent ſur-tout un pan grandement jeté ſur le pliant ; mais ils ajoutent que le travail de l'outil eſt un peu rond. En général, Monſieur, toutes ces ſtatues ſont lourdes & fatiguent les regards par leur maſſe volumineuſe, ſauf *Monteſquieu*, ayant le défaut contraire ; il a l'air d'un colifichet. J'ignore, Monſieur, pourquoi M. *Houdon*, déja académicien & d'un mérite fondé ſur des ſuccès brillants, n'a pas été préféré à l'auteur de la ſtatue de *Monteſquieu*, à M. *Clodion*, qui n'eſt qu'agréé, n'eſt point connu & débute par un ouvrage univerſellement réprouvé. J'ai interrogé cet homme modeſte, dont le ſilence a répondu. Je me ſuis confirmé dans mon opinion que les fonds deſtinés par le roi à l'avancement des arts, ne tourneroient qu'à gratifier les ſujets rampants, qui faiſoient leur cour au premier peintre & au directeur-général. Quoi qu'il en ſoit, M. *Houdon* eſt bien vengé par la surprise de tous les amateurs de ne le pas voir employé. On aime dans ses bustes, de M. de *Nicolaï* le pere, de M. de *Caumartin*, la ressemblance la plus frappante, la seule chose qu'on y pût exiger. Il n'en étoit pas de même de M. *Franklin*, de *Voltaire*, de *J. J. Rousseau*. Quelle élévation de pensée dans le premier, législateur du nouveau-monde! Quelle finesse dans le second, poëte lu & relu toujours avec un plaisir nouveau! quel feu dans le dernier, dont les regards perçants semblent pénétrer jusques dans les plis & replis les plus cachés du cœur humain! Il est sur-tout, Monsieur, un certain point de vue où l'illusion est si complete & le coup d'œil si direct & si vif, qu'on croit voir ce buste animé, qu'on ne peut le soutenir, & que le premier mouvement est de s'y soustraire. Il est en terre cuite, tandis que son voisin est du plus beau marbre blanc, superbement drapé à l'antique ; contraste formé par le hasard & fidelle image de la pauvreté où l'un a toujours vécu, tandis que l'autre nageoit dans une opulence fastueuse. Le sculpteur a lutté contre lui-même sur ce dernier, il l'a reproduit dans un autre buste pour être installé au foyer de la nouvelle comédie Françoise & je trouve plus de vérité dans celui-ci. Celui-là doit être placé dans le cabinet de l'impératrice de Russie, qui n'ayant jamais pu jouir de la présence de cet homme célebre, veut en multiplier par-tout les effigies dans son palais. Elle doit en posséder encore une statue du même artiste en bronze doré : c'est proprement ici le vieillard de Ferney, il est enveloppé dans sa robe de chambre, il est assis dans son fauteuil, les mains appuyées sur les bras ; il revient de la promenade, il est fatigué, prêt à se coucher ; telle est la scene familiere que l'auteur a choisie ; mais, malgré la lassitude de son corps, son ame veille, & le rire sardonique de la figure caractérise la moisson de ridicule que le philosophe satirique a faite durant ses dernieres méditations ; il s'amuse en lui-même aux dépens des sots, des prêtres, des fanatiques, qu'il va livrer encore une fois à la dérision générale. Il faut avouer que dans cette petite figure, de moins d'un pied de haut, il y a plus de génie que dans celles de la cour, le Corneille excepté.

Le portrait n'est pas le talent de M. *Gois*, si l'on en juge par son buste de M. le comte *d'Artois*, absolument manqué. Il a voulu lui donner un air de finesse, qui n'est en rien aujourd'hui celui de la tête de S. A. royale. Cet artiste est appellé à de plus riches compositions : il excelle dans les bas-reliefs, ses modeles de tombeau sont d'une belle simplicité & d'un très-bon goût. C'est sur tout dans ses dessins qu'on trouve une tête fortement organisée : la composition vaste de ses *deux Cambyses* ne l'a point effrayé ; ces esquisses sont pleines de majesté ; son *Moïse qui fait renverser le veau d'or*, est fier, & *Tullie fille de Torquin, faisant passer son char sur le corps de son pere*, est du plus vigoureux style.

Le *Méléagre* de M. *Boizot* a de la grace, de la vigueur même ; mais il est d'un caractere vague : ce n'est qu'un chasseur ordinaire, beau, bien conformé, & point le mâle héros de la fable, un fils du roi, le vengeur de son pays.

On trouve du nerf dans le *Gladiateur mourant* de M. *Julien*, malgré l'abandon du corps très-bien exprimé ; il possede parfaitement l'anatomie ; peut-être les mains sont-elles soignées avec trop de délicatesse pour sa situation ; car cet auteur a, quand il le veut, de la douceur & du moëlleux dans le ciseau, ce que prouve sa *tête de femme, coëffée d'un voile & couronnée de fleurs*, comme les jeunes filles dotées par le pape & le sacré college à l'église de la Minerve à Rome : elle est d'une suavité charmante. Les fleurs sont artistement travaillées, & le voile a presque la transparence de la gaze.

Il seroit à souhaiter que M. *de Joux*, nouvel académicien, eût choisi pour son morceau de réception un sujet moins rebattu en peinture & en sculpture que le *St. Sébastien* ; on est obligé, faute d'une expression neuve, de se rejeter sur les détails de nature qu'on parcourt avec plaisir.

M. *Monot*, ordinairement doux, & dont le faire se retrouve dans un *enfant qui joue avec ses pieds*, a voulu donner cette fois un ton tragique à son ciseau dans le buste de Mlle. *Duplan* : il a choisi le moment où cette actrice, dont la tête est tout-à-fait pittoresque, faisant le rôle de *Clytemnestre* dans l'*Iphigénie en Aulide*, du chevalier Gluck, dit aux soldats qui viennent saisir sa fille pour la conduire à l'autel :

Osez mettre le comble à votre rage impie ;
Barbares !

Ce vers, qui devroit se lire sur la figure de la reine, est inscrit en légende au bas, pour l'intelligence du spectateur.

L'artiste a médité un sujet plus grand encore,

l'*Amour* qui, foulant aux pieds l'aigle de Jupiter, semble s'applaudir de triompher de l'univers. Ce sujet allégorique & d'une grande moralité, doit s'exécuter en marbre pour le pavillon du comte d'Artois à *Bagatelle*. Il ne pouvoit être mieux placé qu'à l'entrée d'un palais dont le nom seul annonce la destination futile. On ne sait si ce modele desiré ne s'est pas trouvé prêt, mais il n'est qu'annoncé & n'a point été présenté au public.

On ne juge pas cette année que M. *Foucou* ait répondu à la haute opinion qu'on avoit conçue de lui précédemment : tous ses ouvrages, en petit nombre & de petite maniere, sont froids, même un buste de *Regnard*. Puisse M. *Sergell*, agréé qui entre dans la carriere, & le dernier aussi dont je ferai mention, mieux soutenir son essai ! c'est un très-beau sujet ; « Othryadès, La-
» cédémonien, resté seul sur le champ de ba-
» taille, & blessé mortellement, dresse un trophée
» à Jupiter, sur lequel il écrit avec son sang. »
Il est à présumer que s'imposant une pareille tâche, on se sent la force de la remplir ; tâche difficile, en ce qu'elle exige plus de tête que de main, que l'exécution en doit être simple & l'expression sublime. Il faudra voir le modele rendu en marbre pour décider du degré de mérite du compositeur.

Je passe, Monsieur, sur les graveurs, entre lesquels je ne trouve aucun nouvel athlete, parce que tous les morceaux exposés au sallon sont d'ailleurs depuis long-temps connus du public, annoncés, décrits, vantés dans diverses feuilles périodiques, & que ces artistes, en multipliant comme ils veulent une même production, la répandent par-tout & vous ont mis à portée de juger par vous-même de leurs œuvres. Un seul portrait par M. *Miger* exige que je m'y arrête, en ce qu'il fait anecdote & annonce une impudence rare : ç'auroit été, sans doute, déja une grande audace à M. *Vernier*, un des suppôts du chancelier, un de ces magistrats du grand-conseil, qui par une prévarication infame avoient eu la lâcheté de se prêter à ses vues, un de ces hommes voués dans les *Correspondances* au ridicule & à l'exécration, de se montrer en pareil lieu dans les circonstances actuelles ; mais comment qualifier la dédicace qu'il s'est fait faire & qu'on lit au bas : *Viro Justiciæ Vindici integerrimo, egregiarumque artium sagacissimo cultori* ! Comment s'est-il trouvé un complaisant assez bas pour s'y prêter ? Il a rougi tellement lui-même de son héros, qu'il n'a osé se nommer, & ne s'est désigné que par des lettres initiales.

Je reviens, avant de finir, sur deux portraits dont j'avois omis l'un volontairement, ignorant son mérite, & dont l'autre n'est exposé que depuis peu. Le premier est remarquable par un nouveau procédé particulier à l'auteur, M. *Loir*, qui depuis nombre d'années ne s'étoit pas montré au sallon ; il a peint en pastel sur cuivre M. *Belle*, son confrere. Cette maniere moins agréable, peut être plus solide, mais sur-tout plus propre aux sujets exigeant de la vigueur & de l'énergie. Le second est le portrait de M. *d'Angiviller*, par M. *Duplessis*. Il est beau, mais froid, comme le héros : ce qui le rend remarquable, c'est un rouleau que déploie le directeur des bâtiments, sur lequel on lit : *Galerie du Louvre* : c'est l'annonce de ce superbe *Muséum*, où doivent se réunir tous les talents, tous les arts, où figureront toutes les écoles, où se formeront les grands artistes en tout genre, & qui rendra désormais le sallon inutile, ou du moins insipide, & l'époque de l'administration de M. d'Angiviller à jamais immortelle. O... *quando ego te aspiciam!*

J'ai l'honneur d'être, &c.

Paris, le 28 septembre 1779.

MÉMOIRES
SECRETS

Pour servir a l'Histoire de la République des Lettres en France, depuis MDCCLXII jusqu'a nos jours.

ANNÉE M. DCC. LXXIX.

1 Janvier. Les *petites Affiches*, jalouses de plus en plus du *Journal de Paris*, qui à la longue les auroit réduites à peu de souscripteurs, avoient déja fait des efforts l'année derniere pour arrêter cette invasion; elles en tentent de nouveaux aujourd'hui, qui doivent être plus heureux & rendront le dernier presque inutile, si le projet s'exécute, tel qu'on le trouve dans le *Prospectus d'un nouveau plan adopté par le ministere, pour la composition & la distribution des annonces, affiches & avis divers, ou Journal général de France.*

Si l'on en croit ce *prospectus*, c'est dans un passage des *Essais de Montaigne* qu'on a puisé l'idée des affiches; ainsi aucun ouvrage périodique, tel qu'il soit, ne peut faire preuve d'une ancienneté aussi respectable. En outre, des pieces très-authentiques apprennent que *Tliophraste Rénaudot*, sous le ministere du cardinal de *Richelieu*, ayant obtenu de *Louis XIII* le privilege général de la *Gazette de France*, conçut le projet d'établir *des bureaux de correspondance, d'adresse & de rencontre de toutes les commodités réciproques des sujets du roi*, & de publier des feuilles intitulées : *Conférences, extraits des regiftres defdits bureaux, Annonces, Affiches & Avis divers, &c.* Ce Rénaudot, par succession de temps, divisa ses feuilles en deux classes ; l'une, consacrée aux grands objets de la politique, au récit des événements que font naître les intérêts respectifs des puissances ; l'autre affectée aux relations d'une moindre importance, aux annonces & avis, qui ont pour but l'avantage réciproque des particuliers.

C'est ce second ouvrage remis en activité, il y a près de trente ans, dont on a grossi considérablement le volume par nécessité vers 1761 & encore en 1777, qu'on intitule aujourd'hui *Journal général de France*, & qui paroîtra chaque jour, en un cahier de huit pages in-8°. pour 30 livres par mois ; il embrasse tous les objets ; & chaque feuille, loin d'offrir beaucoup de rempliffage, comme le *Journal de Paris*, présentera de quoi satisfaire l'intérêt, la curiosité & le goût des lecteurs. Telles font les promesses de la nouvelle compagnie qui a traité du privilege.

1 *Janvier* 1779. C'est M. de Bretigniere, conseiller de la troisieme chambre des enquêtes, qui ayant fait au parlement la proposition, sur

l'état civil des protestants, renvoyés au 15 décembre, a fait à l'assemblée un discours sur ce sujet, par lequel il a demandé, non de favoriser l'exercice de la religion prétendue réformée, non d'admettre aux charges ceux qui la professent, mais d'obtenir pour eux ce que l'on accorde aux juifs dans toute l'étendue du royaume ; ce que les princes protestants ne refuserent jamais aux catholiques, ni les empereurs païens eux-mêmes aux chrétiens qu'ils persécutoient, c'est-à-dire, un moyen légal d'assurer l'état de leurs enfants.

Les opinions ont été très-longues sur ce discours ; mais quoiqu'il y ait eu différents avis, au fond le vœu des magistrats étoit unanime, de modifier les loix de Louis XIV. En sorte qu'on ne doit pas conclure de l'arrêté *qu'il n'y a lieu à délibérer*, qu'il ait décidé que cet objet ne méritoit pas qu'on s'en occupât ; mais l'addition de ces mots, *s'en rapportant ladite cour à la prudence du roi*, explique suffisamment les raisons de prudence qui l'ont déterminé.

On vient d'imprimer, *Récit de ce qui s'est passé le 15 à l'assemblée des chambres du parlement.*

1 *Janvier* 1779. On apprend que madame la présidente de St. Vincent vient de mourir au couvent où elle étoit enfermée.

2 *Janvier*. Il se trouve aussi des plaisants dans la société royale de médecine, & voici une facétie qu'elle répand à l'occasion de la cessation des assemblées de la faculté. Elle est en forme de *Bulletin* du 19 décembre 1778.

« La faculté de médecine a passé une très-
» mauvaise nuit ; sa tête est toujours très-em-
» barrassée, les membres roides, le pouls dur,
» la langue mauvaise & noire, tout le corps
» plein de vent. Ce qui en sort, est mal digéré
» & de mauvaise qualité. L'affaissement est gé-
» néral dans toute la machine, qui ne fait plus
» ses fonctions depuis hier au soir : tout ceci est
» la suite d'un mauvais régime.

» L'usage des bains & de l'ellébore n'a rien
» produit de satisfaisant ; on craint d'être obligé
» d'en venir à des remedes violents, & que la crise
» n'entraîne une désorganisation nécessaire dans
» un corps sans action & qui languit depuis long-
» temps. »

Signé, BON SENS.

Le docteur Paulet, plus piqué au jeu que les autres, avoit offert de chansonner à son tour les facultaires dans un vaudeville ; mais les sociétaires se sont refusés à cette vengeance, qui s'exécute & ne se propose pas en public.

3 Janvier 1779. La faculté de médecine fonde la clôture de ses écoles sur l'arrêté du conseil qui dissout son comité ; en conséquence elle n'a point obtempéré à la lettre de M. le garde-des-sceaux, mais arrêté des représentations. On croit que l'université va intervenir pour cette fille molestée & vexée horriblement.

3 Janvier. M. de la Dixmerie a eu beaucoup de peine à faire imprimer son *Eloge de Voltaire*, prononcé dans la loge maçonnique des Neuf-Sœurs, dont il avoit été membre. Il a surmonté les obstacles du clergé & des canemis de son héros. L'ouvrage paroît enfin. On ne peut se rétracter à la lecture sur le jugement qu'on en a porté. En applaudissant au style, aux tournures, aux images, aux décisions, en général assez saines de l'écrivain, on continue à lui reprocher de n'avoir donné qu'une analyse chronologique des œuvres de ce grand homme, & d'avoir négligé de l'enrichir de cette foule d'anecdotes, entre lesquelles il avoit à choisir. M. de la Dixmerie a ajouté quelques notes, où il a réparé cette omission, mais bien foiblement; en sorte qu'on peut prononcer hardiment que l'*Eloge de Voltaire* reste encore à faire.

Celui-ci est dédié à madame Denis, par une épître assez médiocre: on trouve à la fin une autre épître en vers aussi, que le poëte adresse au seigneur de Ferney lors de son retour dans cette capitale. On y lit ces vers singuliers:

.... Mais dans le temple du Seigneur
Je suis un simple enfant de chœur,
Et j'attache à l'autel ma chétive guirlande :
En vain j'essayai quelquefois
De joindre ma débile voix
A celles qui pour vous entonnoient des cantiques.

Cette comparaison, rapprochée des cérémonies de l'église, empêcha dans le temps le *Journal de Paris* d'insérer la piece, & les prêtres en sont en effet scandalisés.

4 *Janvier* 1779. Parmi toutes les tracasseries du tripot lyrique, il faut distinguer la querelle élevée entre les demoiselles Beaumesnil & Rosalie.

Rosalie. La premiere a écrit une lettre insérée au *Journal de Paris* du 17 décembre, où elle se plaint que la seconde faisa t valoir son antériorité au théatre de deux mois, accapare tous les rôles des opéra, tant anciens que modernes, quoique sa destination ne dût être à sa réception que de doubler madame Larrivée, tandis que la sienne étoit de remplacer mademoiselle Arnoux. Mademoiselle Beaumesnil a pour chevalier le bailli de la Tour, & mademoiselle Rosalie, M. le comte de Merci-Argentau. Les amateurs du théatre lyrique se partagent : il paroît cependant que celle-ci l'emporte, puisque sa rivale annonce sa retraite. On ne peut nier que mademoiselle Rosalie n'ait infiniment plus de talent pour le tragique.

4 Janvier 1779. Une question assez curieuse en librairie, & d'ailleurs intéressante pour les gens de lettres, se présente dans un *Mémoire pour le sieur Boudet*, libraire-imprimeur du roi, propriétaire du privilege pour l'impression des œuvres de Bossuet.

Contre dom Deforis, religieux bénédictin du monastere des blancs-manteaux, éditeur.

Et contre les sieurs Elmsley & Nicoll, libraires de S. M. britannique, souscripteurs.

Vivement poursuivi par ceux-ci, le premier appelle en garantie son éditeur, seul coupable des retards qui excitent leurs réclamations.

Epuisé par des avances immenses que l'inexactitude de cet éditeur a rendu stériles, il demande la résiliation d'un traité dont l'inexécution le ruine, en même temps qu'elle les déshonore.

Tome XIII. L

Son adversaire, au contraire, représente ces deux actions si simples & si légales comme des attentats, dont l'impunité seroit le signal de la décadence des arts & la perte de la littérature; il ose annoncer au public que le sort des talents en France dépend du succès de sa cause, & que la barbarie est prête à renaître, si la justice ne lui accorde le droit de violer impunément ses promesses.

Tel est l'état de la question présentée par Me. Brousse, avocat, & résolue par une consultation du 12 décembre, signée des plus habiles consultants du palais en faveur du sieur Boudet.

5 *Janvier* 1779. Le morceau du *Panégyrique de Voltaire*, particulier au lieu, & que l'orateur de la loge des Neuf Sœurs pouvoit rendre infiniment plus intéressant, c'est celui où il parle de la réception de ce grand homme comme franc-maçon. Mais loin de tirer parti de cette circonstance, pour faire une apologie vigoureuse, une digression historique sur l'aventure de Naples, un éloge glorieux de la reine Caroline, la bienfaitrice des freres persécutés, il s'est contenté de repousser les sarcasmes, les mauvaises plaisanteries & la dérision des profanes étourdis, condamnant ce qu'ils ignorent. Ce paragraphe est tout-à-fait petit, mesquin & puéril.

On peut observer à cette occasion que les loges de France, plus sensibles à la bienfaisance de la reine de Naples, ne manquent pas de porter la santé de cette souveraine entre celles d'étiquette dans les banquets.

6 *Janvier*. Les éleves pour la danse de l'opéra

ouvrent enfin leur spectacle demain & commencent par une patomime, intitulée la *Jérusalem délivrée*, tirée du Tasse. Il y a eu aujourd'hui, suivant l'usage, la répétition des ministres, qu'on sait devoir présider par-tout & avoir la fleur de tout.

7 Janvier 1779. Le public n'étant pas content de l'édition de Bossuet en 12 volumes in-4°. faite en 1741, le sieur Boudet avoit imaginé de lui en donner une nouvelle à lui seul. Il avoit choisi pour éditeur l'abbé Lequeux, moyennant une pension viagere de 500 livres. Cet homme de lettres s'étoit chargé de revoir, corriger, annoter, augmenter la collection annoncée. En moins de dix-huit mois le plan de l'édition fut tracé, la distribution des matieres établie, & cinq volumes imprimés presqu'en entier, lorsque la mort vint l'arrêter. Le propriétaire du privilege eut recours à dom Deforis, & le 24 décembre 1768 ils signerent une convention double, par laquelle le religieux s'obligeoit de faire le surplus du travail entrepris, & le libraire de lui accorder pour honoraires une pension de 1000 liv. sa vie durant, outre plusieurs cadeaux utiles & agréables.

Un prospectus du premier août 1779 fut répandu par dom Deforis, où il promit 25 volumes in-4°., dont six paroîtroient dans le courant de 1770, six autres environ un an après, & le reste successivement d'année en année. Cependant, depuis & jusqu'à ce jour il n'a encore été livré aux souscripteurs que les six premiers volumes déja préparés par l'éditeur défunt. L'imprimeur a en vain sollicité le bénédictin de tenir son engagement ; celui-ci s'excuse sur ce que le génie ne reçoit point d'entraves, & que le terme de son enfantement ne peut être fixé comme celui de l'enfantement physique.

Le sieur Boudet ayant été attaqué en indemnité par les deux souscripteurs énoncés, a son recours contre l'éditeur ; il présente un tableau, par lequel il est à découvert de plus de 200,000 liv. Il demande que le traité soit résilié, sauf à payer au religieux ce qu'un censeur estimera devoir lui être dû. Tel est l'état de la question sur laquelle on attend un jugement.

7 Janvier 1779. L'opéra d'*Hellé*, joué avant-hier, a eu un succès apparent assez considérable, si l'on en juge par des applaudissements nombreux, soutenus, réitérés à tous les actes & par des *bravo* fréquents. Cependant, comme tous les *Gluckistes*, *Piccinistes*, *Bouffonistes*, *Ramistes*, *Lullistes* sont contre l'auteur, ils se réunissent à dire qu'il ne faut pas en croire les battements de main, & qu'ils ne sont dus qu'à une cabale gagnée.

D'un autre côté, comme l'exécution a été très-vicieuse, les partisans du sieur Floquet présument & assurent qu'il ne peut que gagner avec le temps. Entre les acteurs, la demoiselle la Guerre faisant le principal rôle, a joué détestablement ; & tous ceux qui savent l'anecdote l'excusent. Elle avoit perdu le jour même son amant, le sieur la Cassaigne, apothicaire, & que les camarades de l'actrice décoroient plaisamment du titre de premier commis de la Guerre.

7 Janvier. Les partisans du maréchal de Richelieu affectent de répandre la rumeur que madame la présidente de St. Vincent, d'après l'impulsion de son confesseur, a déclaré publiquement avant de mourir, qu'elle étoit l'auteur des faux billets. Cet aveu, trop précieux à l'accusateur, n'est point assez authentique pour mériter quelque créance. S'il étoit vrai, la nouvelle en auroit déja été annoncée dans tant de feuilles publiques qui paroissent journellement. La famille de l'accusée assure que ce bruit est dénué de tout fondement, & qu'elle a, au contraire, protesté toujours tenir les billets, vrais ou faux, du maréchal.

8 *Janvier* 1779. Extrait d'une lettre d'Amsterdam, du premier janvier 1779. Vous ne nous parlez point d'une fameuse ode qui paroît chez vous au sujet du démembrement de la Baviere, dans laquelle il regne la plus grande hardiesse, & qui est dans le goût des *Philippiques* de la Grange Chancel, comme vous en jugerez par la strophe suivante :

Frémissez, Bavarois ! je vais nommer le traître
Dont la main criminelle osa forger vos fers :
Le fourbe, à vos regards indigne de paroître,
  Est l'infame Ritters.

On ne connoît point en effet cette ode dans ce pays-ci, & il est à présumer qu'elle a plutôt été composée en pays étranger.

8 *Janvier*. On a mis dans l'almanach royal, au-devant du nom du cardinal de Guimenée, ces trois lettres S. A. E., qui veulent dire, *Son Altesse Eminentissime*. Les princes du sang, qui ne reconnoissent d'altesse qu'eux en France, sont furieux ; ils exigent qu'on mette un carton dans les exemplaires non-délivrés, &

qu'on annonce dans les papiers publics la fausseté de cette innovation. M. Pidans de Mairobert, le censeur de cet almanach, a reçu de vifs reproches de l'avoir laissé s'y glisser. Ce livre, par cette raison, est un des plus vétillards, des plus difficiles & des plus ennuyeux à examiner.

8 *Janvier* 1779. Simon-Mathurin Lantara de Fontainebleau, mort le 22 du mois de décembre à l'hôpital, est un de ces artistes obscurs & malheureux, dont la réputation ne perce qu'après le trépas. Il étoit né avec l'instinct du génie. Dès ses plus tendres années il dessinoit des paysages sur les portes des maisons, & par le seul effort de son talent, sans éducation, il étoit parvenu dans son art à un point de perfection étonnant. Il n'étoit occupé que d'un genre, pour lequel il avoit un goût irrésistible. On le voyoit souvent les yeux fixés sur un sombre orage, ou sur un brillant crépuscule, se pénétrer des jeux bizarres de la nature. Personne n'a mieux exprimé les différentes heures du jour ; il excelloit dans la perspective aérienne : la vapeur de *ses paysages* approche beaucoup de celle de Claude Lorrain : ses matinées respirent une fraîcheur ravissante. On a de lui des soleils levants & couchants, dignes de piquer la curiosité des amateurs : ses clairs de lune sont d'un argentin où l'on ne peut s'empêcher de reconnoître une vérité unique. L'indigence le forçoit à travailler à peu de frais pour exister, & des maîtres impérieux trafiquoient de ses ouvrages, se les attribuoient, &, non contents d'en ravir le lucre, s'en faisoient aussi une réputation.

On doit savoir gré à M. l'abbé *Raby* d'avoir fait connoître cet artiste presque ignoré, par une lettre insérée au *Journal de Paris* du 5 janvier de cette année.

9 *Janvier* 1779. Le jour de l'an le comte d'Artois & le duc de Chartres, pour s'amuser, avoient fait une liste à sept colonnes : dans chacune desquelles ils classoient toutes les femmes présentées, qui venoient faire leur cour à Versailles : ces sept colonnes étoient *Belles*, *Jolies*, *Passables*, *Laides*, *Affreuses*, *Infames*, *Abominables*. Une seule s'est trouvée inscrite dans la premiere colonne, & deux dans la seconde. Les méchants de la cour n'ont pas manqué de prendre des copies de cette liste, & d'en faire part aux femmes étiquetées. Entre celles-là étoit la marquise de *Fleury*, rangée parmi les *Abominables*. Si elle n'est pas partagée des dons de la nature à l'extérieur, elle a beaucoup d'esprit & du plus malin. Quelques jours après elle s'est trouvée à souper au palais-royal. Le duc de Chartres est venu causer avec elle ; la marquise l'a reçu bien froidement. Il s'en est suivi une explication : le prince s'est assez mal défendu ; madame de Fleury outrée a fini par dire : *heureusement, monseigneur, il y a à appeller de votre jugement ; on sait que vous ne vous connoissez pas mieux en signalement qu'en signaux*. Le duc de Chartres est resté fort sot.

10 *Janvier*. Hellé est une princesse de *Colchos*, fille d'*Athamas*, qui, en mourant, la confia à la reine de *Thebes*, *Ino*, sa sœur : *Neptune*, sous le nom d'*Arsame*, est amoureux de la premiere & aimé de la seconde. Il

revient vainqueur réclamer la main d'*Hellé*, qui lui a été promise par son pere. Sa rivale jalouse, outrée de ne pouvoir s'attirer les hommages du héros, a recours à *Elphingor*, magicien, qui par ses prestiges persuade à *Hellé*, ou plutôt lui fait voir que son amant est infidele; elle ne peut tenir à ce spectacle, &, malgré les protestations d'*Arsame*, se résout à quitter cette cour : *Elphingor*, pour calmer mieux les inquiétudes & la rage d'*Ino*, excite une tempête, qui fait périr la malheureuse fugitive. *Neptune* étonné d'un orage qu'il n'a point excité, en apprend la cause, se fait connoître à la perfide qui se tue de désespoir, & ordonne aux flots mutinés de lui rapporter son amante, qui retrouve le dieu de l'onde dans *Arsame* : il l'admet dans son palais à partager son empire, il lui donne celui de la mer, où elle a été submergée, qui doit désormais porter son nom & s'appeller l'*Hellespont*.

Tel est ce poëme médiocre, dénué de bon sens en beaucoup de chose, mais qui a cela de commun avec tant de paroles d'opéra & même de tragedies, qu'on pardonne ce défaut, & n'est pas aussi détestable qu'on le veut représenter : il offre des situations, il y a des ariettes qui fournissent au chant, & le dénouement en est des plus pittoresques qu'on puisse voir.

Il paroît que dans le principe de M. de la Boullaye, maître des requêtes, intendant d'*Auch*, fou de la musique, aspirant au titre d'amateur, & protecteur du sieur Floquet, avoit eu le projet de s'attribuer ce poëme qu'il avoit acheté d'un inconnu, si personne ne le réclamoit & s'il étoit goûté du public.

Depuis, le sieur le Monnier ayant trouvé les paroles d'*Hellé* entre les mains de Floquet, a cru reconnoître un ouvrage qu'il avoit anciennement composé & laissé à l'écart, sur les jument & refus de Mondonville, auquel il l'avoit confié.

Cet opéra étoit d'abord en cinq actes : M de la Boullaye en ayant fait l'acquisition, consulta Crébillon le fils ; celui-ci le trouva susceptible de beaux effets en musique, pourvu qu'il fût retouché & élagué. Le magistrat le mit en quatre actes, avec son blanchisseur, & c'est ainsi qu'il fut confié à Floquet : on prétendit qu'il n'étoit pas encore assez resserré, & le sieur de Saint-Alphonse, frere du sieur de Vifme, l'a réduit en trois actes, tel qu'il est aujourd'hui.

Monsieur & madame de la Boullaye jettent les hauts cris & jurent que cette tragédie lyrique étoit infiniment meilleure avant ; ils assurent qu'on l'a mutilée & massacrée horriblement, qu'on lui a ravi tout ce qu'il y avoit de mieux.

11 *Janvier* 1779. Les ducs & pairs interviennent dans le procès qu'excite à la cour l'usurpation du cardinal de Guiméne. Celui-ci se défend & se prévaut d'un mémoire, concernant le college de Louis-le-Grand, dont il est le premier administrateur, imprimé, où le président Rolland & l'abbé d'Espagnac, membres du parlement, lui ont prodigué ou du moins passé ce titre en très-gros caracteres. Ce mémoire a été présenté dans le temps au roi, au garde-des-sceaux & au premier président, sans aucune réclamation.

M. de Miroménil a mandé le sieur le Breton,

l'Imprimeur, qui s'est autorisé de ce titre & exemple. On attend que le roi prononce, & l'on instruit l'affaire pardevant M. le comte de Maurepas.

11 *Janvier* 1779. Il faut se rappeller le décret lancé par le grand conseil contre le sieur Gudin. Cet auteur a été compris dans une sorte d'amnistie accordée à l'occasion des couches de la reine, & s'est trouvé maître de revenir à Paris. Mais outré de sa persécution, il n'en est pas plus sage, il répand aujourd'hui un manuscrit, il est vrai, & sans le signer, un conte intitulé *Madame Hermiche*, apologue bien propre à lui attirer une seconde fois l'animadversion de cette cour, si elle pouvoit acquérir les preuves nécessaires. Le morceau, comme littéraire, n'est point mal fait; il est assez lestement narré & très-malin.

11 *Janvier.* Si l'on en croit les diverses anecdotes rapportées sur le roi, ce prince, par une union bien rare, joint la finesse la plus galante à la plus aimable bonhomie. Voici deux traits récents dans l'un & l'autre genre.

On sait que les cours vont complimenter S. M. à l'occasion des couches de la reine. La cour des aides étant entrée chez le roi, il n'a dit autre chose à ces magistrats, sinon, *sont-ce là vos chaises?* Il regardoit en même temps les chaises à porteurs, dans lesquelles ils s'étoient fait porter au pied de l'escalier : sur la réponse affirmative, il s'est mis à ricaner franchement, & a ajouté : *Vous ne savez donc pas marcher à pied, vous autres?* & ils se sont retirés.

On a lu l'éloge de M. Necker dans quelques discours tenus au parlement d'Angleterre. Le roi se les a fait représenter, en a été enchanté, & la premiere fois que le directeur général des finances est venu travailler avec lui, il lui a demandé s'il savoit l'anglois ? Il a répondu que oui : « moi, je veux l'apprendre », a continué le roi, « j'en ai déja même traduit quelque » chose, » & lui donnant en même temps un papier : « faites-moi le plaisir de me dire, si » c'est bien. » M. Necker a trouvé ses louanges, que le monarque sembloit ainsi raréfier.

Malheureusement, la premiere anecdote est rapportée par des magistrats, témoins oculaires & auriculaires : la seconde est un bruit vague de cour & de ville.

11 *Janvier* 1779. La seconde représentation d'*Hellé* n'a point été heureuse, & l'on regarde déja cet opéra comme tombé. Les connoisseurs admirent la musique du second acte, mais trouvent que celle du premier & du troisieme ne sont pas du même jet. On continue à reprocher beaucoup de pillage au sieur Floquet, auquel on accorde du goût & point de génie.

12 *Janvier* 1779. On a remarqué une observation de *monsieur*, au baptême de madame, fille du roi. On sait que ce prince tenoit l'enfant sur les fonts pour le roi d'Espagne. Le grand-aumônier lui a demandé quel nom il vouloit lui donner ? *Monsieur* a répondu : « mais ce n'est pas par où l'on commence ; » la premiere chose est de savoir quels sont les » pere & mere ; c'est ce que prescrit le rituel. » Le prélat a répliqué que cette demande devoit avoir lieu lorsqu'on ne connoissoit pas d'où venoit l'enfant ; qu'ici ce n'étoit pas le cas, &

que personne n'ignoroit que madame étoit née de la reine & du roi. Son altesse royale non contente, s'est retournée vers le curé de Notre-Dame, présent à la cérémonie, a voulu avoir son avis, lui a demandé si lui curé, plus au fait de baptiser que le cardinal, ne trouvoit pas son objection juste ? Le curé a répliqué avec beaucoup de respect, qu'elle étoit vraie en général ; mais que dans ce cas-ci il ne se seroit pas conduit autrement que le grand-aumônier : & les courtisans malins de rire. Tout ce qu'on peut inférer de-là, c'est que *monsieur* a beaucoup de goût pour les cérémonies de l'église, est fort instruit de la liturgie, & se pique de connoissances en tout genre.

12 *Janvier* 1779. Extrait d'une lettre de Cambray, du 2 janvier 1779..... Il est bien fâcheux que cette ville n'appartienne plus aux Espagnols, & que le saint office y soit aboli : notre archevêque vient de tenir un *auto-da-fé*, qui le prouve bien digne de jouer le rôle de grand-inquisiteur. On faisoit l'année dernière la vente des livres d'un chanoine, à laquelle ce prélat assistoit. Entre ces livres se trouvoit un exemplaire *de l'Histoire du Commerce & des Etablissements des Européens dans les Indes, par l'abbé Raynal*. Quand on l'annonça, tout le monde fut surpris d'entendre monseigneur enchérir & le pousser ; il le poussa tant qu'il lui resta ; alors le jetant dans le feu de la cheminée : « voilà, dit-il, messieurs, qui doit réparer » le scandale que je vous ai pu causer : tel est » l'usage que je voulois faire de cet ouvrage » abominable. »

Le prédécesseur avoit dans son cabinet le

portrait du pape Ganganelli, comme un modele qu'il ne vouloit pas perdre du vue : M. de Fleury, qui n'en fait pas tout-à-fait le même cas, a ordonné qu'on le plaçât dans ses lieux à l'angloise.

13 *Janvier* 1779. *L'état de la marine* en forme d'almanach pour cet année, ne paroît pas encore. Le ministre en a suspendu l'impression. On prétend qu'il veut y faire insérer des changements ; ce qui annonceroit une promotion ; on dit qu'elle n'aura lieu qu'au commencement de février.

13 *Janvier*. Il paroît que l'académie se propose de rendre l'assemblée pour la réception de monsieur Ducis la plus brillante qu'il y ait encore eue, afin d'égaler, s'il est possible, la gloire du héros défunt, qu'il s'agit de célébrer. M. d'Alembert a déclaré que ce jour devoit être consacré tout entier à sa mémoire, & qu'il s'abstiendroit de lire aucun éloge étranger. On se fait inscrire avec empressement depuis l'élection, & tous les billets sont déja retenus. Cela n'a pas empêché les plaisants de rire sur le compte du récipiendaire. Comme il a été admis dans ce corps précisément au temps où les divers spectacles de Paris, même les forains, donnoient *gratis* entrée au peuple en réjouissance de l'accouchement de la reine on a dit que les bateleurs du Louvre avoient aussi donné leur *gratis*: pur jeu de mot, car il y a la moitié de membre de la compagnie qui ne valent pas monsieur Ducis.

14 *Janvier*. L'abbé de l'Attaignant, le fameux chansonnier, vient de mourir dans un âge très-avancé, malgré ses débauches. Il s'é-

soit converti depuis quelques années, & il faut se rappeller que c'étoit l'abbé Gauthier, le confesseur de M. de Voltaire, envoyé à ce poëte par son confrere, qui avoit opéré ce miracle. Il étoit difficile que dans les cours de ses vaudevilles, l'abbé de l'Attaignant n'offensât personne. Un des mécontents voulant lui donner la rétribution ordinaire, se trompa & s'adressa à un autre, chanoine de Rheims comme lui, qui lui ressembloit beaucoup : le chansonnier en plaisantoit depuis & l'appelloit *son receveur*. On peut juger par ce trait combien l'abbé de l'Attaignant, d'une famille honnête & même distinguée dans la robe, avoit toute honte bue : il étoit aussi exclus de la bonne compagnie, dont il auroit pu faire l'amusement par ses saillies & sa gaieté.

14 *Janvier* 1779. Par une lettre de l'abbesse du lieu où est morte madame la présidente de Saint-Vincent, en date du 9 de ce mois, elle rend compte à madame de Castellanne dame pour accompagner madame Victoire & parente de la défunte, des circonstances de cet événement Il en résulte, que non-seulement les bruits répandus par les partisans du maréchal de Richelieu sur son aveu prétendu d'avoir fabriqué les billets, sont faux, mais que pendant une maladie de langueur qui a duré plusieurs mois & opéré chez elle une conversion totale, elle a persisté dans ses dires en justice.

15 *Janvier* 1779. Quoique le journal de Me. Linguet annonce une licence des plus extrêmes, il a cependant un censeur ici, & il ne s'y distribue qu'avec son attache. Ce censeur est ignoré du public & vraisemblablement de l'auteur même,

pour qu'il ne soit pas en bute à ses fureurs. Le n°. 30 a été long temps à l'index & l'on a exigé un carton ; ce qui se remarque sensiblement. On assure que la lacune remplie concerroit le chancelier : que l'apologiste de tous les monstres, à l'occasion de la lettre écrite par monsieur de Maupeou au roi pour réclamer les honneurs de la charge aux couches de la reine, partoit de-là, & en faisoit un éloge pompeux & digne du héros. Cela peut s'éclaircir par les exemplaires répandus chez l'étranger & non cartonnés sans doute.

16 *Janvier* 1779. La loge des Nœuf-Sœurs s'enrichit chaque jour de l'acquisition de quelque homme célèbre : aujourd'hui ont été initiés MM. le Miere & Vernet ; le premier est auteur d'un poëme sur la peinture, & le second un peintre célèbre. C'est ce qui a fourni matiere au chevalier de Cubieres d'enfanter l'impromptu suivant :

Muses, ouvrez-leur votre temple ;
A ces deux artistes chéris ;
L'un imite *Linus*, l'autre égale *Zeuxis* :
L'un donne le précepte en ses savants écrits,
Dans ses brillants tableaux l'autre donne l'exemple.

16 *Janvier.* Le sieur Noverre, maître des ballets de l'opéra, a écrit une lettre aux auteurs du *Journal de Paris*, en date du 25 décembre, où il leur apprend que ses camarades, tant du chant que de la danse, en réjouissance de l'heureux accouchement de la reine, doivent donner trente louis de dot à la première fille pauvre à marier qui leur sera indi-

quée par le bureau de la ville. Ils doivent faire les frais de la noce & du banquet, qui aura lieu au Wauxhall d'hiver. Les nouveaux époux, ainsi que leurs familles, seront servis par les talents & les arts agréables : il en doit résulter une fête très-propre à exciter l'ardeur des curieux. En conséquence il annonce que l'on a ouvert une souscription chez le Sr. Rouen, notaire, où les amateurs pourront déposer un louis, le prix du billet d'entrée : la somme résultant de cette souscription, sera consacrée à la premiere nourriture de l'enfant de ces époux.

Il ajoute, que la dot sera déposée chez Mlle. Guimard, nommée trésoriere de l'opéra. Un plaisant a fait sur cette qualité de la Terpsicore moderne, le quatrain suivant :

C'est Guimard qu'on vient d'élire
Trésoriere à l'opéra :
On a raison, car elle a
La plus grande tirelire.

17 *Janvier* 1779. On a mis en épigramme le bon mot du *gratis* de l'académie :

Le fauteuil à Ducis !
Eh ! oui : l'académie
Veut donner son *gratis*
Comme la comédie.

Comme on parloit beaucoup des prétentions du marquis de Condorcet à la place de M. de Voltaire & que ce candidat s'appuyoit sur les éloges du défunt, qui l'avoit en quelque sorte désigné ainsi son successeur, on a fait cette autre épigramme :

N'est-ce pas Condorcet qui succede à Voltaire ?
Voltaire l'a nommé : tant pis, dit un censeur,
Auguste aussi nomma son successeur,
Et ce successeur fut Tibere !

17 Janvier 1779. Le bon mot de la marquise de Fleury sur le duc de Chartres, a fait la plus grande fortune à Versailles, & cette foule de femmes intéressées à se venger l'ont publié en profusion. Il n'est guere possible que ce prince se releve du ridicule & de l'infamie qui en rejaillit sur lui ; car il persiste à rester insensible, ce qui indigne les gens même de sa maison, convaincus qu'il n'est pas coupable.

17 Janvier. Le cardinal de Guimenée a enfin désavoué l'imprimeur le Breton, qui a été vivement réprimandé par le garde-des-sceaux. On sent bien qu'il n'a point fait de son chef une pareille addition ; mais son éminence a été bien aise de s'en tirer ainsi. Cependant les princes, les ducs & pairs ne l'en tiennent pas quitte, & veulent que ce désaveu soit authentique.

18 Janvier 1779. La faculté s'est assemblée le treize pour recevoir de nouveaux ordres du roi, & S. M. ayant révoqué son interdiction du comité, elle a repris la plénitude de ses fonctions. Cela n'a pas empêché qu'on ne l'ait chansonnée & épigrammatifée. Voici une des meilleures pasquinades sur la circonstance :

Plus de mort ! plus d'enterrement !
Les médecins ferment boutique ;
Oh ! dit un curé, doucement,
Ils n'ont pas quitté la pratique.

18 Janvier 1779. Le corps de la librairie & imprimerie de Paris ne cesse de réclamer contre les deux tarifs portant fixation des droits de réception des libraires & imprimeurs, & des droits à percevoir pour les permissions d'imprimer ; ils ont de nouveau présenté des représentations à M. le garde-des-sceaux à ce sujet, & ils y motivent les raisons de leurs réclamations en huit pages d'impression in-4°.

18 Janvier. Le chevalier de Laurès vient de mourir. C'étoit un poëte lauréat de l'académie, couronné depuis trente ans. Il y avoit peut-être le même temps qu'il sollicitoit de faire jouer une tragédie aux François, & toujours inutilement. Il étoit auteur d'une traduction de Lucain, où il y avoit de beaux endroits & de superbes vers : en un mot, c'étoit un auteur malheureux, mais ayant autant & plus de mérite que plusieurs très-prônés, très-fêtés aujourd'hui.

19 Janvier 1779. Les partisans de M. de Voltaire cherchent aujourd'hui à se dédommager de toutes les manieres du long silence que leur avoit imposé le gouvernement. Après avoir répandu divers ouvrages particuliers, après s'être enhardis à en prononcer en public, en parodiant, en quelque sorte, les cérémonies de l'église qu'on lui a refusées, ils entreprennent aujourdhui son apothéose au théatre.

Il y a quelque temps que M. le comte d'Argental, l'un de plus fanatiques partisans de ce coryphée encyclopédique, remit en grand mystere aux comédiens françois un petit drame, intitulé *les Muses rivales*. Il roule sur l'universalité des talents de ce grand maître. Chacune des neuf Muses prétend que l'illustre mort lui appartient, comme ayant excellé dans le genre auquel elle préside, & réclame l'avantage de le présenter au dieu des arts.

Comme ce secret étoit celui de la comédie, il a percé ; ce qu'on ignore seulement, c'est le nom de l'auteur de la piece, le comte d'Argental paroissant seul & suivant même les répétitions. On attend avec impatience cette nouveauté, qui cependant peut être retardée par une autre, où l'à-propos n'est pas moins nécessaire : c'est une petite comédie de monsieur Rochon de Cabannes, intitulée *l'Amour françois*. Elle est relative aux événements du jour & de la politique.

19 *Janvier* 1779. On assure qu'on va faire exécuter enfin dans Paris la loi promulguée depuis nombre d'années, pour mettre les cimetieres hors de cette capitale, & qu'avant la fin de l'année elle sera en pleine vigueur.

19 *Janvier*. Les mutins de l'opéra ayant paru dociles un moment au volontés du roi, n'ont employé ce temps de calme que pour prendre de nouvelles mesures, & cabalent plus fort que jamais. Ils offrent de rendre M. de Vismes du Valgai indemne, & de lui faire un pont d'or de 100,000 livres pour en être débarrassé ; ils esperent que, fatigué d'une résistance aussi opiniâtre, il cédera enfin.

19 Janvier 1779. Comme on ne sauroit donner trop d'authenticité à la réfutation des bruits calomnieux répandus par les partisans du maréchal de Richelieu contre la mémoire de madame de Saint-Vincent, voici une copie de la lettre de madame l'abbesse du lieu, Notre-Dame, à madame la vicomtesse de Castellanne, à ce sujet, en date du 7 janvier 1779, & signée *Sœur de la Salle de Rochemore, abbesse.*

 « Rien n'est plus faux, Madame, que les bruits que l'on répand sur madame de Saint-Vincent. Non-seulement elle n'a laissé aucuns papiers, ni fait de déclaration qui puisse prouver de la fausseté dans les billets ; mais, au contraire, du moment qu'elle est entrée ici, jusqu'à celui de sa mort, c'est-à-dire, durant l'espace de dix mois entiers, elle a toujours assuré que les billets lui avoient été réellement donnés par sa partie adverse, & que le seul reproche qu'elle pouvoit se faire, étoit de les avoir négociés sans son agrément.

 » Ce propos tant de fois répété & sur lequel elle n'a jamais varié, malgré la légèreté ordinaire de son esprit, doit être, ce me semble, un fort préjugé en sa faveur ; j'ajoute de plus, que les grands sentiments de religion qu'elle a montrés pendant cinq mois de maladie & dans lesquels elle est morte, achevent de la tourner en certitude. Telle est, Madame, la façon de penser de toutes les personnes qui l'ont connue & suivie de plus près, depuis son entrée dans ma maison.

 » J'ai l'honneur de vous répéter, que ma

„ dame de Saint-Vincent n'a rien laissé ni rien
„ dit, qui puisse prouver contre elle au sujet
„ de sa malheureuse affaire. L'on ne doit
„ pas attendre non plus qu'il y ait rien en
„ sa faveur, puisque tous ses papiers lui
„ avoient été enlevés au commencement du
„ procès, comme il est porté dans ses mé-
„ moires.

„ Je voudrois, Madame, pour votre tran-
„ quillité, pouvoir en effacer la mémoire, &
„ vous faire oublier tous les chagrins qu'il
„ vous a causés ; c'est dans l'assurance de ces
„ sentimens que j'ai l'honneur d'être, Mada-
„ me, &c. „

20 *Janvier* 1779. On est fort attentif au procès de Keppel, parce que toutes les pieces en devant être publiques, il en résultera par contre-coup beaucoup d'éclaircissemens sur le combat d'*Ouessant*, à charge ou à décharge. On a déja vu dans les chefs d'accusation, qu'après avoir reproché à cet amiral d'avoir déshonoré le jour même le pavillon anglois par des manœuvres annonçant une fuite, on ajoute que le lendemain il n'avoit pas poursuivi les François qui fuyoient, & dont plusieurs vaisseaux étoient encore à sa vue.

20 *Janvier*. On a lu dans la gazette de France que le Sr. Parmentier avoit présenté au roi un pain fait en entier de pommes de terre, qui ne revenoit pas à plus de cinq liards la livre. Quand on a rendu compte du fait on s'est abstenu de parler du prix, parce que ce bon marché étoit contesté. Il est éclairci aujourd'hui qu'un pareil pain reviendroit à plus de dix sous la livre, & l'on fait de graves repro-

chés au ministere d'avoir laissé insérer dans un papier, renommé du moins pour la véracité, un calcul aussi étrangement erroné.

21 *Janvier* 1779. *Hellé* est retiré, & il en résulte une contestation entre le sieur Floquet & le sieur de Vismes. Ce dernier avoit acheté l'opéra en question 10,000 livres, mais avoit pris des termes, dont les époques se marquoient par celles des représentations ; en sorte que *Hellé* n'en ayant eu que trois, le surplus du marché se trouve ainsi annullé indispensablement.

21 *Janvier.* Monsieur le garde-de-sceaux a eu la foiblesse d'écrire une lettre circulaire à tous les censeurs depuis quelques jours, pour leur défendre de rien laisser passer dans les manuscrits qu'on leur présentera concernant directement ou indirectement l'ancien procès élevé entre la feue présidente de Saint-Vincent & le maréchal duc de Richelieu. On voit clairement que c'est une manœuvre de ce dernier, qui, après avoir fait répandre par ses émissaires dans le public que madame de Saint-Vincent s'étoit rétractée à sa mort, voudroit que cette calomnie tînt & restât sans éclaircissements.

21 *Janvier.* On ne sait à quoi aboutiront les cabales des sujets de l'opéra ; mais on commence à craindre très-sérieusement que sans réussir pour leur compte, ils ne dégoûtent monsieur de Vismes au moment où, après avoir surmonté la répugnance du public, cet administrateur commençoit à se le concilier par son zele. Jamais le théatre lyrique n'avoit été si varié en nouveautés : dans un mois monsieur de Vismes a mis sept opéra sur pied.

Tout récemment encore il a fait exécuter *il geloso in cimento*, ou *le jaloux à l'épreuve*, opéra bouffon en trois actes del signor Anfossy.

21 *Janvier* 1779. Une des parties de l'administration, sans doute la plus difficile à bien conduire, c'est celle qui concerne les enfants-trouvés. Trop de sévérité provoqueroit à des crimes qui font frémir la nature ; trop de facilités & d'indulgence augmente le libertinage & l'indifférence maternelle, sources d'abus pernicieux.

On a observé qu'il vient tous les ans à la maison des enfants-trouvés de Paris plus de deux mille enfants nés dans les provinces très-éloignées de la capitale : ces enfants, confiés à des voituriers publics, distraits par d'autres intérêts, d'ailleurs dans toutes les saisons & sans précautions, périssent en foule & l'on calcule qu'il en échappe à la population plus des neuf dixiemes.

En outre, le nombre de ces enfants trouvés augmente chaque année, parce que les peres & meres, pour se ménager une plus grande aisance, sacrifiant les sentiments de la nature à ces vues sordides, usent de ce moyen de se débarrasser des leurs.

Le gouvernement a pris le parti d'user d'abord de la voie des exhortations & corrections pastorales, pour arrêter ce désordre ; & comme vraisemblement ce moyen sera peu efficace, il se propose d'en chercher d'autres.

En attendant, par un arrêt du conseil du 10 de ce mois, il cherche à obvier aux abus provenant des envois & conducteurs éloignés.

22 *Janvier*. Les spectacles de madame de

Montesson ont recommencé depuis peu. On a joué avant-hier une piece nouvelle de cette dame, en un acte en prose, intitulée *le voyageur comme il y en a peu*, qui a paru charmante & a eu le plus grand succès. C'est un jeune homme de qualité, doué de tous les talents, qui en profite pour mieux s'amuser & s'instruire dans ses courses. Il joue tantôt le rôle d'un poëte, tantôt celui d'un peintre, quelquefois celui d'un musicien, & il change de nom suivant ces diverses professions. Il arrive dans une cour, où il reprend son véritable état & plaît à une femme distinguée : pour l'éprouver, il ménage plusieurs incidents, par lesquels elle apprend ses différentes métamorphoses ; ce qui le fait passer pour un aventurier : cependant ne pouvant vaincre son amour, elle a une explication avec lui, où il lui avoue sa naissance, mais déguisée encore sous le nom qu'il porte, parce qu'il a été obligé de fuir après avoir tué un rival, précisément le parent de l'ambassadeur de France en cette cour, & parce qu'il seroit perdu si ce ministre le connoissoit. Coup de théatre frappant, en ce que cette dame lui déclare qu'au contraire, ne pouvant tenir à sa curiosité sur son compte, elle a chargé ce même ambassadeur de faire des recherches sur lui. Désolation des deux ; il faut qu'il parte ; il va le faire quand l'ambassadeur survient ; & par un procédé généreux lui apporte sa grace ; ce qui termine heureusement le drame, dont le chevalier de Boufflers a servi de modele pour le principal héros.

23 Janvier 1779. Le roi, en réjouissance
de

de l'heureux accouchement de la reine, a consacré une somme de 1,000,000 liv. pour marier cent filles : chacune aura 500 liv. de dot, 200 pour le trousseau en outre, & 12 livres pour la noce. Il y a aussi des gratifications proportionnées pour les premiers enfants qui naîtront, & les mois feront payés plus cher à celles qui les nourriront.

M. le Noir, en faisant part aux curés de Paris des ordres du roi, leur a insinué de choisir respectivement dans leur paroisse ce qu'il y aura de plus joli, parce que leurs majestés pourroient bien avoir la curiosité de les voir. Tous ces mariages seront faits en conséquence à Notre-Dame, où chaque pasteur conduira ses ouailles pour y recevoir la bénédiction nuptiale des mains de M. l'archevêque, qui réclame cette fonction. Il en résulte une grande difficulté d'étiquette : il ne veut pas que les curés paroissent à cette cérémonie en étole : ceux-ci prétendent avoir ce droit & ne pouvoir s'en départir. On croit qu'il y aura du moins protestations de leur part.

23 *Janvier* 1779. Les freres Boucherie de Bordeaux ayant manqué, se sont évertués pour réparer leur fortune, & ont trouvé une maniere de rafiner le sucre, de le rendre plus beau, plus salubre & moins cher que par la méthode ordinaire. Ils ont assuré le ministre de la marine qu'il y avoit quarante pour cent de bénéfice, & M. de Sartines a jugé combien cette découverte seroit avantageuse. Il leur a promis une récompense considérable s'ils réussissoient ; il leur a fourni tout ce qui étoit nécessaire pour commencer les expériences, que deux chymistes bien

connus, les sieurs Rouelle & d'Arcet, ont suivies, ainsi que d'autres commissaires & membres de l'académie des sciences. Enfin, après un an de travail, il a été absolument consommé samedi 6 de ce mois, par la confrontation avec nos sucres des plus belles qualités, & les inventeurs sont sortis victorieux. Il a été reconnu qu'ils se passoient de feu pour agent, & que dans leur procédé, ils n'employoient ni eau de chaux, ni sang de bœuf, & ils n'ont pas moins tenu parole sur la diminution des frais. Mais, aujourd'hui qu'il s'agit de payer ces négociants & d'assurer leur dot, le directeur-général des finances s'y refuse ; il prétend que cela ne le regarde pas. C'est une suite de la mésintelligence qu'il y a entre ces deux ministres, trop prouvée par cette anecdote.

14 Janvier 1779. Epître à M. le comte de Falkenstein (l'empereur), *sur ce que dans son voyage en France il n'a pas vu M. de Voltaire, comme quelques gazettes avoient annoncé qu'il le feroit*. On juge par ce titre que la piece qui paroît imprimée aujourd'hui, est restée long-temps dans le porte-feuille de l'auteur. Sans doute, il n'a osé la laisser paroître que depuis la mort du chef de la secte philosophique, qu'on y tourne en dérision, ainsi que son parti. Il y a de la poésie, de l'aisance dans la versification ; c'est la maniere de Gresset, quoique ne la valant pas. Rien de neuf, & trop de diffusion empêcheront qu'on ne la lise avec un certain plaisir.

15 Janvier 1779. La musique de l'opéra bouffon *il Geloso in cimento*, a fait grand plaisir aux amateurs ; le poëme est détestable, à l'ordinaire.

16 *Janvier* 1779. M. l'abbé Maury, homme de lettres & prédicateur connu, a montré ces jours-ci une fermeté peu commune dans un ecclésiastique & un philosophe. Attaqué vers minuit près le palais par trois coquins, il s'est saisi d'un, a mis les deux autres en fuite en criant, & les a fait prendre. On ajoute qu'ayant su que son captif étoit neveu de Moreau de l'hôtel-dieu, il s'est abstenu de rendre sa plainte.

26 *Janvier*. La cérémonie des mariages est fixée au huit. M. le marquis de Dreux, grand-maître des cérémonies, est venu ces jours-ci faire mesurer sous ses yeux le chœur & la nef de Notre-Dame, pour estimer le terrein nécessaire aux cent filles & aux cent garçons, ainsi qu'à leurs témoins, au nombre de huit cents, & à la suite de leurs majestés ; parce qu'en cas que le chœur soit trop petit, on feroit une enceinte dans la nef, propre à la cérémonie.

L'archevêque fort entêté persiste à vouloir célébrer successivement les cent mariages, quoiqu'on lui ait démontré physiquement l'impossibilité de les faire tous en peu d'heures, & l'ennui inévitable qui en résulteroit pour leurs majestés. Il s'obstine à vouloir que les curés n'assistent point en étole à la cérémonie, quoiqu'ils lui aient prouvé que c'étoit un droit inhérent à leur qualité.

Comme ni les raisonnements ni l'autorité ne peuvent rien sur M. de Beaumont, on croit que les curés prendront le parti de céder, en faisant préalablement en corps une protestation.

27 *Janvier* 1779. Les rivaux du sieur Floquet se prévalent aujourd'hui de la chûte de son opéra, pour le dénigrer & accréditer l'anecdote qu'il n'est pas même auteur de *l'Union de l'Amour & des Arts* : que cette musique avoit été composée par feu Trial, qu'il l'avoit achetée de sa veuve : tout cela est fort humiliant pour l'amour-propre du jeune compositeur, qui s'étoit aussi trop exalté. Son défaut est d'avoir gâté sa maniere pour la perfectionner ; en sorte que son voyage d'Italie, au lieu de lui être utile, lui a été funeste en corrompant son goût.

28 *Janvier* 1779. Le schisme entre les facultaires & les sociétaires s'accroît de jour en jour : les premiers affectent le plus souverain mépris pour les seconds ; ils refusent de consulter avec eux toutes les fois que l'occasion s'en présente : ceux-ci s'en dédommagent par les graces de la cour qu'ils recueillent & par l'animadversion du ministere qu'ils excitent contre leurs rivaux. On parle encore d'un pamphlet intitulé *la Procession, ou le Rêve*, où l'on ressasse les anecdotes les plus scandaleuses des membres de la société.

29 *Janvier* 1779. Les éleves pour la danse de l'opéra donnent aussi avec leur grande pantomime de *la Jérusalem délivrée*, de petites pastorales, dont les paroles sont plates & les ballets plus que médiocres ; mais on espere que cela s'améliorera. On admire les machines du premier spectacle. Quant à la salle, qu'on avoit cru bien, on la trouve aujourd'hui incommode & manquée dans ses proportions.

Les autres spectacles forains sont jaloux de

celui-ci, comme de raison, & le sieur Audinot a fait composer une piece intitulée *la montagne délivrée d'une souris*, parodie pantomime mêlée de dialogues, dont le seul titre annonce son projet. On le trouve plaisant & l'on y rit.

30 *Janvier* 1779. La pusillanimité du gouvernement dans les moindres choses est incroyable : après la lettre ministérielle écrite au sieur de Vismes & manifestée au tripot lyrique, on avoit lieu de regarder la chose comme décidée : les histrions de ce théatre ne se le sont pas tenu pour dit, ils ont si bien intrigué, qu'ils l'emportent & forcent ce chef à se retirer, précisément dans le temps où le public commençoit à lui applaudir & à jouir des heureux efforts de ce novateur. C'étoit d'ailleurs le personnage le plus propre à cette direction par un sang-froid unique ; il étoit insensible à toutes les cabales, à toutes les injures, & n'en rendoit pas moins justice aux talents, lors même qu'il étoit forcé de les punir. On lui compte en argent sec une somme de 100,000 liv. ; on lui fait 9,000 liv. de rentes pendant chacune des huit années restantes de son bail, & tout cela, joint à environ 150,000 liv. dont il aura bénéficié personnellement durant sa premiere année, formera un total de 522,000 liv.

C'est la ville qui se charge de nouveau de l'administration de cette machine, & aura sous elle le sieur le Breton. Ainsi les cabaleurs ont encore échoué dans leur projet, de se mettre à la tête & de régir leur spectacle à l'instar des comédiens : seulement, outre leurs appointements, tous frais prélevés, s'il y a du reste, on le distribuera dans une proportion convenable.

31 *Janvier* 1779. Avant de quitter l'administration de l'opéra, M. de Vismes se propose de remettre *Thesée* de Lully. il veut par ce dernier effort contenter toutes les diverses sortes de spectateurs & faire sa cour même aux partisans de notre vieille & bien vieille musique.

1 *Février* 1779. L'abbé Mical est un homme né avec un génie naturellement tourné à la méchanique : entraîné par son ascendant, il s'y livre pour son simple amusement & sans aucune prétention à la célébrité ; au contraire, il est si modeste que les louanges l'impatientent & le chagrinent. Il est fort dévot, & craint toujours les suites funestes que peut avoir le talent, suivant cet axiome religieux, effrayant pour une ame timorée, *scientia inflat* : quoi qu'il en soit, il étoit parvenu à fabriquer une tête d'airain, qui articuloit une phrase entiere. Quelqu'un étonné de ce prodige, l'a fait insérer dans le *Journal de Paris* : l'abbé Mical offensé de cette publicité, dans une sainte indignation a brisé cette tête. Ses amis ont été fâchés de son injuste fureur & lui en ont fait des reproches ; il les a consolés en leur déclarant qu'il ne la regrettoit pas beaucoup, en ce qu'elle n'étoit pas au degré de perfection où il se proposoit de la porter. Il en construit une nouvelle actuellement.

1 *Février.* Une querelle fort singuliere s'est élevée entre deux petits auteurs : on connoissoit depuis plusieurs années une piece de vers très-agréable, intitulée *Confession de Zulmé.* Comme elle est dans la maniere de M. Dorat,

on la lui attribuoit; d'autres la donnoient au duc de Nivernois; enfin M. de Pezay l'a réclamée dans le temps, & on la lui a laissée. Un nommé Guinguené, mauvais poëte arrivé de Bretagne par le coche, s'est avisé de vouloir se faire une réputation, & a fait insérer dans l'*Almanach des Muses* de cette année, différents morceaux de poésie pillés de côté & d'autre, entr'autres celui-là. Un autre poëte, appellé Merard de Saint-Just, a crié au vol, & a prétendu que l'ouvrage étoit de lui : il en a résulté une querelle très-ridicule, où chaque partie a produit les preuves de sa propriété ; mais comme aucune n'a ébranlé la réclamation plus antérieure du défunt, tous deux sont reconnus pour plagiaires.

Ce Guinguené a fait exécuter, il y a deux ans, à la cour, un mauvais opéra comique, intitulé *Pomponin*, qui est bien la plus détestable chose qu'on puisse lire, & qui n'a pas reparu heureusement.

1 *Février* 1779. Les élèves de la danse ne seront point dispensés d'aller à la foire & n'occuperont pas les boulevards en l'abscence des autres jeux, comme ils l'espéroient.

Le sieur l'Ecluse, qui se proposoit d'ouvrir incessamment son spectacle dans sa nouvelle salle, sera par la même raison obligé de différer.

2 *Février* 1779. *Esope à la Cour* est une excellente comédie de Boursault, où se trouve une scene de courtisans, auxquels le roi permet de lui reprocher ses défauts ; aucun n'en use, ils s'accordent tous à le louer outre mesure : un seul ose dire qu'il aime le vin, qu'il se grise, & que ce vice dangereux dans tout homme l'est encore

plus dans un monarque. Madame de Mailly avoit mis dans le train de boire Louis XV, qui voyant repréfenter *Efope à la Cour*, crut que la reine l'avoit fait placer à deffein fur le répertoire, trouva que c'étoit une vilaine piece & défendit qu'on la jouât devant lui.

Depuis fa mort les comédiens avoient eu le projet de la reproduire ; mais les gentilhommes de la chambre n'avoient pas voulu. Louis XVI trouvant ce titre dans un almanach ou ailleurs, a defiré qu'on repréfentât cette comédie, dont le titre l'a piqué ; & bien différent de fon aïeul, il l'a jugée admirable, pleine de morale, bonne pour les rois, & a demandé qu'on lui la donnât fouvent, & en effet elle a déja été jouée devant S. M. plufieurs fois.

2 *Février* 1779. On a joué hier à la comédie françoife, la petite comédie des *Mufes Rivales*, en un acte & en vers. Cette apothéofe de Voltaire ne pouvoit manquer d'avoir le plus grand fuccès. C'eft une imitation de celle de Moliere, exécutée, il y a quelques années, mais enrichie de fcenes & de particularités relatives au héros.

Le fingulier c'eft que, malgré fon triomphe, l'auteur perfifte à garder l'incognito : on ignore abfolument fon nom ; ce qui donne lieu de l'attribuer à plufieurs qui s'en défendent.

On juge bien qu'il y a beaucoup de fpectacle dans cette piece. Pour la compléter, on y a joint un ballet, trop médiocre pour ne pas lui faire tort.

3 *Février* 1779. Il y a un grand fchifme à la comédie françoife relativement à la dame Molé,

qui vient d'obtenir une pension du roi vacante, préférablement à la dame Préville, son ancienne. Celle-ci a d'ailleurs un talent bien supérieur. Les gentilshommes de la chambre se sont excusés sur ce que c'étoit un dédommagement de l'humiliation qu'avoit soufferte la premiere par sa captivité, il y a quelques mois. Mais comme cette prison étoit méritée, ainsi qu'on l'a vu dans le temps, leur raison est pitoyable, & sembleroit encourager la paresse & l'insolence des histrions.

4 *Février* 1779. Le docteur Carrere annonce un cours de médecine-pratique, le premier de son espece; il fera en françois. Ce professeur l'appelle pratique, parce qu'il cherchera, autant qu'il sera possible, à joindre la démonstration au précepte, en suivant avec ses disciples les maladies dont il parlera. Il expliquera d'abord tout ce qui est relatif à la connoissance de chacune, à ses causes, à ses symptomes, à sa méthode curative : il fera ensuite un choix d'observations puisées dans les auteurs qui en ont écrit ; il les commentera : il choisira les plus rares, les plus intéressantes, les plus compliquées, même les plus contradictoires ; il mettra de la sorte ses auditeurs en état de les appliquer à la pratique.

5 *Février* 1779. Il paroît des *Réflections* imprimées de la part des fiacres & des remises, sur le privilege accordé pour ces voitures à une compagnie. Leur conclusion est d'offrir au roi 100,000 l. par an, de rembourser les parties intéressées dans l'ancien privilege & de former une communauté. On y détaille les avantages qui en résulteroient pour le gouvernement. Mais c'est une résolution prise de la part de M. Necker, qui persiste dans

son projet, & assure que tous les inconvéniens sont prévus & levés.

5 *Février* 1779. Il vient de s'établir à Seve une compagnie, qui a trouvé le secret d'épurer les huiles les plus crasses, de les rendre propres à toutes sortes d'emplois, en leur ôtant le goût & l'odeur, en sorte qu'elles deviennent supérieures aux plus excellentes, & sont à beaucoup meilleur marché.

6 *Février* 1779. Le roi vient de récompenser messieurs de Saint-Priest & de Bouillé, cadets gentilshommes du régiment *Vexin*, du courage qu'ils ont montré à l'abordage & à la prise du vaisseau anglois la *Lady Sophie*, en les faisant sous-lieutenants dans ce régiment, & en leur accordant dispense de deux ans de service pour la croix de Saint Louis.

Voici la lettre du ministre au capitaine Lamy, le capteur, en date du 9 janvier.... J'ai mis sous les yeux du roi, Monsieur, les témoignages avantageux qui m'ont été rendus de votre conduite dans la prise du vaisseau anglois la *Lady Sophie*, que vous avez abordé avec un smuler que vous commandiez; S. M. voulant vous montrer sa satisfaction de l'intelligence & de la bravoure que vous avez montré dans cette occasion, vous a fait don d'une épée, qui vous sera remise par M. Porquet, commissaire des classes à Calais.

6 *Février*. Le clergé n'a pas vu de bon œil qu'on se préparât à faire au théâtre l'apothéose de Voltaire, & l'archevêque de Paris s'est remué en conséquence pour l'empêcher. Il a voulu piquer du moins l'amour-propre du gouvernement, qui, après avoir défendu même aux jour-

nalistes de parler de ce héros de l'impiété & d'annoncer sa mort, six mois après le laisseroit couronner en public. Le gouvernement, accoutumé aux inconséquences, n'est pas à celle-là près.

On ne sait si c'est pour éviter la fureur des prêtres que l'auteur, malgré son succès, persiste à garder l'incognito. M. le comte d'Argental, pressé de le faire connoître, assure ignorer son nom. Il dit qu'il a reçu la piece avec une lettre, où l'on lui marquoit la lui adresser comme à un ami & enthousiaste de Voltaire, qu'on la soumettoit à son jugement, & qu'on s'en rapportoit à son zele pour la mémoire du héros; zele qui sans doute procureroit, en cas d'approbation, une prompte exécution de cet ouvrage du moment. On le prioit d'excuser si l'on ne lui en contioit pas davantage.

7 Février 1779. M. Necker, jaloux de mettre les savants de son côté, vient d'obtenir du roi pour l'académie des sciences une somme annuelle de 12,000 liv. uniquement destinée aux expériences qu'elle jugera les plus importantes & les plus utiles.

7 Février. M. de la Blancherie n'a ouvert que le 20 janvier ses assemblées, qu'il a transportées dans un local moins mesquin & plus convenable à sa vaste entreprise. Cet intrigant, qui s'est décoré du titre d'*Agent général de la correspondance pour les sciences & arts*, va commencer aussi son journal sous le titre de *nouvelles de la république des lettres & des arts*. Deux parties forment chaque ordinaire; l'une, sous le titre de *Nouvelles* contient les *nouvelles relatives aux sciences & aux arts*; l'autre, sous

le titre de *Supplément* & sous le nom de différentes villes du monde, offre une notice des ouvrages en tout genre antérieurs à sa publication, & qu'il peut être utile de rappeller, &c.

7 *Février* 1779. La reine est enchantée de son voyage à Paris, & dit à tout le monde de ne pas manquer de la venir voir passer. Comme le roi n'a aucun rôle à y jouer, il y sera en simple curieux, & c'est la reine qui le menera. Les deux majestés s'attendent à de grands applaudissements.

Ces jours derniers le roi, avec sa gaieté franche, a annoncé à ses courtisans qu'il avoit commencé à partager de nouveau la couche de la reine, & qu'il espéroit avoir fait un dauphin; du moins qu'il y avoit travaillé de son mieux. Cette nouvelle répandue exprès par les favoris de S. M. jette la joie dans le public & ne contribuera pas peu à procurer des *vive le roi & la reine !* à leurs majestés.

8 *Février* 1779. On a enrégistré, vendredi dernier, au parlement des lettres-patentes concernant la cession du roi à *monsieur*, du palais du Luxembourg, & permission d'ouvrir des rues & de bâtir sur les terreins que *monsieur* pourra concéder, d'après des plans donnés.

On a enrégistré vendredi aussi des lettres-patentes au sujet des vœux des religieux, pour lesquels ils sont définitivement fixés à l'âge de vingt-un ans au moins pour les hommes, & de dix-huit pour les filles.

8. *Février*. Par une ordonnance de monsieur le maître en la maîtrise particuliere des eaux & forêts de Paris, en date du premier février, il est

ordonné que, conformément à l'exécution des ordonnances, arrêts, sentences, réglements concernant la communauté des maîtres oiseleurs de cette ville, chaque maître fournira par égale portion, jusqu'à la concurrence de 400 oiseaux, aux syndics & adjoints d'icelle, pour être par eux lâchés en signe de joie & d'alégresse le lundi 8 de février, dans l'église de Notre-Dame, lors de l'entréé de leurs majestés dans ladite église pour le *Te Deum* qui y sera chanté en leur présence, en action de graces de l'heureuse délivrance & convalescence de notre auguste reine.

8 *Février* 1779. Les rebelles de l'académie royale de musique autorisent leur complot contre le sieur de Vismes sur son ingratitude. Ils prétendent que c'est à eux qu'il est redevable de son élévation, & que bien loin de les ménager comme il devroit, il a bientôt oublié leurs bons offices & s'est arrogé un despotisme qui ne lui appartient pas: il veulent lui prouver qu'ayant eu le pouvoir de le faire nommer, ils auront celui de le faire destituer.

8 *Février.* Me. Voilquin, avocat aux conseils, qui a signé les réflexions des fiacres, est interdit pour trois mois. Sa punition porte sur ce qu'il les a fait imprimer sans autorisation & sans litispendance; ce qui est contraire au nouveau réglement.

8 *Février. L'éloge de Voltaire* par le roi de Prusse, est infiniment rare encore. On n'en peut juger que sur parole; des gens de cour & de lettres qui l'ont lu, assurent qu'il est très-médiocre; qu'il n'a de remarquable que son auteur & la circonstance de sa naissance, au mo-

ment où ce monarque roulant les plus vastes projets & faisant les marches les plus savantes, se délassoit, comme César, avec les lettres, & produisoit cet écrit qui lui fait honneur, surtout par une sensibilité peu commune chez ses pareils.

9 Février 1779. Hier les curés ayant fait, suivant l'arrangement, assembler leurs ouailles, les ont conduites à Notre-Dame, en carrosse de remise, jusqu'au pont rouge ; là les futurs conjoints, avec les peres & meres, ont mis pied à terre, & se sont rendus ainsi à la métropole, où chaque pasteur, revêtu de son étole, a célébré ses mariages : on a renvoyé les peres & meres, & les amoureux conjoints ont été menés à l'archevêché, où l'on leur a donné des rafraîchissements : ils se sont trouvés de nouveau à Notre-Dame & se sont rangés sur un double haie, à travers laquelle ont passé leurs majestés, accompagnées de toute la famille royale. Les princes & princesses du sang les y avoient précédés séparément.

Le cortege étoit de 28 carrosses ; il étoit accompagné de détachements des gardes-du-corps, gendarmes, chevaux-légers & des officiers de la fauconnerie.

M. l'Archevêque a donné le même jour une seconde bénédiction nuptiale à deux vieillards, unis depuis 50 ans ; ils étoient entourés de leurs enfants, petits-enfants, & arriere-petits-enfants.

Leurs majestés ont été haranguées en route par le gouverneur & le corps de ville, par M. Duval, recteur de l'université, par le lieutenant civil, par l'abbé de Sainte Genevieve, &

enfin, sur le pont-neuf, par les marchandes d'oranges, qui ont eu l'honneur de leur présenter une corbeille de leurs fruits & une de fleurs.

Rien de plus beau que le coup d'œil du peuple immense qui bordoit les chemins, les quais & les rues. M. le comte d'Artois en arrivant à la Muette, s'est plaint d'avoir le torticolis à force de regarder.

9 *Février* 1779. L'écrit qui paroît concernant la querelle de la faculté avec la société royale, est appellé *procession*, parce qu'on y passe en revue les divers membres de la derniere : le vrai titre est, *Dialogue entre Pasquin & Marforio*.

On voit aussi *Lettre d'un médecin de la faculté de Paris à un de ses confreres, au sujet de la société royale*.

1 *Février* 1779. La reine, qui n'avoit déterminé le roi à venir que dans la pleine confiance de l'accueil le plus flatteur de la part du peuple, qui s'étoit rendue en conséquence à Paris avec la plus grande gaieté, n'ayant entendu que des *vive le roi & la reine*, foibles & peu fréquents, est revenue au château de la Muette de fort mauvaise humeur.

On croit que M. le Noir en aura reçu une réprimande du ministre de Paris : il s'est imaginé que les Parisiens n'avoient pas besoin d'être excités & il a voulu économiser une somme d'argent que la police a coutume de distribuer ces jours-là à ce qu'on appelle de *aboyeurs* c'est-à-dire, à de fortes gueules, qu'on répand dans divers quartiers, & qui mettent les autres en train. Son motif étoit qu'ayant éprouvé dans sa partie un retranchement de fonds, & le voyant privé des secours pécuniaires que lui procuroient les maisons de jeu, il n'avoit rien à sacrifier à ces choses de surérogation.

11 Février 1779. Le nom de l'auteur de la piece des *Muses Rivales*, n'est plus un mystere; M. de la Harpe s'est annoncé pour l'avoir composée. Il a voulu par-là se justifier du reproche d'ingratitude envers son héros, & l'on lui fait aujourd'hui celui d'un adulation basse & outrée, au point de lui accorder au Parnasse le premier rang pour la tragédie, au préjudice de Corneille, dont on ne parle même pas. C'est ce qui a donné lieu à une épître à ce pere du théatre, qu'on attribue à M. Dorat. Au reste, la production est médiocre, sans invention, fadasse & dénuée de cette critique, qui, en contrastant avec les louanges, lui auroit donné un piquant nécessaire par-tout & principalement dans la comédie.

11 Février. Les comédiens italiens, obligés d'user de toutes sortes de ressources pour se soustraire à l'abandon dont ils sont menacés, ont recours à leur ancien répertoire, & commencent à jouer les pieces françoises qu'ils avoient perdues de vue depuis long-temps, ainsi que le public; ce qui leur donne presque la fraîcheur de la nouveauté : en outre, ils en cherchent & recueillent dans le même genre. C'est ainsi qu'ils viennent d'exécuter, mardi 9, *les deux Billets*, petite piece en un acte & en prose. On la dit de monsieur de Florian, neveu de monsieur *de Voltaire*, & auteur connu par quelques romans & autres productions, jusqu'ici d'un genre très-médiocre.

12 Février 1779. On annonce *Médée*, tragédie

en trois actes de M. Clément, qui doit être jouée incessamment.

12 *Février* 1779. On a annoncé à l'académie des sciences deux découvertes nouvelles ; l'une est une soie galette, qui peut être filée par des enfants de six à sept ans ; & l'autre, un nouveau velours, dont elle forme entièrement le tissu, d'une qualité qui le rend propre à remplacer, avec avantage, le velours soie, & le damas pour tentures, le velours coton pour habits, & le velours poil de chevre ou d'Utrecht pour voitures & pour meubles.

Ces deux fabriques ont lieu à Paris sous la protection du gouvernement, qui les a regardées comme un moyen de prévenir la mendicité, en procurant aux pauvres un travail facile & fructueux.

On en a exécuté un tapis de parade ou couvre-pieds couleur de rose, destiné à couvrir le berceau de madame, fille du roi. C'est le fruit du premier travail des enfants pauvres rassemblés en attelier de charité par les soins du curé de Saint Sulpice.

On doit ces découvertes principalement au Sr. du Perron, des accadémies royales de Rouen & de Caen.

13 *Février* 1779. Le *Dialogue entre Pasquin & Marforio* est la satire la plus sanglante de toutes celles enfantées contre la société royale de médecine & ses membres. La scene est à Paris, rue du Sépulcre, demeure du secretaire Vicq d'Azir, chez qui se sont tenues jusqu'à présent les assemblées, qui vont désormais avoir lieu au Louvre, où S. M. accorde un logement à

la nouvelle compagnie. Le jour est le mardi 12 janvier.

L'auteur suppose que Pasquin voulant se faire médecin, a recours à la société ; ce qui lui fournit occasion d'en peindre l'assemblée ; il déploie dans cette description allégorique beaucoup d'imagination & encore plus de méchanceté : il parle de peintures amblématiques dont la salle est décorée. Dans une est représenté un jeune roi, l'espoir & l'amour de ses sujets, jetant sur la médecine un regard plein de bonté : pour répondre à ses vues, la médecine tend une main secourable à l'humanité affligée ; le ministere la conduit, le dévouement la précede, le désintéressement la suit. Du côté opposé, on voit des hommes courageux s'exposer à tous les dangers des épidémies, arracher à la mort ses victimes, & porter leurs soins jusques sur les animaux qui partagent avec l'homme les travaux de la vie. Dans le fond est un rideau, qui cache le sanctuaire, & dont la signification & le charlatanisme détruit la saine doctrine, les bornes de la médecine reculées. On conçoit aisément que ce type mystérieux est celui de la faculté.

Malheureusement tout cela n'étoit qu'illusion un sage enchanteur, sous la forme d'un vieillard respectable, sur un trône d'ivoire, soutenu par la science & la vertu, foulant aux pieds des léopards enchaînés, la tête brillante d'un rayon de gloire, figurant ce mot *Liberté*, en un mot *Franklin*, lui révele la vérité & fait disparoître ces prestiges.

A ce coup d'œil majestueux en succede un, où sous des emblêmes satiriques chacun des membres de la société royale est désigné conformément aux anecdotes scandaleuses, vraies ou supposées, de leur vie. Enfin le rideau se leve.

Dans le fond du sanctuaire se trouvoit une grande *idole* de bois, couverte d'or & posée sur un piedestal, soutenu par quatre figures allégoriques, l'*ambition*, qui mene à l'artifice; l'*artifice* qui gagne la faveur; la *faveur*, qui surprend l'autorité; & l'*autorité*, voulant tout écraser. Au pied de l'*idole* étoit une *cassette* avec cette inscription: *boîte de médicaments*; mais que la cupidité avoit transformée en tronc, où pleuvoit sans cesse l'or destiné au soulagement des malheureux.

Au devant de l'*idole* on avoit élevé un autel quarré, avec quatre bas-reliefs pareillement emblématiques. Sur le premier l'*ingratitude*, étoit représentée par des enfants poignardant leur mere, au pied du buste de *Néron*. Sur le deuxieme l'*intrigue*, sous la forme d'un *serpent*. Le troisieme offroit l'*intérêt*, figuré par un *tigre*, qui, pressé par la faim, déchire & dévore tout indiscrétement. On avoit gravé sur le quatrieme la *calomnie*, tenant d'une main une coupe empoisonnée, dont les bords sont frottés de miel, & de l'autre un poignard.

Voilà le type de la société royale.

A la suite de cette description, on fait prononcer au docteur Vicq d'Azir un discours, dont l'objet, après avoir énuméré les efforts heureux de la société pour faire passer la faculté comme rebelle & *mal-avisée*, en voulant conserver ses droits, pour lui faire interdire jusqu'à la demande d'obtenir la permission de se défendre, pour faire fermer ses assemblées, suspendre ses décrets, empêcher l'établissement de son comité de doctrine & d'exhorter ses confreres à la persévérance, à écraser sans ressource leur ennemie, & pour y parvenir à faire un sacrifice au dieu de la médecine.

L'issue n'en est point heureuse; la foudre éclate, l'autel est ébranlé, l'idole est renversée. Tous les adorateurs sont étendus le visage contre terre, & l'apôtre de la liberté, de sa baguette magique, transforme chaque sociétaire en une bête analogue à son caractere.

Telle est cette espece d'apocalypse, où l'on ne sait pourquoi le docteur Francklin, comme l'on voit, joue le principal rôle, peut-être parce qu'il est médecin & républicain.

14 Févier 1779. La *lettre du médecin de la faculté de Paris* est beaucoup plus modérée que le *dialogue* : l'auteur est une espece de médiateur qui voudroit ménager la chevre & le chou : en conséquence il propose un arrangement pour la réunion des *facultaires* & des *sociétaires*, dont le résultat seroit d'amalgamer la société & la faculté, de façon que l'une ne s'occuperoit que de la spéculation, & l'autre de la pratique : sans cependant qu'il fût interdit aux derniers de se livrer à l'exercice de la médecine, en remplissant les formalités, & aux premiers d'assister aux assemblées de doctrine, lorsqu'ils le jugeroient à propos.

14 Févrer La fête que devoient donner les coryphées du chant & de la danse du théatre lyrique au wauxhall d'hiver, relativement aux deux époux qu'ils ont unis & qu'ils dotent en réjouissance de l'heureux accouchement

de la reine, n'aura pas lieu. Il leur a été défendu de l'exécuter, par la raison pitoyable que ce feroit parodier la cour.

Quoi qu'il en foit, Mlle. Guimard l'a tranfportée chez elle, où elle a été célébrée mercredi, non fans être troublée par plufieurs incidents. On eft venu pendant le repas y fignifier une lettre de cachet aux fieurs d'Auberval & Veftris pour fe rendre en prifon au *fort-l'évêque*; cette punition eft la fuite de leur révolte contre le directeur de Vifmes & de leur refus de danfer le mardi précédent. Enfuite l'orcheftre de l'opéra, fcandalifé qu'on ne l'eût pas compris dans le nombre des fujets participants à la bonne œuvre, a regardé cette exception comme injurieufe & a refufé de contribuer aux plaifirs de la Terpficore moderne ; en forte qu'il a fallu avoir recours à des ménétriers étrangers, ce qui a rendu le fpectacle mefquin & trifte.

15 *Février* 1779. Le bruit court que le comte Olavidès a trouvé le moyen de fe fouftraire à fa punition, qu'il s'eft fauvé de fa prifon & eft en France.

16 *Février* 1779. Les fpectacles forains fe font fignalés par des pieces compofées & exécutées en réjouiffance de l'heureufe délivrance de la reine. Le fieur Nicolet a joué *l'heureux jour & la fête des lys*; le fieur Audinot la *gaie Parifienne* : enfin les petits comédiens du bois de Boulogne, *le cri du cœur*, opéra comique.

16 *Février*. Une fociété prétend avoir trouvé dans une partie de la France des porphyres & des granits, auffi beaux que ceux d'Egypte.

De simples échantillons de deux ou trois especes déterrées en Auvergne & en Provence n'avoient pas paru annoncer des trésors aussi riches. Ce sont aujourd'hui des blocs immenses qu'elle a fait à ses frais enlever, transporter, dégrossir, scier, tailler, sculpter, polir, en un mot mettre en œuvre. Ils ont toutes les qualités des antiques, & il y en a de plus de soixante especes; tandis que le nombre de ceux-ci se monte tout au plus à cinq ou six. On voit des vases de formes élégantes, des cassolettes, des cuvettes; des bijoux de cabinet, des colonnes, des supports, des couvre-papiers, de dalles, qui ont jusqu'à 9 pieds de long & plus.

17 *Février* 1779. La petite comédie des *deux Billets* en un acte & en prose, est un chef-d'œuvre dans son genre pour la simplicité de l'intrigue, pour les ressources dont l'auteur ingénieux la soutient, pour un intérêt de curiosité continue qui croît de scene en scene & tourne toujours à la satisfaction du spectateur, jusqu'au dénouement qui la complete

Cette piece est pleine de gaieté & de comique de situation. Le style en est naturel & le ton proportionné aux personnages, qui ne sont que trois, *Arlequin*, *Scapin* & *Argentine* : le second est un fourbe qui veut duper les deux autres, & s'élance lui-même dans ses pieges; ce qui amene une moralité excellente.

On peut assurer que depuis trente ans il n'a paru aucune nouveauté de cette espece : elle annonce le plus grand talent dans son auteur, si sur-tout il est aussi jeune qu'on l'assure. Elle est en effet d'un M. de Florian, mais neveu seulement de celui qui avoit épousé une niece de Voltaire & réside encore à Ferney : on dit qu'il n'a que vingt ans.

18 *Février* 1779. Le théatre lyrique est dans une anarchie, qui ne fait que s'accroître par l'impunité. Mlle. Guimard, offensée que M. de Vismes eût fait arrêter à sa table les danseurs dont on a parlé, lui a déclaré qu'elle ne reparoîtroit pas sur la scene durant le reste de son administration.

Mlle. Rosalie, indignée d'une lettre insérée au *Journal de Paris*, où Mlle. Beaumesnil se plaint des passe-droits qu'on lui a fait en faveur de sa cadette, a entrepris sur le théatre le Bailli de la Tour, l'amant de la derniere, comme le secretaire de Mlle. Beaumesnil : le Bailli de la Tour lui a répondu dans les termes méprisants qu'elle s'étoit attirés : elle menace aussi de ne plus jouer, si l'on ne lui fait des excuses. On sait que M. de Merci-Argenteau, ambassadeur de l'empereur, soutient la premiere.

On craint toujours que l'opéra ne manque au moment de jouer par l'humeur de ces messieurs & de ces demoiselles.

On doit donner dimanche prochain le *Théfée* de Quinault & de Lully, tel qu'il a été composé en 1675, sans y admettre aucuns accompagnements ni ornements nouveaux. L'objet de cette reprise est de mettre & de rapprocher sous les yeux du public les termes les plus éloignés des compositions musicales de notre théatre.

C'est le onzieme opéra que M. de Vismes aura remis durant le cours de l'année de son administration, sans y comprendre les *bouffons*: on le répete, jamais il n'y a eu tant de variété de cette espece à l'opéra.

19 *Février 1779. Les pommes. Vers à madame la comtesse de P.*

    Le ciel pour enchanter les hommes
    Vous a fait présent de six pommes :
    Sur votre visage il a mis
    Deux petites pommes d'apis
    D'un bel incarnat empourprées
    Et que nature a colorées.
    Les soucoupes & les cristaux
    Ne portent pas de fruits si beaux.
    Plus bas une fraîche tablette
    En supporte deux de renette,
    Et l'on trouve encore plus bas.
    Deux autres qu'on ne nomme pas.
    Elles sont de plus grosse espece,
    Et n'ont pas moins de gentillesse.
    Ce sont deux pommes de rambour
    Qu'on cueille au jardin de l'Amour.
    Voilà trois paires de jumelles
    Qui font tourner bien des cervelles.
    Eve perdit le genre humain,
    N'ayant qu'une pomme à la main ;
    Mais notre appétissante mere
    En laissoit voir deux sur son sein,
    Comme vous auriez pu le faire,
    Et l'attrait des fruits de Cythere

Dont l'aspect le mettoit en train
Fit succomber notre bon pere.
Satan, dont l'esprit est malin,
Entroit aussi dans le mystere ;
Formés comme Adam, de manger
Nous avons grande impatience,
Quand on nous donne la licence
D'entrer au jardin potager,
Dont vous portez la ressemblance.
Vive la pomme & les pommiers !
Leur aspect seul nous ravigote.
L'on doit baiser les deux premiers,
Avec les seconds l'on pelote ;
Et pour user des deux derniers,
Heureux qui les met en compote !

Cette piece, qu'on se communique avec empressement, prouve & la dépravation du goût & celle des mœurs ; car il n'y a que la grossiéreté des polissonneries dont elle est pleine, qui puisse la faire lire.

10 *Février* 1779. La *Médée* de M. Clément, jouée aujourd'hui, est dénuée de tout le fatras magique, de tout le romanesque dont elle a été étayée jusqu'à présent : elle est traitée absolument dans sa simplicité antique. Il n'y a que trois acteurs, on pourroit dire même deux. Malheureusement ce sujet trop uni n'a point trouvé dans son auteur les ressources de génie qu'il lui auroit fallu, cette profonde connoissance du cœur humain nécessaire pour en tirer parti, sur-tout cette chaleur, cette énergie de pinceau propre à

rendre le caractere de l'héroïsme. Le premier acte a paru assez bien fait; mais les deux autres, longs, ennuyeux, froids & sans aucune action.

21 *Février* 1779. La reine est enfin venue à l'opéra vendredi avec *madame* & la comtesse d'Artois. Les mutins de ce théatre ont daigné rompre leur serment pour ce jour là, & la demoiselle Guimard a dansé. Il y avoit dans le parterre deux cabales; l'une pour la huer, & l'autre pour l'applaudir. On ne peut assurer qu'elle l'a emporté, tant le plublic s'est trouvé partagé; ce qui décide cependant contre cette danseuse, c'est que sa majesté qui a des bontés pour elle, & l'encourage volontiers de son suffrage, n'a point battu des mains: on a jugé qu'instruite par le sieur Compain, son valet de chambre, & le croupier du sieur de Vismes, elle a voulu par cette punition méritée punir l'actrice.

Du reste, la reine a été dédommagée personnellement de la froideur apparente des Parisiens, le jour de son entrée, & a été accueillie de la maniere la plus flatteuse.

22 *Février* 1779. La loge maçonnique des Neuf-Sœurs, toujours active à célébrer les événements patriotiques, doit donner le 9 mars prochain au cirque royal, boulevard du mont Parnasse, une fête en réjouissance de l'heureuse délivrance de la reine.

On sent qu'une pareille fête ne peut s'exécuter sans le concours des graces, ainsi ce sera une *loge d'adoption*; c'est-à-dire, où les femmes seront admises, & en feront le principal ornement.

C'est toujours le frere abbé Cordier de Saint-Firmin, brûlant d'un zele dévorant pour la gloire de la maçonnerie, qui eſt l'inventeur, le promoteur, & l'ordonnateur de la fête.

22 *Février* 1779. La ſociété royale de médecine, comblée de plus en plus des faveurs du gouvernement, comme pour la dédommager de tous les libelles répandus contr'elle, vient d'obtenir de ſa majeſté la faveur de tenir ſéances au Louvre, pavillon de l'infante. Elle va célébrer ſon inſtallation par une ſéance publique, annoncée pour demain 23 février.

23 *Février* 1779. Entre les morceaux lus à l'aſſemblée publique de la ſociété royale de médecine, tenue aujourd'hui au Louvre, il faut ſur-tout diſtinguer l'*Eloge de Linneus*, premier médecin du roi de Suede, & fameux par ſa nouvelle nomenclature des plantes, & le ſyſtême qu'il a introduit dans la ſcience de la botanique.

L'anecdote la plus précieuſe de cet éloge intéreſſant, c'eſt celle où l'auteur, monſieur Vicq d'Azir, ſecretaire de la compagnie, nous apprend que Louis XV. pria le roi de Suede, alors en France, de remettre à Linneus une quantité de graines rares, recueillies par ſa majeſté dans ſon jardin des plantes de Trianon, & qu'elle conſervoit depuis long-temps pour faire préſent à ce fameux naturaliſte.

Monſieur de Juſſieu a lu auſſi un mémoire à remarquer, ſur une nouvelle eſpece de quinquina dans le royaume de Santa-Fé, une des colonies Eſpagnoles de l'Amérique méridionale. Par les épreuves qui ont été faites, il réſulte qu'une des deux eſpeces envoyée eſt excellente, & a toutes les propriétés du quinquina rouge de l'Oxa, la meilleure de ce médicament,

C'est d'autant plus heureux, qu'elle devient de plus en plus rare dans le Pérou, & qu'il y aura plus de facilité pour faire venir cette écorce du lieu où elle a été nouvellement découverte.

24 Février 1779. Avant qu'on ait pu débarrasser les prisons de Dinan, qui sont surchargées de prisonniers Anglois, il s'y est manifesté une épidémie très-dangereuse & très-funeste. Le docteur Poissonnier, inspecteur général des hôpitaux de la marine, & le docteur Jeauroi, de la société royale de médecine, pensionné pour les épidémies, sont partis en toute diligence pour se rendre dans cette ville de Bretagne & remédier à ce fléau; il en meurt jusqu'à 70 & 80 par jour.

25 Février 1779. Les bals ont donné lieu à diverses aventures, dont les plus remarquables sont celles-ci.

A un bal masqué à Versailles chez la reine, le roi profitant de l'incognito a voulu débusquer d'auprès madame Jules de Polignac le jeune Narbonne, qui lui en contoit. Sa majesté s'y étant pris brusquement, celui-ci qui la connoissoit très-bien, avec la liberté du bal lui a refusé sa place, en disant qu'il ne l'accorderoit qu'à l'honnêteté & à la politesse; alors le roi s'y est pris autrement: Monsieur de Narbonne a dit qu'il vouloit bien le satisfaire, mais à condition qu'il se démasqueroit & l'embrasseroit devant tout le bal; sa majesté y a consenti, s'est démasquée, & a embrassé son rival, puis s'est mis sur ses genoux, & il a fallu faire danser cet auguste poupon, que le berceur trouvoit un peu lourd!

Le mardi-gras le roi étant venu au bal de l'opéra, a trouvé une femme masquée qui l'a singuliérement amusé, & même intéressé au point que l'ayant quittée, il a été dans l'inquiétude, & a voulu la retrouver. La reine attentive aux démarches de son auguste époux, a engagé le duc de Coigny à donner ordre de sa part à ce masque femelle de sortir du bal, afin d'éviter toute rencontre. Il en résulte une découverte qui met toutes les femmes en l'air, par l'espoir que le cœur du roi n'est pas inexpugnable.

On ne sauroit nombrer les propos piquants que le duc de Chartres a remboursés dans ces jours de liberté & de licence, où sous l'incognito se disent bien des vérités. A un bal de l'opéra il faisoit la revue des femmes avec M. de Genlis: le dernier lui en fit remarquer une qui le frappa par la figure: le prince la regarda sous le nez, & dit: « ah! c'est une beauté passée. — Monseigneur, » lui réplique la dame piquée: « c'est comme votre renommée. »

26 *Février* 1779. Monsieur de la Fortelle, auteur des *fastes militaires*, a répandu depuis peu dans le public: *vie militaire, politique & privée de Mlle. d'Eon.* Cette vie qui, vu le lieu où elle paroît, est nécessairement tronquée, mutilée, & peu intéressante, occasione un procès. On y fait descendre l'héroïne de l'ancienne maison de le Sénéchal en Bretagne.

Messieurs Louis-Gabriel le Sénéchal Carcado, comte de Carcado & Corentin, Joseph le Sénéchal Carcado-Molac, marquis de Molac, accusent l'écrivain comme coupable d'un mensonge historique, en altérant les faits & les titres même qu'il cite.

En conséquence, par exploit du 13 février, ils ont fait assigner monsieur de la Fortelle au châtelet de Paris, pour voir dire qu'il sera tenu de prouver les faits par lui avancés, ou de se rétracter, & de leur en faire une réparation authentique.

En outre, ils ont répandu un mémoire à consulter & consultation, & ils établissent dans l'un, que l'historien est coupable, 1°. d'avoir donné une origine fausse & ignominieuse à la maison le Sénéchal, en la faisant descendre de Eon de l'Etoile, hérésiarque condamné au concile de Rheims en 1148 : 2°. d'avoir voulu lui imprimer une tache, en avançant, contre toute vérité & vraisemblance, qu'elle a changé son nom & altéré ses armes en 1148 : 3°. d'avoir altéré lui-même, & falsifié le titre de la fondation de l'abbaye de Bonrepos, par l'addition d'un mot essentiel.

Dans l'autre, en date du 17 février, signée Martineau & Target, on trouve les prétentions des demandeurs très-justes, & l'on reproche à l'auteur de n'avoir pas fait attester la généalogie qu'il cite de la noblesse Bretonne, plutôt que de celle de Bourgogne & de Champagne.

26 Février 1779. La réception de monsieur Ducis à l'académie françoise, est enfin fixée au jeudi 4 mars.

On a parlé d'un buste de M. de Voltaire fait par M. Houdon. Ce buste, qu'on a déja vu à l'académie françoise le jour de saint Louis, a été aussi placé dans le foyer de la comédie le jeudi

18 de ce mois. La loge de Neuf-Sœurs en a reçu un pareil de ce fameux artiste ; enfin il a envoyé ce buste à tous les membres de l'académie françoise : cette compagnie, en lui faisant ses remerciements par son secretaire, a arrêté qu'il auroit désormais son entrée à toutes les séances publiques, & deux billets à distribuer à sa volonté ; elle lui a de plus fait don d'une bourse de 100 jetons, & d'un exemplaire de son dictionnaire. Plusieurs académiciens lui ont aussi envoyé leurs ouvrages, comme une marque de leur estime & de leur reconnoissance.

26 *Février* 1779. La premiere représentation de *Thésée* a eu lieu mardi 22 de ce mois. Monsieur de Vismes n'a pas tenu tout-à-fait parole. L'ouverture & presque tous les airs de danse ne sont pas de Lully : on a peu changé au récitatif & à tout ce qui tient à la scene ; cependant l'accompagnement du monologue de *Médée* a été refait par le sieur Grenier, directeur de l'académie royale de musique. Il a été applaudi des amateurs du moderne, qui ont sifflé le troisieme & quatrieme actes. Les partisans de l'antique ne sont pas plus contents, ils reprochent au sieur de Vismes d'avoir toléré qu'on ait altéré l'exécution du récitatif par des trilles, des cadences, des ports de voix, qui gâtent la simplicité noble du chant de Lully. On aura peine à concilier tant d'intérêts ; il faut voir comment iront les représentations suivantes.

27 *Février* 1779. M. le comte de Malderé, officier aux gardes, ayant porté en justice une plainte d'usure contre M. de Gamache, ces deux messieurs ont cru devoir prévénir le jugement des tribunaux, & se sont battus lundi dernier : ils

se sont blessés tous deux, mais le premier l'est plus gravement.

M. de Gamache s'est présenté vendredi matin à la porte de la tournelle, avec tout l'appareil d'un malade, & a distribué dans cet état à messieurs son mémoire.

28 *Février* 1779. Monsieur de Florian n'a pas 25 ans décidément: il a été page de Mgr. le duc de Penthievre; il est aujourd'hui capitaine de cavalerie dans le régiment de ce prince. Son altesse ne peut s'en passer, il est assidument de sa cour, & il a fait un bréviaire pour elle. Le prince, quoique dévot, sait que monsieur de Florian travaille pour le théâtre; il a lu ses pieces, & ne les désapprouve pas, en ce qu'elles sont d'une morale excellente.

M. de Florian en a deux autres reçues aux Italiens, l'une intitulée: *Arlequin, roi, dame & valet*, & un opéra comique, qu'on nomme *les quatre Jumelles*.

28 *Février*. Les arrêts rendus sur le fait de la librairie ont excité des réclamations sans nombre de la part des libraires & imprimeurs; ils ont discuté leurs droits & prétentions par des requêtes, des représentations & des écrits. Monsieur le Camus de Néville a jugé à propos d'y faire répondre par des lettres imprimées, où l'on combat leurs assertions & leurs raisonnements; mais il a aussi employé l'anonyme, ce qui est une voie peu noble & peu ministérielle. Les défenseurs des arrêts ont profité de l'incognito, pour se livrer à des déclamations & mettre dans leurs écrits pour le moins autant d'aigreur que les autres: il vient de paroître une *Lettre à M****,

datée du 19 décembre 1778, qui renouvelle cette guerre assoupie : on y récapitule tout ce qui a été dit & fait à ce sujet ; mais le ton ironique, & plus que critique dont on s'est servi, a excité les alarmes, les recherches & les prohibitions du gouvernement, ce qui rend le pamphlet très-rare.

1 Mars 1779. M. de Vismes, après bien des pourparlers & des variations du ministere, reste directeur-général de l'opéra sous l'inspection de la ville ; il la régira pour le compte de ce bureau, & son bail est décidément résilié.

1 Mars. Un Américain ex-mousquetaire, prisonnier pour dettes à la conciergerie, a échappé avant-hier de cette prison par une ruse très-ingénieuse, dans laquelle un de ses amis l'a aidé. Cet ami s'est présenté avec un negre prétendu, qui n'étoit autre chose qu'un blanc très-barbouillé de noir : quelque temps après il est ressorti avec ce prétendu negre ; c'étoit le prisonnier qui instruit du complot, s'étoit de son côté arrangé de maniere à tromper la vigilance des argus par une ressemblance difficile à discuter.

1 Mars. Monsieur de Richelieu ayant employé tous les moyens possibles, non-seulement pour empêcher que tous les témoignages favorables à la mémoire de la présidente de Saint-Vincent n'éclatassent, mais encore pour faire prévaloir les bruits calomnieux répandus par ses émissaires ; les parents & amis de la défunte ont trouvé à faire imprimer différentes lettres qui constatent la vérité, & les ont répandues en profusion. On s'attend que le maréchal en demandera la suppression, mais l'éclat est fait, & le public est instruit.

1 Mars 1779. *Mémoires pour servir à l'histoire du droit public de la France en matiere d'impôts, ou recueil de ce qui s'est passé de plus intéressant à la cour des aides, depuis* 1756 *jusqu'au mois de janvier* 1775. Tel est le titre d'un in 4°. très-intéressant, qui embrasse tout le temps où M. de Malesherbes a été premier président de la cour des aides.

Comme par la gêne effroyable de l'administration actuelle de la librairie, les meilleurs ouvrages sont des siecles à percer, la cour des aides, pour faire connoître celui-ci, exciter la curiosité des amateurs, & se conformer en même temps à l'usage des cours, a rendu le 16 février arrêt, les chambres assemblées, qui le supprime, comme attentatoire à l'autorité de la cour, & au secret dû à ses délibérations.

2 Mars 1779. La lettre de conciliation dont on a parlé, est du docteur Barbeu Dubourg, qui, à raison de son esprit médiateur, n'a point rompu avec les sociétaires, & assiste même fréquemment à leurs assemblées.

3 Mars 1779. On a mis en épigramme le bon mot du bal au duc de Chartres.

    Chartres, au bal par Genlis escorté,
    De cent Phrynès, de Paris, de province,
    Faisoit la ronde : épris d'une, enchanté,
    Genlis s'écrie, il y conduit le prince,
    Qui l'envisage & répond froidement :
    " Beauté passée ! „ A ces mots enflammée,
    „ Oui, Monseigneur, dit-elle vivement,
    „ Elle eut l'éclat de votre renommée. „

4 *Mars* 1779. Les magistrats indignés de voir monsieur de Gamache venir braver la justice jusques dans son sanctuaire, en s'y montrant dans tout l'appareil de sa blessure, suite d'un duel caractérisé, exécuté devant témoins, & l'entretien de tout Paris, lui ont fait dire de se retirer, & le procureur du roi du châtelet a reçu ordre de rendre plainte.

5 *Mars* 1779. On a parlé plusieurs fois de mademoiselle Bertin, marchande de modes de la reine, & qui a l'honneur de travailler directement avec sa majesté pour tout ce qui concerne cette partie de sa garderobe : son attelier donne sur la rue Saint-Honoré. Le jour où la reine a fait son entrée, elle n'a pas manqué de se mettre sur son balcon à la tête de ses trente ouvrieres : sa majesté l'a remarquée en passant, a dit : « ah ! voilà mademoiselle Bertin, » & en même temps lui a fait de la main un signe de protection, qui l'a obligée de répondre par une révérence. Le roi s'est levé, & lui a applaudi des mains· autre révérence : toute la famille royale en a fait autant, & les courtisans singeant le maître n'ont pas manqué de s'incliner en passant devant-elle... Autant de révérences, qui l'ont extrêmement fatiguée... Mais cette distinction lui donne un relief merveilleux, & augmente la considération dont elle jouissoit déja.

5 *Mars. Relation ou Notice des derniers jours de monsieur Jean - Jacques Rousseau ; circonstances de sa mort, & quels sont les ouvrages posthumes qu'on peut attendre de lui : par monsieur le Begue de Presle, docteur en médecine. Avec une addition relative au même sujet, par J. H. de Magellan,*

gentilhomme Portugais, membre de plusieurs académies & correspondant de celle des sciences. Tel est le long intitulé de ce pamphlet, qui promet beaucoup & tient peu.

6 Mars 1779. Il couroit depuis quelques jours un bruit sourd que Me. Linguet étoit à Paris: on ajoutoit peu de foi à cette nouvelle ; on la regarde comme certaine aujourd'hui, on dit même qu'il va librement chez les ministres, qui continuent à l'accueillir à cause de la protection éclatante dont le couvrent leurs majestés. On parle de le mettre dans le corps diplomatique, pour lequel on veut lui reconnoître d'étonnantes dispositions développées dans son Journal. On ne sauroit se persuader qu'il n'y eût pas dans tout cela beaucoup de persiflage de la part de ses ennemis.

7 Mars 1779. On a parlé plusieurs fois de la prétention élevée par un certain abbé Martin, se disant auteur du *Dictionnaire des trois siecles de Littérature*, publié sous le nom de l'abbé Sabbatier de Castres. Ses partisans depuis sa mort ont soutenu sa réclamation, & enfin ils la mettent en lumiere dans une brochure clandestine, intitulée *Problême Littéraire*. On ne connoît encore ce pamphlet que par l'annonce qu'en fait l'adversaire. Il gagne les devants & parle d'une réponse de sa part qui s'imprime. Tout cela ne peut que faire rire le parti philosophique. On sait que, quand on écrivit à M. de Voltaire pour l'instruire du nouvel athlete qui commençoit à se présenter dans la personne de l'abbé Martin, il répondit plaisamment, qu'il savoit bien que parmi ces messieurs il y en avoit plusieurs de son nom, & sans daigner s'adresser à celui-ci, ne lâcha pas prise contre le premier.

7 Mars 1779. On devoit donner hier *Iphigénie* pour la capitation des acteurs. Il faut savoir qu'un tiers du bénéfice de cette représentation extraordinaire est au profit du directeur. Le sieur de Vismes, pour témoigner à l'orchestre sa satisfaction de la neutralité qu'il a observée dans ses querelles avec les coryphées du chant & de la danse, lui avoit déclaré qu'il lui abandonnoit sa portion. Ceux-ci furieux ont refusé de jouer, & *Iphigénie* n'a point eu lieu.

8 Mars 1779. *Pradon* se félicitoit autrefois d'avoir eu trois portiers étouffés à sa tragédie de *Phedre*. M. Ducis pourroit presque en dire autant au sujet de sa réception à l'académie. S'il n'y a eu personne d'écrasé, beaucoup de gens se sont plaints de ne pouvoir tenir à la presse excessive, & si l'on n'eût contenu la foule qui s'accroissoit sans interruption, il seroit arrivé à coup sûr quelque malheur. Jamais sur-tout on n'a tant vu de femmes.

Le récipiendaire, plus poëte qu'orateur, dans un discours de cinq gros quarts d'heure de débit assez rapide, a prodigué toutes les richesses de son imagination. Voulant s'élever à la hauteur de son sujet, il s'est absolument perdu dans les nues. Des idées fausses, pour être trop outrées ; des images gigantesques, plus que grandes ; un style superbe, moins que bouffi ; tel est le jugement que la raison & le goût ont porté de cet éloge de Voltaire, qui a paru aux gens impartiaux un délire perpétuel, une magnifique extravagance, mais prodigieusement applaudi de la multitude béante. On peut assurer que l'ouvrage sera détestable à la lecture.

M. l'abbé de Radonvilliers, chargé de répondre comme directeur élu par le sort, en sa qualité de prêtre, d'ex-jésuite, de courtisan, s'est trouvé fort embarrassé ; il a commencé par faire ses réserves, c'est-à-dire, par déclarer que forcé au rôle qu'il alloit jouer, à louer le confrere défunt, il n'entendoit point parler de la foule de ses ouvrages impies ou licencieux, qu'il condamnoit avec tous les honnêtes gens ; mais de la *Henriade*, de ses tragédies, de ses histoires, &c. & qu'il en restoit assez pour fournir matiere au plus brillant éloge. Sa voix basse a empêché d'entendre le reste de son discours, pendant lequel, au surplus, l'assemblée mal disposée a beaucoup hué l'orateur, mais qu'on assure infiniment meilleur, plus sensé, d'un style plus sage, plus académique, en un mot, & sur-tout d'une longueur moins fatigante que le précédent.

M. Marmontel a lu ensuite un poëme sur le desir de se survivre ; M. d'Alembert a fait une espèce de digression, où prenant occasion du buste de Voltaire & de celui de Moliere, placés depuis peu à l'académie en face l'un de l'autre ; il en a fait une sorte d'inauguration. Enfin M. Saurin a lu une élégie, & l'on a jugé que le but de tous les trois étoit d'occuper entiérement la séance du grand homme qu'on pleuroit, de couvrir à force de fleurs, de lauriers, de trophées accumulés sur sa tombe, l'opprobre dont le clergé a voulu le flétrir en lui refusant la sépulture chrétienne.

9 *Mars* 1779. M. de Maurice de Saint-Leu, colonel au service de Pologne, un des grands enthousiastes de la secte des économistes, auteur de plusieurs écrits sur cette matiere, qui avoit secondé l'abbé Baudeau dans la régénération des *Ephémérides*, qui s'étoit attiré une querelle avec les compagnies des vivres pour les avoir injuriées dans un mémoire, s'est brûlé la cervelle ces jours derniers sur les boulevards neufs. Il y avoit à sa boutonniere une lettre adressée à M. le Noir, où il se désignoit, ainsi que le genre de sa mort, dont il déchargeoit tout autre, & ajoutoit qu'au surplus il étoit fort ami du marquis de Mirabeau, qui donneroit les renseignements qu'on desireroit. Le marquis de Mirabeau, étourdi d'un tel événement, a déclaré n'en pas savoir davantage. On n'a pu, ni par les amis de M. de Saint-Leu, ni par ses papiers, découvrir la cause de ce suicide.

9 *Mars*. L'objet de l'écrit de M. le Begue de Presle sur Rousseau est, comme celui du premier dont on a parlé cet été à l'occasion de ce grand homme, de dissiper les soupçons répandus dans le public sur la cause de sa mort & sur la maniere dont elle étoit arrivée, ainsi que sur sa créance. Mais comme ces deux historiens, avec l'apparence de la véracité, avouent n'avoir pas été temoins des derniers moments du héros philosophique, mais être survenus peu après, & tenir les faits de sa femme & autres assistants ; & que cependant ils se contredisent assez formellement : cela ne contribue pas à donner beaucoup de confiance en leur récit respectif, & les scep-

tiques ne peuvent que se confirmer dans leurs doutes.

M. le Begue, en niant que Rousseau ou sa femme aient jamais donné, laissé prendre ou vendu les fameux *Mémoires* ou *Confessions*, convient qu'il en avoit confié une copie à une personne demeurant en pays étranger, dépositaire de ses autres manuscrits ; c'en étoit assez pour donner l'inquiétude à cet auteur très-soupçonneux, & qui, vu les bruits extrêmement accrédités sur l'existence de ces *Mémoires*, pouvoit craindre une infidélité de la part du confident, ou un larcin volontaire qui lui auroit été fait.

La cause que M. le Begue de Presle donne du départ de Rousseau de Paris, est encore assez gauche, assez mal-fondée, puisqu'il convient que ce philosophe possédoit 1,450 livres de rentes constituées. Premier fonds assez suffisant pour un ménage aussi médiocre, aussi obscur que celui de Rousseau ; d'ailleurs, le supplément qu'il pouvoit y joindre du produit de quelques ouvrages, l'auroit mis très à l'aise. Il s'ensuit que ce n'est pas la nécessité impérieuse qui l'a chassé de la capitale, & qu'il en faut chercher une autre cause, soit dans son inquiétude naturelle, soit dans les alarmes mentionnées ci-dessus, soit dans sa jalousie des honneurs prodigués à Voltaire.

Quoi qu'il en soit, les occupations que se proposoit M. Rousseau à Ermenonville, étoient l'éducation d'un enfant de M. de Girardin, qu'il avoit pris en affection : la recherche des plantes du terrein où il vivoit, la continuation de quelques ouvrages commencés, tels que l'opéra de *Daphnis* & la *suite d'Emile*.

Le docteur convient que Rousseau étoit triste, morose, qu'il redoutoit une vieillesse douloureuse & infirme, que dans les accès de sa mélancolie il voyoit tout en noir & s'exageroit sa situation ; il y a peu de chemin de cet état vaporeux au suicide.

Il finit par certifier que Rousseau ne laisse aucun ouvrage considérable achevé, qu'il ne faut pas compter sur la suite *d'Emile*, dont il n'y a que quelques pages, que ses *Confessions* seules sont dans l'état de perfection qu'il desiroit, mais qu'il ne faut pas s'attendre à les voir publier bientôt : consolation grande pour ceux qui redoutoient cette publicité, & sur-tout pour le sieur Diderot.

M. le Begue confirme que la rumeur répandue que ces confessions paroissoient avant la mort de l'auteur, étoit une entreprise occasionée par des lettres du même auteur, publiées contre son gré, & qui n'étoient pas faites pour l'être. N'auroit-il pu arriver que M. Rousseau, avant d'avoir vérifié le fait sur le bruit très-accrédité que ses *Confessions* étoient imprimées, eût eu peur, comme on l'a dit ci-dessus, de quelque manque de foi de son ami, ou d'un vol qui lui auroit été fait ; & alors ses terreurs, ses anxiétés, son desir de fuir & de se soustraire aux persécutions, auroient été très-fondés.

La lettre du docteur est datée du 25 août 1778.

Quant à l'addition de M. de Magellan, ce n'est qu'un bavardage, dont le but est plutôt de faire l'éloge du marquis de Girardin, de sa femme, de sa famille & de sa terre, que de Rousseau. La seule anecdote intéressante qu'on y lit, c'est celle-ci : *il m'échappa de dire, je ne sais à quel propos, que l'homme étoit méchant.* « Les hommes, oui, répliqua M. Rousseau ; mais l'homme est bon.... »

10 *Mars* 1779. Les comédiens Italiens avoient annoncé pour lundi dernier, 8 de ce mois, la première représentation *des Deux Amis*, comédie nouvelle en trois actes, mêlée d'ariettes. M. de Vismes s'y est opposé, & elle n'a pas eu lieu.

10 *Mars.* L'ouvrage intitulé *Mémoires pour servir à l'histoire du droit public de la France en matière d'impôts*, &c. est un gros in-4°. contenant 776 pages. A la tête du recueil est un avis de l'éditeur, qui motive son projet sur la nécessité de faire connoître à la nation ces monuments du zèle & des travaux de la cour des aides : il voudroit que les parlements en fissent autant. A la fin est une table alphabétique très-utile & très-intéressante, qui présente, sous une forme historique, l'analyse complete des matières.

La division du recueil embrasse trente-trois chapitres, dans lesquels sont principalement renfermés des discours prononcés lors des séances des princes & pairs, des remontrances présentées au roi par la cour, enfin des délibérations qu'elle a cru devoir prendre, tant pour le bien public, l'intérêt de l'état & l'honneur de la compagnie, que relativement à des affaires de particuliers, dont l'importance devoit fixer son attention.

L'éditeur ne s'est pas borné à retracer les événements passés à ces époques; la cour, dans son arrêt de suppression, lui reproche d'avoir ajouté à la collection, des notes qui contiennent des réflexions indiscrettes, hasardées, des bruits satiriques, indignes de trouver place à côté des délibérations, dont la sagesse & la circonspection forment le caractere distinctif: elle lui reproche sur tout d'avoir fait réimprimer les fameuses remontrances du 6 mai 1775, quoique déja supprimées par l'arrêt du 29 avril 1778.........
Mais son véritable grief vis-à-vis du public, c'est de n'avoir pas rempli les lacunes considérables & essentielles de la premiere édition, & de les avoir laissées imparfaites.

11 *Mars* 1779. Indépendamment des autres motifs qui ont pu déterminer Me. Linguet à venir à Paris, on en connoît aujourd'hui un pécuniaire, assez important & assez certain. Ce turbulent personnage, qui se brouille facilement & promptement avec ses co-intéressés, ses amis, ses protecteurs, ses bienfaiteurs, est à la veille d'avoir un procès avec le sieur *le Quesne*: il prétend qu'il lui redoit 30,000 liv.; & celui-ci assure être en avance. Quoique le négociant soit encore fort réservé sur sa querelle naissante, il en a fait l'aveu à quelques personnes qui l'ont interrogé, d'après des rumeurs qui précedent d'ordinaire les explosions de Me. Linguet.

11 *Mars*. On ne peut guere ne pas croire, d'après la lecture du *Problême littéraire*, où l'on agite *quel est l'auteur de l'Histoire des trois siecles de Littérature*, que l'abbé Martin n'y ait en effet eu part. On le prouve, 1°. par une pension de 1,500 liv. dont le clergé l'a stipendié,

pour des services rendus à l'église : 2°. sur les fragments d'une quantité de lettres de l'abbé Sabbatier à l'abbé Martin, où l'on prouve une correspondance soutenue entre les deux abbés au sujet de cet ouvrage, où même l'abbé Sabbatier joue moins le principal rôle que le second, c'est-à-dire, celui d'agent, faisant les achats de livres, les découvertes, les courses, les brouillons soumis à l'examen, à la revision, à la composition de l'autre : 3°. sur le témoignage du moins de l'abbé Martin, & sur-tout de l'abbé Beaudouin, grand maître du college du cardinal le Moine, le confident & le soutien du vicaire de St. André-des-Arts.

Cette querelle paroît avoir été excitée à l'occasion d'une nouvelle édition du livre qui va paroître, dont la sœur du défunt voudroit partager les honoraires, comme une portion de la succession de son frere, & plus encore à l'occasion d'un autre ouvrage manuscrit trouvé dans les papiers de l'abbé Martin, que l'abbé Sabbatier réclame comme sien, & que Mlle. Martin veut faire imprimer comme ouvrage & propriété de son frere.

12 *Mars* 1779. Les Mirabeau reviennent sur la scene ; le marquis n'y joue plus le principal rôle, il n'est qu'en second : c'est son frere le Bailly. C'est ce qu'on voit dans un *mémoire de la marquise de Cabris*. Elle se plaint que par un motif sordide d'intérêt, son oncle ait porté la destruction dans ses foyers, en lui faisant enlever son mari par ordre du roi, & en le faisant interdire comme fou, quoiqu'il ne soit atteint que de cette maladie vaporeuse, l'apanage commun dans ce siecle, de l'esprit & même

de la philosophie : elle se plaint qu'il lui ait ravi sa fille de la même maniere, qu'on la tienne captive dans un couvent.

Madame de Cabris est fille du marquis de Mirabeau. Il paroît qu'elle est dans les intérêts de sa mere, & que c'est par vengeance que son pere a laissé le Bailly conduire sa trame indigne.

Le détail des vexations employées contre M. & Madame de Cabris, inféré au mémoire, suivi d'une consultation de M. de la Croix, en date du 3 décembre 1778, est si affreux que cet avocat a cru devoir prendre une précaution prudente, en faisant inférer en tête une lettre à sa cliente, où il se déclare connoître *l'Ami des hommes*, & sans avoir toujours approuvé sa conduite domestique, faire grand cas de son zele pour le bien public; il témoigne en conséquence sa répugnance à se charger de cette affaire; il lui indique une marche à suivre, avant de mettre l'affaire en justice.

12 *Mars* 1779. Les mutins de l'opéra sont rentrés dans leur devoir, & la premiere représentation pour la capitation des acteurs a eu lieu le lundi 8 de ce mois.

On assure que M. de Vismes attend de nouveaux bouffons d'Italie pour remplacer ceux-ci : qu'ils seront supérieurs & en état de jouer de grands opéra. Quel redoutable renfort pour le dieu de l'ennui, qui préside déja si longuement à ce spectacle !

12 *Mars*. M. Tronçon du Coudray est un jeune homme, avocat, venu depuis peu de Rheims à Paris, où il compte se fixer. Il a le plus bel organe du monde & un style proportionné. Il a paru pour la premiere fois aux re-

quêtes du palais, il y a environ deux mois ; il a gagné fa caufe ; & à la fin le préfident lui a dit : *Avocat, la cour vous exhorte à faire fouvent ufage du don de la parole, dont le nature paroit vous avoir doué.*

Il plaide aujourd'hui à la tournelle dans la caufe extrêmement intéreffante du jeune *Solar*, cet enfant fourd & muet trouvé fur un grand chemin. Il défend un particulier décrété & aux fers, accufé d'avoir été l'agent de la mere barbare pour la perdition de fon fils infortuné. Il a fini fa caufe mardi ; on lui reproche de ne favoir pas tirer encore tout le parti qu'il pourroit de fon organe, de donner des inflexions fortes, où il en faudroit de douces & *vice verfâ*.

C'eft M. l'avocat-général d'Aguefleau qui doit prendre la défenfe de l'enfant, & faire en cette occafion le rôle de fon avocat.

La caufe eft remife au 22 avril : on fe doute de l'influence immenfe qui inonde la tournelle.

12 *Mars* 1779. Mlle. d'Eon eft exilée à Tonnerre pour une lettre qu'elle a écrite au comte de Maurepas, où elle lui déclare s'ennuyer de porter le cotillon, & demande la permiffion de fervir. On prétend qu'elle y plaifante d'une façon peu refpectueufe pour le miniftre ; indécence qui exige cette légere correction.

14 *Mars*. M. de Rugy, avocat à Arras, a été condamné au fouverain par le confeil de cette ville, aux galeres à perpétuité, pour un prétendu rapt de féduction, & fa mere à être bannie, &c.

On peut fe rappeller que M. Linguet a rendu compte de cette affaire horrible dans un de fes numéros. Le roi qui les lit exactement, a été frappé de ce jugement atroce. On étoit en cassation au conseil, & sans aucun moyen tiré de la forme, les parties ont obtenu des lettres de revision ; mais leur entérinement doit avoir lieu suivant la regle au même tribunal : on dit même qu'il est déja décidé que l'affaire ira aux requêtes de l'hôtel.

Pour disposer le public à exciter chez lui cette indignation salutaire, ce cri unanime contre un jugement révoltant, on a répondu un mémoire à consulter ; il est de Me. Falour du Vergier, & , quoique court, on ne peut le lire sans être attendri jusqu'aux larmes.

Suit pour la forme une consultation du 18 novembre 1778, souscrite de onze avocats, dont quelques-uns des plus fameux, absolument favorables au cas où se trouvent les parties.

13 *Mars* 1779. On annonçoit depuis quelque temps un second mémoire pour la femme Desrues, par M. de la Dixmerie. Les magistrats s'opposoient à la publicité ; enfin, après avoir été retouché, comme ils l'ont voulu, il a paru, mais n'a pu justifier cette accusée : elle a été condamnée *ad omnia citra mortem*, & a subi hier son arrêt, c'est à-dire, qu'elle a été fouettée, marquée sur les deux épaules, & enfermée à la salpétriere pour le reste de ses jours.

13 *Mars.* Les fortes inculpations qui résultent de la justification de l'amiral *Keppel* contre le comte d'Orvilliers, ont mis ce général dans le cas de se justifier aussi, & l'on parle d'un mémoire qu'il a envoyé au roi, fait pour détruire la sensation qu'auroit produite dans l'esprit de S. M. le discours de l'Anglois ; mais tant que tout cela se passera à huit clos, & que le public

ne sera pas instruit, on ne regardera point le comte d'Orvilliers comme blanchi. Il paroît que cette justification, comme on l'a dit, étant principalement établie sur les variations du ministre, peu propres à lui faire honneur, il cherche à finasser, à ne point laisser éclairer sa conduite par la nation très-prévenue contre lui.

13 *Mars* 1779. La confédération des chanteurs & danseurs de l'opéra mutinés contre l'autorité du sieur de Vismes, est de treize membres; ils ont tous envoyé leur démission & fait des protestations chez un notaire, dont on n'a tenu compte ; ils ont reçu un ordre supérieur de jouer, & ce n'est qu'en vertu de cet ordre qu'ils ont représenté lundi dernier *Iphigénie* ; ils ont délibéré long-temps s'ils obtempéreroient, mais cette affaire n'est pas finie.

14 *Mars* 1779. La fête qui devoit avoir lieu à la loge de Neuf-Sœurs, tenue par extraordinaire pour ce jour-là au cirque royal, a été qualifiée de *Loge d'adoption*, à raison de l'autre sexe qui devoit y être.

Après l'introduction des dames, elle devoit commencer par la réception d'une sœur : ensuite lecture de divers morceaux d'éloquence & de poésie : concert, exécuté par les plus célebres virtuoses, où, entr'autres, la fameuse Mlle. Todi avoit promis de chanter : banquet, pendant lequel il y auroit eu musique militaire ; enfin, bal.

Tout étoit disposé en apparence à merveille, les plus jolies femmes & les plus qualifiées de la cour s'y étoient rendues en foule, ainsi que les plus grands seigneurs ; mais le peu d'ordre a fait dégénérer cette assemblée en une cohue, où l'on n'a jamais pu obtenir le silence nécessaire pour les orateurs, les poëtes, les musiciens.

Enfin un incident a augmenté le trouble. La récipiendaire étoit mademoiselle Rolly, niece du fermier-général de ce nom : elle n'avoit point fait part de son projet à son oncle & à sa tante, qui n'avoient pas même voulu la mener à cette fête trop profane, suivant eux, pour une jeune personne : elle s'y étoit glissée avec une dame du complot. Quelle surprise pour monsieur & madame de Rolly, de voir leur niece au milieu des francmaçons ! Ils vouloient l'arracher de-là, porter une plainte en justice; mais on leur a fait entendre que cet éclat feroit un plus mauvais effet que le reste, & leur indignation n'a pas eu de suite.

On a attribué le désordre au peu de tête de l'agent-général, l'abbé Cordier de Saint-Firmin.

14 *Mars* 1779. Mademoiselle Duplan ayant écrit à M. Amelot pour lui demander sa retraite, l'a obtenue, mais sans pension; ce qui lui a fourni l'occasion d'écrire une seconde lettre plus vive, qui n'a pas produit un meilleur effet : il y a eu ordre à tous les autres démettants de continuer leur service pendant un an, après lequel temps S. M. leur fera intimer ses ordres.

15 *Mars* 1779. On peut se rappeller une généalogie fort circonstanciée des Dubarri, qui se trouve dans les *Anecdotes sur madame la comtesse Dubarri*. Cet ouvrage, graces à la célébrité de l'héroïne, a pénétré jusques dans les villages & chez les plus petits commis de la ferme. Il en a résulté un éveil, dont ont profité les fermiers-généraux : on a saisi la premiere occasion de les inquiéter, & le procès s'est élevé contre

Tome XIII. O

le grand Dubarri, connu sous le surnom du *Roué*, pour les droits de franc-fief, au sujet de l'héritage de son fils tué en Angleterre, héritage qu'il est venu recueillir à Paris. L'affaire a été portée à la cour des aides, où il a été obligé de produire ses titres ; il est violemment menacé d'être déchu de son rang usurpé dans l'ordre de la noblesse & renvoyé dans celui des vilains.

15 *Mars* 1779. Le colonel de Saint-Leu étoit fort lié avec une madame le Blanc, femme de l'auteur de ce nom, poëte de la secte des économistes. Cette madame le Blanc est déja renommée pour plusieurs hommes qui, amoureux d'elle, se sont brûlés la cervelle pour se souftraire à ses rigueurs ; on veut avoir découvert que le colonel soit une nouvelle victime de cette virtuose, qu'on sait cependant n'être rien moins que cruelle envers tout le monde.

15 *Mars. La lettre à* M***, c'est-à-dire à M. Camus de Néville, maître des requêtes & directeur de la librairie, développe encore d'une façon plus étendue & plus lumineuse les grands principes établis dans les écrits précédents, en faveur des auteurs & des libraires.

Les procès fréquents & dispendieux occasionés entre les libraires & les auteurs par le nouveau code de ce magistrat, sont le motif qui fait prendre la plume à l'écrivain.

Son but est de démontrer, 1°. que l'arrêt sur la durée des privileges & sur la propriété littéraire n'est ni un jugement, ni une loi.

2° Que la propriété littéraire est aussi incommutable en la personne des auteurs ou de leurs cessionnaires, que les propriétés des terres, maisons, rentes, &c.

3°. Que le réglement de M. de Néville est non-seulement illégal, mais injuste & contraire au droit naturel & civil.

4°. Que les objets qui ont déterminé ce réglement, ne portent que sur des préjugés futiles, ou ne sont point remplis; qu'il ne procure aucun des effets attendus.

Indépendamment des moyens victorieux dont l'auteur presse par-tout le magistrat, ce qui pique davantage celui-ci, ce sont des comparaisons humiliantes dont il se sert, tirées fréquemment des propriétés des chefs de manufactures, entre lesquels il choisit toujours avec affectation monsieur Camus, pere du maître des-requêtes, marchand de draps à Louviers; c'est ce qu'on appelle un argument *ad hominem*, d'une méchanceté désolante.

15 *Mars* 1779. M. de Caumartin, prévôt des marchands, a mandé jeudi dernier tous les coryphées du chant & de la danse de l'opéra: il leur a signifié les ordres du roi relativement au passé; leur a annoncé le renvoi de mademoiselle Duplan, même sans la pension des 1,500 liv. qu'on accorde aux sujets qui ont quinze ans de service, & qu'elle étoit dans le cas d'obtenir, puisqu'elle en a dix-huit; mais punition méritée par ses écarts & son insolence contre son chef: il a déclaré au sieur d'Auberval, qu'il étoit également chassé sans retraite, avec injonction de continuer à danser jusqu'à pâque, & défenses de fréquenter ensuite le théatre lyrique, même en payant. Il a motivé la sévérité contre lui, en ce qu'il étoit le chef des mutins, & qu'il falloit

faire un exemple sur un illustre. Quant aux autres démettants, il leur a laissé entrevoir la disposition du ministere à user d'indulgence envers eux, si cependant l'année prochaine de leur service ils se comportoient convenablement; en ajoutant que S. M. leur feroit alors connoître de nouveau ses intentions.

Les mutins rassemblés entr'eux ont député au roi pour demander la grace de leurs camarades honteusement expulsés; on ignore le succès de cette démarche : mais on ne peut se figurer à quel excès de fermentation est portée cette querelle à la ville & à la cour. Les princes, les ministres, les duchesses, tout s'y intéresse & prend parti; il n'est pas permis de rester indifférent.

16 *Mars* 1779. Une anecdote curieuse amplement discutée dans la lettre à M. de ✱✱✱, c'est celle du suffrage de l'académie françoise donnée aux arrêts du conseil concernant la librairie.

L'auteur apprend comment M. le garde-des-sceaux, chancelant dans la résolution de faire exécuter le nouveau réglement de M. Camus de Néville, fut conseillé adroitement par les gens intéressés à son maintien, de consulter cette compagnie; comment M. l'abbé Arnaud, alors directeur, n'ayant dans la querelle de la propriété littéraire aucun intérêt personnel, intime ami de monsieur Suard, étoit gagné; comment il mit la matiere en délibération & fit nommer commissaire ce Suard, déja auteur du *Discours impartial*, ouvrage très-partial en faveur du directeur de la librairie.

Il nous révele ensuite les débats des délibérations, il nous peint le directeur & le beau-frere du libraire Panckoucke exaltant en style, en métaphores orientales, la justice, la sagesse, la nécessité du réglement; proclamant monsieur Camus de Néville, restaurateur de la librairie; opinant qu'il falloit adopter le réglement dans tous ses points, & supplier en même temps monsieur de Miromenil d'ajouter aux moyens prescrits pour arrêter les contrefactions, la faculté d'informer juridiquement pour découvrir les contrefacteurs.

Plusieurs académiciens, au contraire, pensoient qu'il falloit profiter de la confiance de M. le garde-des-sceaux pour venir au secours des hommes de lettres, & demander sur-tout la révocation de l'arrêt qui dépouille les auteurs de la propriété de leurs ouvrages.

C'étoit ce point du réglement que MM. Arnaud & Suard étoient chargés de faire approuver; ils entrerent en fureur, & cet avis si sage & si digne de la premiere société littéraire du royaume, fut rejeté, mais empêcha du moins que le contraire ne passât, & l'on s'en tint au dernier chef de leur demande pour empêcher la contrefaction.

Pour le premier avis étoient MM. l'abbé Arnaud, M. Suard, beau-frere du sieur Panckoucke; la Harpe, stipendiaire de Panckoucke pour son journal & pour faire l'abrégé de l'histoire des voyages, moyennant une somme de 20,000 livres; Gaillard, qui a 1,000 livres de pension sur la place de secretaire de la librairie, qu'il a exercée deux ou trois ans, & qu'il n'exerce plus; Saurin, ami de Suard & censeur pensionnaire:

Thomas, qui n'est pas pensionnaire, mais très-susceptible de pension.

Pour l'avis contraire furent messieurs l'archevêque de Lyon, d'Alembert, Marmontel, de Brequigny, &c.

M. d'Alembert sur-tout ayant parlé fortement pour faire passer la supplication de la révocation, fut qualifié d'homme affectant le despotisme dans l'académie.

De tout cela il résulte que le rédacteur de l'arrêt du conseil en a imposé au public, en donnant à entendre par la tournure ambiguë de son préambule, que l'académie approuvoit le réglement en totalité.

17 *Mars* 1779. La lettre de M. l'abbé Sabbatier de Castres, en réponse au problème littéraire, paroît datée de Versailles le 26 février: elle est adressée à un journaliste. Il convient avoir été long-temps lié de l'amitié la plus étroite avec monsieur l'abbé Martin, auquel on voudroit attribuer les meilleurs morceaux des *trois siecles*; mais il nie l'avoir eu pour coopérateur: il donne des raisons assez satisfaisantes, & réclame avec chaleur le manuscrit trouvé dans les papiers du défunt. Cette brochure mérite qu'on y revienne.

18 *Mars* 1779. La premiere & unique représentation des *deux amis*, ou *le faux vieillard*, a paru aussi ennuyeuse à la ville qu'à la cour, où cette piece avoit déjà été jouée, & le public s'est confirmé de plus en plus dans la très-mauvaise opinion qu'il a des talents du sieur Durosoy: Le sujet tout-à-fait romanesque fourniroit matiere à plusieurs tragédies; il est triste & noir, sans intéresser : c'est un galimatias, où

personne n'a rien compris. La musique même, qu'on dit être tirée des plus célèbres compositeurs d'Italie, n'a produit aucun effet; sans doute, parce qu'elle n'est presque jamais analogue à la situation. Le sieur de Vismes avoit grand tort de la revendiquer & de craindre que cet opéra comique ne fît tort à ses bouffons. Il a été fréquemment hué, de façon à ôter à l'auteur toute envie de la reproduire.

19 Mars 1779. La découverte précieuse des granites, jaspes, serpentines & porphyres faite depuis quelque temps en France, est de 1768 : elle a eu lieu dans ce chemin hardi tracé au pays des Vosges, pour communiquer de l'Alsace à la Lorraine, & coupé dans des montagnes de granites. Le particulier qui en apporta des morceaux, les fit travailler par le Sr. Guillermin, sculpteur marbrier; ils y réussirent parfaitement, ils prirent sous ses mains un poli ferme & brillant, dû à la finesse de leur pâte & à leur tissu bien moins poreux que les granites connus d'Italie.

En 1771, ce particulier avec un ouvrier de Paris fit construire sur les lieux une machine à débiter des tranches. En 1775 il forma un autre établissement plus considérable en Lorraine. C'est dans un de ses laboratoires qu'ont été exécutés les bénitiers placés en 1777 à *Notre-Dame.*

19 *Mars.* Il paroît que le comte de Malderée a tellement établi son accusation d'usure contre le comte de Gamaches, que celui-ci & sa femme, convaincus d'une négociation mystérieuse & répréhensible, viennent, dit-on, d'être décrétés de prise de corps par la tournelle.

Quant à l'information ordonnée concernant le duel, on ne croit pas qu'il y ait des suites, & l'on veut qu'il y ait eu ordre de la cour d'en rester-là. L'exemple de l'infraction à la loi concernant ce délit, donné il y a un an par un prince du sang & le frere même du roi, a été trop public pour qu'il n'y eût pas une grande inconséquence à poursuivre les coupables actuels.

Du reste, il paroît une réponse du comte de Malderée au comte de Gamaches, suivie d'une consultaton du 3 mars 1779, qui pulvérise absolument le mémoire du premier. C'est Me. de la Croix qui est le défenseur de l'accusateur.

19 *Mars* 1779. Le sieur l'Ecluse a déja fait banqueroute avant de pouvoir ouvrir son nouveau spectacle, dont la salle est construite, mais non payée.

20 *Mars* 1779. L'affaire du comte de Malderée contre le comte de Gamaches, étant une affaire majeure intéressant tout Paris, en voici le prononcé exact du mercredi 17 de ce mois :
« Le procureur-général reçut appellant du décret d'assigné pour être oui, décerné au châtelet contre le comte de Gamaches, & plaignant du *fait d'usure & d'escroquerie* : le comte de Gamaches & sa femme décrétés de prise de corps & constitués prisonniers ès prisons de la conciergerie : jusqu'à ce leurs biens saisis & annotés, & les poursuites en usure suivis jusqu'u jugement définitif pardevant Me. Nouet, conseiller à ce commis.
» Surcis à faire droit sur les demandes du comte de Malderée jusqu'au jugement définitif. »

Le comte & la comtesse de Gamaches, instruits du sort qui les attendoit, ont pris la fuite. La femme est une dame Jaquemin, veuve du joaillier du roi.

10 *Mars.* La curiosité la plus singuliere de la foire cette année, c'est sans contredit le nain géant : c'est un enfant de quatre ans, qui, conformé aussi heureusement que l'homme le plus vigoureux, outre les plus belles proportions dans le membre viril, en a les diverses facultés, telles que l'érection, l'éjaculation. Son âge, indépendamment de son extrait baptistere, revêtu de toutes les formalités légales, se désigne par l'articulation de la langue encore embarrassée par les dents de lait, par la vivacité continue de cet âge ; quant à la taille, elle est un peu plus grande qu'aux enfants de quatre ans.

C'est sur-tout à l'approche d'une femme que sa virilité se manifeste ; mais on sent qu'il n'y a que nos virtuoses philosophes qui osent ouvertement se présenter en pareil lieu, dont l'enseigne au surplus a été rédigée exprès pour ne pas effaroucher le beau sexe.

20 *Mars.* M. l'abbé Sabbatier, dans sa brochure, défie l'auteur M. l'abbé Baudouin, 1°. de le convaincre d'avoir jamais écrit à l'abbé Martin, aucune lettre où il lui rende compte des nouveautés littéraires ; aucune, qui puisse donner à entendre qu'il ait fait aucun article des *trois siecles* ; aucune, qu'il ait coopéré à cet ouvrage, autrement que par des conseils & des corrections verbales, &c. 2°. de produire aucun papier signé, ou seulement écrit de sa main, qui contredise ce qu'il avance ; 3°. de lui présenter un seul

témoin digne de foi, qui démente ces assertions ; 4°. de prouver qu'aucune lettre dont on cite des morceaux ait été écrite à cet abbé.

Il donne la solution de ce qu'il avance, en offrant de prouver, au contraire, que les lettres rapportées sont les brouillons d'une correspondance littéraire, que l'abbé Sabbatier avoit avec un seigneur de la cour de Turin ; que les citations dont on se prévaut, ont été puisées dans des notes faites pour les *trois siecles* ; que d'autres lettres, au contraire, à l'abbé Martin, si elles étoient produites en entier, convaincroient le compilateur de sa mauvaise foi.

En un mot, il réclame le manuscrit de sa composition, écrit en entier de sa main, confié à l'abbé Martin, mais dont l'abbé Sabbatier a les feuilles originales : manuscrit dont, au surplus, le défunt n'avoit que la moitié & dont il conserve le reste.

Ce manuscrit sont des *Lettres sur les Philosophes*, au nombre de vingt-trois, trouvées dans les papiers de son ami ; elles roulent en grande partie sur des objets qui lui sont personnels ; il y réfute en détail les brochures qui ont paru contre lui & son ouvrage, & il y parle en son nom & toujours à la premiere personne. Il en donnera pour échantillon une douzaine, qui seront imprimées à la fin du quatrieme volume de la nouvelle édition des *trois siecles*.

M. l'abbé Sabbatier, d'après la lecture de sa réponse, est pleinement justifié ; mais il est assez vraisemblable, comme il en convient en partie, que les articles faits par l'abbé Martin étoient uniquement ceux de son ressort sur les théologiens & les auteurs ascétiques.

21 *Mars* 1779. M. Clément ne s'est pas trouvé assez complétement hué à la premiere représentation de sa *Médée*; son front d'airain veut braver de nouveau les clameurs du parterre, & il a fait annoncer une seconde représentation qui aura lieu après pâque. Il est vrai qu'il aura eu le temps de composer une nouvelle tragédie.

22 *Mars* 1779. M. Duval, depuis deux ans & demi recteur de l'université, au moment d'être continué a trouvé des oppositions de la part de certains membres brouillons, & d'ailleurs ayant intérêt d'éloigner ce chef trop clair-voyant ; comme ils sont mal avec le corps, on veut n'avoir égard à leurs suffrages, & l'affaire est pendante au parlement.

22 *Mars*. Mlle. Arnoux, en possession d'être citée dans toutes les affaires de l'opéra, disoit ces jours derniers à M. Amelot à l'occasion des troubles actuels de ce spectacle & des rigueurs qu'il déploie: « vous devez savoir, monseigneur, qu'il est » plus aisé de composer un parlement qu'un opera. » Apostrophe mortifiante pour ce ministre, qui étoit intendant de Bourgogne lors des troubles de la magistrature, & a concouru à la destruction & reconstruction du parlement de Dijon.

La même disoit ces jours derniers, en parlant de Mlle. Duranci, jouant *Clitemnestre* dans *Iphigénie* & sifflée: « c'est étonnant, car *elle a la voix du » du peuple.* » C'est qu'elle a une vilaine voix, & le cri un peu poissard.

22 *Mars*. Le *grand orient* est la mere-loge de toutes les loges de franc-maçons de

France ; elle en a la police & la haute justice. En conséquence un frere y a dénoncé celle des *Neuf-sœurs* à l'ocasion de la derniere fête du cirque & des désordres qui y sont arrivés : il a été décidé que cette loge seroit démolie, le vénérable, le frere la Lande, interdit pour six mois, tous les freres pour quatre-vingt-un jours, & le frere abbé Cordier de St. Firmin pour 81 mois. Cette loge ne veut point acquiescer à cet arrêt, & menace de faire schisme.

23 Mars 1779. L'affaire du jeune comte de Solar, qui doit se juger bientôt au palais & commence à être l'entretien de tout Paris, ne pouvant s'éclaircir que par les divers mémoires des parties, il est essentiel de les recueillir.

Le premier est un de Me. Elie de Beaumont en faveur du Sr. Cazeaux, étudiant en droit en l'université de Tolouse, étiqueté, *Question d'identité d'individu & de suppression d'état du comte de Solar*.

Sur une procédure civile entamée au châtelet pour faire restituer l'état à cet enfant, le lieutenant civil avoit incidemment décrété de prise de corps le Sr. Cazeaux, arrêté à Toulouse le 10 mai 1778 : c'est de ce décret que le prisonnier a appellé, & c'est sur quoi il doit être prononcé d'abord.

Le Sr. Cazeaux avoit reçu à Toulouse l'enfant de la comtesse de Solar pour le conduire aux eaux : il est mort avant d'être rendu à sa mere; on a prétendu qu'il n'avoit été qu'égaré & perdu, de concert avec cette marâtre, & que l'enfant sourd & muet retrouvé sur le chemin de Peronne & tombé par une suite d'incidents entre les mains de l'abbé de l'Epée, étoit
ce

ce fils du comte de Solar, aussi sourd & muet & réputé mort.

Pour réfuter cette cruelle accusation, Me. Elie de Beaumont avance deux propositions victorieuses, s'il en établissoit solidement les preuves.

1°. L'enfant confié au Sr. Cazeaux à Toulouse par la comtesse de Solar, le 4 septembre 1773, est vraiment mort & enterré à Charlas, le 28 janvier 1774.

2°. L'enfant trouvé sur le chemin de Peronne le premier août 1773, & mis à bicêtre le 2 décembre 1773, n'est ni ne peut être l'enfant confié au sieur Cazeaux à Toulouse, par la comtesse de Solar, le 4 septembre.

Il est superflu d'entrer dans le détail des allégations de ce mémoire, qui ne peuvent acquérir de poids que par une suite de dépositions juridiques; mais on doit applaudir à l'éloquence de l'orateur qui, chargé d'un rôle odieux au premier coup d'œil, en tire un grand parti, & au moyen du pathétique distribué à propos, concilie à sa partie une sorte d'intérêt du lecteur.

On annonce une réponse contradictoire.

24 *Mars* 1779. La lettre écrite par le chevalier d'Eon au comte de Maurepas, est datée de Versailles le 8 février. On n'y voit rien de fort répréhensible, cependant beaucoup d'amertume contre la famille de Guerchy, ce qui confirme le bruit accrédité que c'étoit à la recommandation de la comtesse de Guerchy, & pour empêcher son fils, devenu grand, d'être obligé de se mesurer avec un homme qui avoit si cruellement diffamé son pere, qu'elle avoit obtenu qu'en revenant en France, cette terrible fille prendroit & porteroit les habits de son sexe.

Aussi M. le comte de Maurepas, qui aime la

Tome XIII. P

gaieté & la plaisanterie, n'auroit-il pas été fort scandalisé de cette épître, si la chevaliere d'Eon n'en eût envoyé copie à beaucoup de femmes de la cour, en y joignant une autre lettre circulaire datée du 17 février, où elle les engage à appuyer, pour l'honneur du sexe, sa demande au ministre d'aller guerroyer, & au défaut d'autre emploi de servir en qualité de volontaire sur la flotte du comte d'Orvilliers.

La famille des Guerchy, outrée de la publicité de cette lettre, indirectement injurieuse pour elle, en a porté ses plaintes au comte de Maurepas, qui n'a pu résister à ses sollicitations, & a fait signifier à la Dlle. d'Eon un ordre du roi du 19 février, qui l'exile à Tonnerre.

La Dlle. d'Eon a reçu cet ordre dans son lit, à Paris le 2 mars, & entre plusieurs excuses en annonçant sa parfaite soumission aux volontés de S. M. prétexte une maladie pour n'y pas obtempérer.

25 Mars 1779. M. le Noir a mandé hier M. Desolmes, vénérable de la loge de Thalie, qui devoit aujourd'hui donner une fête pareille à celle de la loge des neuf sœurs, & tenir une loge d'adoption; il lui a déclaré que M. le comte de Maurepas venoit de lui écrire pour lui donner ordre de la part du roi d'empêcher cette assemblée, & de mettre 50 hommes de garde à la porte de la loge, qui empêchât les invités d'y entrer. Il a fondé cette défense sur les désordres & indécences arrivés à la loge des neufs sœurs, dont S. M. avoit été instruite.

Les franc-maçons sont furieux & craignent que le gouvernement ne les prenne en détestation.

26 Mars 1779. On parle beaucoup d'une comédie bourgeoise, qui s'eleve à la Chaussée-d'Antin chez madame la comtesse de Génlis, où cette dame

auteur fait jouer ses pieces par ses filles, qui quoique très-jeunes, déploient déja les plus jolis talents.

27 Mars 1773. La comtesse de Genlis étoit déja connue dans la république des lettres par un théatre composé de plusieurs comédies en prose, dont divers journaux ont parlé avec éloge. Celles qu'elle fait exécuter aujourd'hui sont encore manuscrites & d'un genre particulier; il n'y a point d'amour & aucun rôle d'homme. On vante sur-tout *la petite Curieuse* en trois actes, où l'on trouve une forte, vive & piquante satire des mœurs de la cour. Les deux filles de madame de Genlis ont dix & onze ans; elle joue elle-meme.

28 Mars 1779. On assure que Mlle. d'Eon n'ayant point obéi aux ordres du roi sous différents prétextes, & son sursis étant expiré, a été enlevée & conduite à la citadelle de Dijon. Traitement violent, qu'on ne peut attribuer qu'à la cruauté de ses ennemis & à la vengeance des Guerchy.

29 Mars 1779. Le séjour de Me. Linguet se prolonge dans cette capitale, & fait soupçonner que ce qui n'étoit d'abord donné que comme une plaisanterie, pourroit bien se réaliser; on veut que le ministere songe à tirer parti de ses talents. On a d'autant mieux lieu de le croire que son journal se trouve suspendu. *Monsieur* s'intéresse sur-tout fortement à lui.

29 Mars 1779. Frere de la Lande, le vénérable de la loge des neuf sœurs & autres officiers, ont demandé à être introduits au grand orient, & se sont plaints du jugement illégal rendu contr'eux, sans les avoir entendus; on a eu égard à cette réclamation, & il y a eu un sursis.

30 Mars 1779. On voit à la foire St. Germain, chez Nicolet, un danseur de corde, tel qu'il n'en a

pas encore paru, & que, pour le diftinguer, on appelle *le petit Diable*. Vendredi dernier M. le comte d'Artois y eft allé, ainfi que toute fa cour, & la chambrée a été auffi brillante chez cet hiftrion qu'en aucun beau jour de la comédie Françoife.

31 *Mars* 1779. Les plaifants n'ont pas manqué de s'égayer fur la divifion qui regne aujourd'hui à l'opéra ; l'un d'eux a fait une caricature, où il a repréfenté Mlle. Duplan affife devant fon miroir, retrouffée, les jambes écartées, fe regardant & fe récriant : au bas font ces paroles : *ô ciel ! après vingt ans de fervice, quel congé !*

Les calembours font toujours à la mode, nos beaux efprits y font même des découvertes fingulieres. Le grand faifeur, le marquis de Bievre, foupant l'autre jour avec le peintre Vernet, lui préfente un morceau de pain, & lui dit : « Mon-
» fieur Verner, *voilà qui eft bien peint* (pain). Cela ! »
répond le peintre, « *ce n'eft qu'une croûte*. On fait
» qu'en terme de peinture, on appelle un mauvais
» tableau *une croûte*. »

Fin du treizieme Volume.

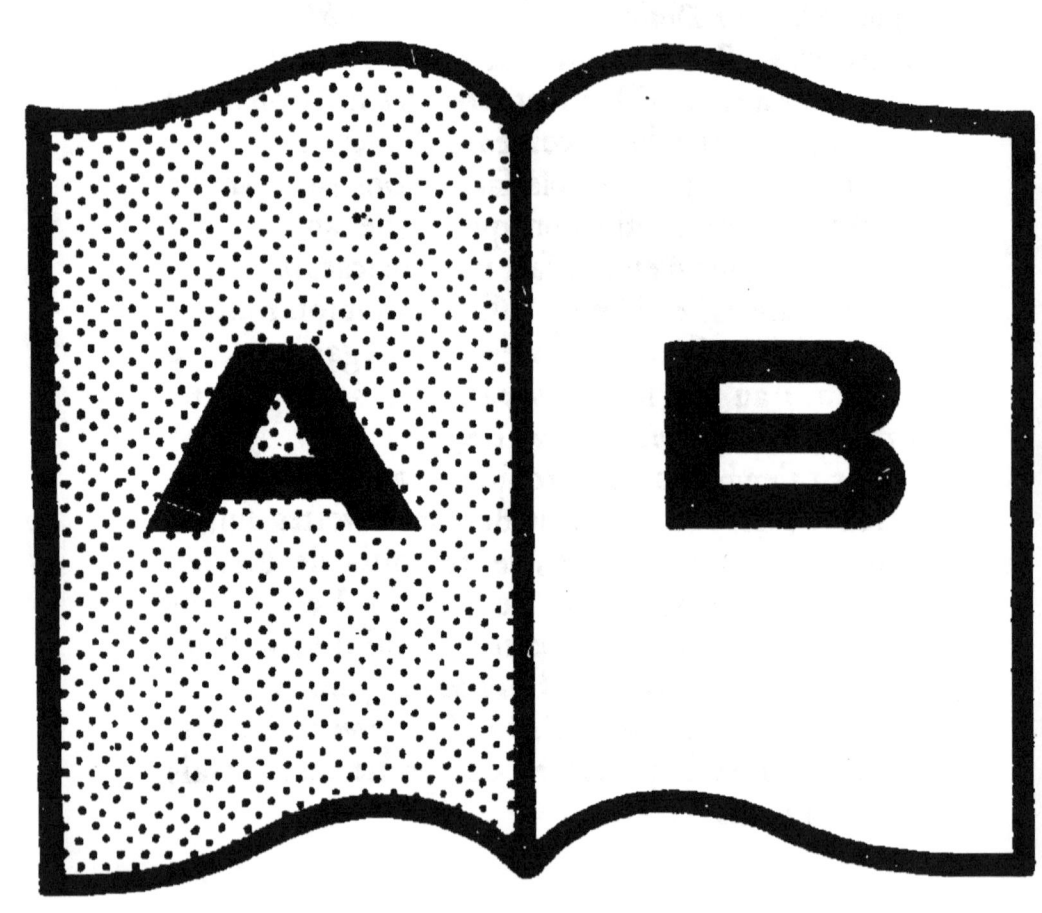

Contraste insuffisant

NF Z 43-120-14

www.ingramcontent.com/pod-product-compliance
Lightning Source LLC
Chambersburg PA
CBHW060403170426
43199CB00013B/1986